高等学校小学教育专业系列教材

教育法规

主　　编　　刘毓航　　朱　平
副 主 编　　葛红梅　　阴红桃　李　超
参编人员　　陈　蕾　　彭丽丽　于卫东
　　　　　　白美林

南京大学出版社

图书在版编目(CIP)数据

教育法规 / 刘毓航,朱平主编. — 南京 :南京大学出版社,2018.5(2024.1重印)
ISBN 978-7-305-19949-3

Ⅰ. ①教… Ⅱ. ①刘… ②朱… Ⅲ. ①教育法—中国—高等学校—教材 Ⅳ. ①D922.16

中国版本图书馆 CIP 数据核字(2018)第 031078 号

出版发行　南京大学出版社
社　　址　南京市汉口路 22 号　　　　邮　编　210093
书　　名　**教育法规**
　　　　　JIAOYU FAGUI
主　　编　刘毓航　朱　平
责任编辑　丁　群　钱梦菊　　　　编辑热线　025-83592123

照　　排　南京南琳图文制作有限公司
印　　刷　南京新洲印刷有限公司
开　　本　787 mm×960 mm　1/16　印张 16.5　字数 315 千
版　　次　2018 年 5 月第 1 版　2024 年 1 月第 4 次印刷
ISBN 978-7-305-19949-3
定　　价　39.00 元

网址:http://www.njupco.com
官方微博:http://weibo.com/njupco
微信服务号:NJUyuexue
销售咨询热线:(025)83594756

序

党的十九大报告指出,优先发展教育事业,全面贯彻党的教育方针,必须加强师德师风建设,培养高素质师资队伍。中共中央、国务院《关于全面深化新时期教师队伍建设改革的意见》提出,要着力提升教师思想政治素质,全面加强师德师风建设,大力振兴教师教育。

教育法律法规是师范教育的专业课程,是师范专业学生完善知识结构、提升专业素养、提高职业能力的必修课程。法律课程是高等院校思想政治理论课课程体系重要的组成部分,承担着引领学生塑造正确的世界观、人生观、价值观,提升学生政治道德素养、民主法治意识的重任。习近平总书记在全国高校思想政治工作会议上的重要讲话中,强调加强思想政治学科教材建设。马克思主义基本原理提供了观察问题、分析问题、解决问题的科学立场、观点和方法;中国近现代史纲要帮助学生了解历史,总结经验;毛泽东思想概论、邓小平理论、形势与政策等帮助学生正确理解党的路线、方针、政策,提高对改革开放的深层认同与坚定拥护。而无论思想的引领,还是内心的自觉,最终都要体现在规范的行为上。法律是规范、规则,也是底线、红线,合乎法律规范的公民行为和职业实践是良好思想、品质的落实和归宿。法律课程的重要地位和意义日益凸显。依法治教是教育现代化的必然要求。教师应该率先学法、懂法、守法、用法,牢固树立法律意识、法治意识,才能依法从教、依法治教。因此,为更好地适应师范教育的改革发展,适应师范专业学生的学习要求和未来发展,我们特地组织了一批具有多年教学、研究经验的人员编写了本书。

本书内容主要包括:教育法基本原理、教育法制建设、宪法中关于教育的条款、教育基本法的解读、教育专项法律解读(义务教育法、教师法、职业教育法)、非教育专项法律中关于教育的条款、教育行政法规。结合学生实际需求,我们对整个教育法律体系的内容,做了全面梳理,精心选择了具有很强针对性的内容,以便更好地服务师范专业学生的未来发展。为了便于学习,本书编写体例分为:章首语、知识点思维导图、正文和课后练习。正文部分穿插了"以案说法"、"情境导入"、"做一做"、"议一议"、"读一读"等多环节。本书知识体系脉络清晰,逻辑严密;信息量大,覆盖面广,重点突出;较多使用二维码技术,迅速便捷;趣味性和可读性较强;课后的练习由浅入深,提高学生分析问题、判断问题和解决问题的能力。

本书适用于本科院校教学、大专院校教学、国家教师资格考试、自学考试、函授学习,还适用于教育行政人员和教育工作者学习提高。本书的撰稿人员有:阴红桃、陈蕾、彭丽丽、于卫东、葛红梅、白美林等。本书最后由朱平统稿,刘毓航审稿。

由于编者水平有限,编写时间受限,书中不妥之处在所难免。恳请各位使用者不吝批评指教,以便本书进一步完善提高。

编　者

2018 年 2 月 5 日

目　录

微信扫一扫

✓课件申请

✓教学资源

教师服务入口

✓教育法规条文阅读

✓教师资格考试历年考点与真题

✓加入学习交流圈

学生服务入口

第一章　教育法基本原理

章 首 语

　　教育法是我国法律体系中非常重要的组成部分。教育法就其本质而言,是行政法的一个分支。基于这一定位,本章介绍了教育法的概念、基本原则、渊源、体系、教育法律关系与教育法律责任等内容。其中,教育法的基本原则、渊源及体系,是本章讨论的重点。通过本章的学习,希望学习者能了解教育法的基本原理,树立教育法制观念,从而有助于提高对依法治教的认识。

知识点思维导图

- 教育法基本原理
  - 教育法规概述
    - 概念
    - 调整对象
    - 本质
    - 特征
    - 作用
  - 教育法规渊源与体系
    - 渊源
    - 动态
    - 类型
    - 结构体系
  - 教育法律关系与责任
    - 教育法律关系
      - 概念
      - 特征
      - 分类
      - 构成要素
      - 发生
      - 变更
      - 消灭
    - 教育法律责任
      - 概念
      - 类型
      - 归责要件
  - 教育法律救济
    - 概念
    - 特征
    - 作用
    - 作用主要途径
    - 教育申诉制度

1

以案说法

9岁女孩未能参加考试自杀案

9岁的小文(化名,女)系张掖市甘州区沙井镇五个墩村小学三年级学生,由于平时学习成绩差,经常受到老师的训斥。2005年7月12日至13日学校进行期末考试时,班主任没有让小文和另一名成绩差的学生参加考试,放暑假时也没有给小文发暑假作业。2005年8月2日上午11时许,小文在自家后院的牛圈上吊自杀。悲剧发生后,小文的父母认为孩子自杀是由于受到了老师的歧视和训斥所致,一纸诉状将小文的班主任和一名代课老师及五个墩村小学告上了法庭,并要求赔偿各种费用54 213.56元。

关于此案,有许多问题需要我们从教育法学的角度进行思考。教师不让学生参加考试是否违法?教师对学生小文的自杀有责任吗?如果教师有责任,又应该受到哪些处罚呢?在现实生活中,无论是在中学还是在小学、幼儿园,我们都会遇到一些令人困惑的教育法律问题。要解决这些问题,我们就要认真学习有关教育法规的知识。

第一节 教育法规概述

教育法规是教育法学研究的主要调整对象,那么究竟什么是教育法规?它的调整对象是什么?怎样理解教育法规的本质?任何事物都有它自身的特殊性,那么教育法规的特点又是什么呢?这些问题是本节要掌握的核心内容。

一、教育法规的概念及调整对象

(一)教育法规的概念

教育法规是关于教育的法规,有广义与狭义之分。在广义上,教育法规指国家立法机关和其他国家机关制定或认可,并以国家强制力保证实施的关于教育的规范性文件的总称。在狭义上,教育法规指由国家立法机关制定的关于教育的规范性文件,即教育法律。教育法规是整个国家法律体系的组成部分,是统治阶级意志在教育方面的体现[1]。本书使用广义上的教育法规概念。

---

[1] 阎水金,张燕.学前教育行政与管理[M].长春:东北师范大学出版社,2003:244.

教育法规一般包括国家宪法中的教育条款,国家立法机关按照法律程序通过和颁布的关于教育的法律、法令,由法律授权的中央政府和相关行政部门制定的关于教育的条例、章程、办法、规则等,由地方权力机关和地方政府依法颁行的适用于一定区域的关于教育的规范性文件等。比如《中华人民共和国义务教育法》《中华人民共和国教师法》等都是我国重要的教育法规,都是由我国最高权力机关全国人民代表大会通过的,它们是我国教育教学工作必须遵循的法律,体现了国家对学校、教育管理人员、教师开展教育活动,学生、家长、社会参与教育活动的基本要求。教育法规、教育法与教育法律在广义上使用时,是同义词,可以互相替代。

（二）教育法规的调整对象

关于教育法规的调整对象问题,目前国内学者有不同的见解。有的认为,教育法是调整教育单位(学校)或教育部门(包括各级教育行政管理部门)参与其中的,并由教育行为产生的教育社会关系;有的认为,教育法是调整有教育单位(即学校,包括教师、学生、管理人员)参与的,并由教育行为产生的教育社会关系;还有的认为,教育法是调整按国家规定,以专门培养各级、各类人才为宗旨的活动而产生的各种社会关系。总之,看法各异,但有几点是共同的:

第一,教育法的调整对象必须是教育社会关系。

第二,教育社会关系的主体中至少有一方是教育单位(即学校,或在册的师生员工)。

第三,内容必须是由教育行为所产生的。这里的教育行为,强调其基本点应该是指以实施国家颁布的教育方针、计划、大纲为宗旨,以培养人才为目的而进行的合法活动。

鉴于上述观点可以总结为:我国教育法的调整对象是调整教育单位或教育行政管理机关在进行教育活动和教育管理活动过程中与社会各方面或教育系统内部所产生的各种社会关系。

二、教育法规的本质与特点

（一）教育法的本质

教育法作为法的分支,同样体现了法的本质:

1. 教育法是一种行为规则

教育法是什么?从其本体的形式来说,它是一种行为规则。以《教育法》为例,其本体就是教育活动中的若干个行为规则的总和。这种行为规则,以权利和义务的规定为其特有表现形式,不仅要指出教育活动中国家、学校、教育者、受教育者、社会等各主体的行为方向,也规定了各主体作为和不作为的行为规范,同时指明了行为条件和行为后果,这种规范形式能够为人们的行为所模仿和遵守,并且按照统一的标准处理问题,不仅为教育活动的相关行为提供了权威标准,而且为教育活动的顺利开展提供了有力的保证。

2. 教育法是由国家制定或认可的行为规则

教育法出自何处?从其来源把握,教育法是出自国家,由国家通过法定程序采取制定或认可两种方式确定的行为规则。所谓国家制定教育法,是指国家机关按照法定权限和程序,创制具有不同法律效力的规范性文件。所谓国家认可的教育法律,是指国家机关通过一定的形式赋予某些早已存在的习惯、判例等以法律效力。教育法的出处,揭示了教育法与国家的必然联系,标明了教育法与教育政策、教育道德等其他社会规范的一个重要区别。教育法具有的国家意志属性,使其高度统一、普遍有效。一个国家除了极特殊情况,有且只能有一个教育法体系,并且一体遵行。其他社会规范不具有国家意志的属性,因而不具有这种特征。

3. 教育法是国家大多数公民意志在教育方面的体现

教育法的实质是什么?从其本质上来说,教育法所确定的行为规则是统治阶级在教育方面意志的反映,它由统治阶级的物质生活条件所决定,并根据统治阶级的利益标准和价值观念来调整相应的社会关系。当然,这里所说的统治阶级的意志,并不是该阶级各个成员个人意志和利益的简单相加,也不是该阶级内部某个党派、阶层、集团的意志和利益的表现,而是整个统治阶级的共同意志和利益。社会主义的教育法,是工人阶级在教育方面意志的集中体现,同时也代表了广大人民在教育方面的意愿,是阶级性、国家性和人民性的高度统一。

4. 教育法是以国家强制力保证实施的行为规则

教育法所确立的行为规则是如何变为社会生活的常规的?从法的运行上而言,教育法是以国家强制力保证实施的。强制性是教育法最本质的特征。教育法以国家的名义规定了人们在教育活动中应享有的权利和应履行的义务。为了使人们的法定权利免遭非法侵犯或剥夺,使人们的法定义务得以全面履行,把教育法所确定的行为规则变为社会现实,就必须以国家强制力为后盾,通过相应的强制措施予以保障。如《中华人民共和国义务教育法》(以下简称《义务教育法》)规定:"除因疾病或者特殊情况,经当地人民政府批准的以外,适龄儿童、少年不入学接受义务教育的,由当地人民政府对他的父母或者其他监护人批评教育,并采取有效措施责令其送子女或者被监护人入学";"对招用适龄儿童、少年就业的组织或者个人,由当地人民政府给予批评教育,责令停止招用;情节严重的,可以并处罚款、责令停止营业或者吊销营业执照"。这些对违法者的制裁是保证《义务教育法》实施的必要强制手段。这是教育法与教育政策、教育道德以及各种政治规范(党派、社团章程)等社会规范的另一个重要区别。教育政策的实施主要是靠宣传教育和深入细致的思想工作、组织工作;教育道德约束力主要是靠舆论、信念、习惯和教育的方式来实现。违反教育政策、违背教育道德,固然也要受到相应的制裁或舆论的谴责,有时也带有一定的强制性质,但这与实施教育法所依靠的国家强制力在性质上是不同的。应当指出,教育法依靠国家强制力保证实施,是从实施方法的终极形式上讲的。这并不是说教育法的一切规定只有通过国家的强制措施才能得以实现。特别是社会主义教育法,它体现了广大人民群众的根本利益,在一般情况下,依靠人民群众自觉遵守和执行。只有教育法在实现过程中遇到障碍或者被破坏的情况下,才通过国家强制措施使法获得实现。但不论其实现的方式如何,作为"法",都具有必须履行和不可违反的性质,如果违反,就要承担相应的责任,受到相应的制裁。①

【做一做】

单项选择:教育法的最本质特征是(　　　)。

A. 国家意志性　　　B. 普遍性　　　　C. 强制性　　　　D. 规范性

答案:C。

(二)教育法的特点

事物的特征都是相比较而言的,具体对象不同,对其特点的概括也会有所不同。如果将教育法规作为法律整体的一部分而与其他社会规范相比较,它便具有法律的一般特征,即它是一种特殊的社会规范,由国家制定或认可,具有国家意志性;它通过规定人们的权利和义务来调整社会关系;它是由国家强制力保证实施的,具有普遍的约束力。如果将教育法作为一个部门法而与其他部门法相比较,对教育特征的概括又会有所不同。我们认为,教育法的特征主要有以下几个方面:

第一,教育法有其特定的调整对象,即调整教育法律关系。教育法律中除了一部分是与国家行政管理关系相交叉之外,还有相当大的比重是由教育单位的教育行为而产生的社会关系。

第二,教育法有独立的调整原则。教育法的调整原则主要是:教育与社会经

---

① 阎玉珍.中小学教育法学[M].北京:中国财政经济出版社,2002:105－107.

济发展相适应,遵循教育客观规律,坚持培养全面发展的合格人才,坚持民主办学等。

第三,教育法所调整的教育社会关系主体的地位不是单一的,既有处于平等地位的,也有处于非平等地位的。这是教育法不同于民法和行政法的重要特征。[①]

三、教育法规的功能与作用

(一) 教育法规的功能

教育法规的功能指的是教育法规的属性、内容及其结构所决定的教育法规的潜在的效用。它是教育法规具有生命力的内在依据。

1. 规范功能

教育法规是通过规定教育主体在法律上的权利和义务及其实施后所承担的责任来调整教育活动和教育关系的。它具有普遍性,这就决定了教育法规具有在一定区域和时间内规范人们的教育行为的能力。

2. 标准功能

教育法规之所以具有规范功能,其中重要的原因是教育法规是人们教育行为的标准,判断人们是否产生教育行为,是以教育法律为准绳的。教育行政部门对教育活动的管理,学校开展教育活动,司法部门办理教育方面的案件,也都是以教育法律为最高标准的。

3. 预示功能

根据教育法律规范和教育法律的实施过程,人们可以预先知晓或估计到如何开展教育活动或在什么范围内开展教育活动,这就是法律的预示功能在起作用。

4. 强制功能

法律是国家意志的体现,尽管要依靠教育使人们自觉地遵守法律,但仅仅依靠教育是不够的,必须以强制力为后盾,使其得以坚决贯彻执行。法律制裁可以保证权利得以实现,义务得以履行,使教育活动有序化。

(二) 教育法规的作用

教育法规的作用指教育法律内在生命力的外部表现,是其内在功能作用于教育实践所引起的实际效应。教育法律的功能转化为外部效应的过程就是教育

---

① 李德龙.简明教育法学教程[M].沈阳:辽宁大学出版社,2010:31.

法律实施的过程,这一实施过程需要许多环节和条件,否则,教育法规的功能就发挥不出来或达不到理想的效果。所以,教育法规的功能和教育法规的作用既相互联系又有所区别:

1. 指引作用

教育法规的指引作用指教育法规体现了国家教育发展的目的、政策,指引人们按照国家的目的和要求开展教育活动。它是教育法规的规范功能在教育实践过程中发挥作用的外部表现。教育法规是国家统治阶级教育意志的体现,是国家以法律的形式向各种社会团体和个人宣布的教育规定和指示,明确要求各有关机关、团体和个人必须执行这些条文。

2. 评价作用

教育法规作为国家的一种普遍的强制性教育行为标准,具有判断、衡量人们的教育行为的作用,这种作用就是评价作用。教育法规的评价作用是教育法规的标准功能的外部表现。

3. 教育作用

教育法律规范的预示功能决定了教育法规具有教育作用。教育法规的教育作用主要体现在两个方面:① 国家把人们对教育的普遍要求凝结为稳定的教育行为规范,并向人们灌输这些规范,使其内化为人们的教育思想意识,并借助于人们的教育行为而使其得以传播。② 通过教育法规的实施从正负两方面对人们产生教育作用。

4. 保障作用

依法治教是现代教育发展的重要特征。依法治教就是根据法律来规范教育活动的范围、形式、内容、方法,以保障教育事业的顺利发展。教育法规的保障作用指教育法规保证各种教育主体的教育权利得到实现,教育义务得到履行,从而使教育活动有序、有效进行。这种作用是教育法规的强制功能的表现。[1]

① 山香教师招聘考试命题研究中心.教育理论基础·小学[M].北京:首都师范大学出版社,2012:502.

第二节　教育法规的渊源与体系

一、教育法规的渊源与动态建构

（一）教育法规的渊源

"教育法规的渊源"指的是教育法规的来源、表现形式和组成部分。教育法规不像民法与刑法那样集中和统一，它是由许多分散的单独的法律文件组成的。我国教育法规的渊源有两个方面。

1. 来自中央

（1）宪法

宪法是国家的根本大法，国家的总章程，是一切法规的立法依据，也是教育法规的根本渊源。宪法中有许多有关教育方面的条文。例如，其第 19 条规定："国家发展社会主义的教育事业，提高全国人民的科学文化水平。""国家举办各种学校，普及初等义务教育，发展中等教育、职业教育和高等教育，并且发展学前教育。""国家鼓励集体经济组织、国家企业事业组织和其他社会力量依照法律规定举办各种教育事业。"第 23 条规定："国家培养为社会主义服务的各种专业人才，扩大知识分子的队伍，创造条件充分发挥他们在社会主义现代化建设中的作用。"这些规定，指明了我国教育的任务、办学形式以及培养目标等。当然，宪法对教育的规定只能是高度的概括，提出最高准则，不可能十分详细、具体。要使这些规定得到实施，必须制定教育基本法规和具体法规。

【读一读】

《中华人民共和国宪法》是中华人民共和国全国人民代表大会制定和颁布的国家根本大法。它规定了国家的根本制度和根本任务、公民的基本权利和义务、国家机构的组织原则和职权。宪法具有最高的法律效力，一切法律、行政法规和地方性法规都不得同宪法相抵触。中华人民共和国成立后，曾于 1954 年 9 月 20 日、1975 年 1 月 17 日、1978 年 3 月 5 日和 1982 年 12 月 4 日分别通过四部宪法。现行宪法为 1982 年通过的宪法，并历经 1988 年、1993 年、1999 年、2004 年四次修订。

（2）法律

法律是指由国家立法机关依照立法程序制定和颁布的、体现统治阶级意志、以国家强制力保证其实施的规范性文件。根据宪法规定，全国人民代表大会及其常务委员会都能制定和修改法律。因此，全国人民代表大会及其常务委员会制定和颁布的教育法律，是我国教育法规的渊源。但目前我国教育法规还不够完备，有关教育方面的法律，国家立法机关正在完善之中。

（3）条例、章程、规定、命令、指示、通告、通知等

宪法规定：国务院和国务院所属各部、各委员会根据法律和国务院的行政法规、决定、命令，在本部门的权限内，发布命令、指示和规章。根据上述规定，国务院及所属各部、国家教育委员会制定和颁布的有关教育的条例、章程、规定、命令、指示、通告、通知等，都是教育法规的渊源，而且是大量的。例如《全国重点高等学校暂行工作条例（试行草案）》（即"高教六十条"）、《高等教育管理职责暂行规定》、《普通高等学校设置暂行条例》等。

【读一读】

《教育部直属高等学校暂行工作条例（草案）》：中国共产党中央委员会1961年9月15日批准试行的指导中华人民共和国教育部直属高等学校教育工作的文件（本条目中简称《条例（草案）》）。它系统地总结了中华人民共和国成立以后高等教育正、反两方面的经验，规定了高等学校的方针、任务和有关政策。《条例（草案）》共分10章60条，简称"高教六十条"。

《高等教育管理职责暂行规定》：为了加强和改进对高等教育的宏观指导和管理，扩大高等学校的管理权限，进一步调动学校和广大师生员工、办学单位和用人部门等各方面的积极性，使高等教育更好地为社会主义现代化建设服务，现就国家教育委员会、国务院有关部门和省、自治区、直辖市人民政府对高等教育的管理职责及扩大高等学校的管理权限做出有关规定。

《普通高等学校设置暂行条例》：为了加强高等教育的宏观管理，保证普通高等学校的教育质量，促进高等教育事业有计划、按比例地协调发展，制定本条例。

➤扫描本章首二维码，可阅读以上三部法规的详细内容。

2. 来自地方

地方主要指省、自治区、直辖市、中心城市、经济特区。根据宪法规定，各地可根据国家法律、法规，结合本地区的实际，制定一些补充性的法规或法规的实施细则。这些地方的权力机关所制定和颁布的地方性高等教育法规及高等教育法规的实施细则、办法等，也是教育法规的渊源。不过，这类教育法规只适用于限定的地区和范围。

（1）地方性教育法规

地方性法规是指一定的地方国家权力机关所制定的规范性文件。地方性法规是从属于法律和行政法规的，在本行政区内有效的规范性文件。地方性法规的常用名称为"条例"。地方性教育法规包括省、自治区、直辖市的人民代表大会及其常务委员会制定和颁布的地方性教育法规，省、自治区人民政府所在地的市和经国务院批准的较大的市的人大常委会拟定草案，提请省、自治区的人大常委会审议制定的地方性教育法规，民族自治区地方（自治区、自治州、自治县）的人民代表大会制定的教育方面的单行条例。如各地方制定的《义务教育条例》《扫除文盲条例》等文件。

（2）地方教育规章

地方教育规章是指由省、自治区、直辖市以及省、自治区的人民政府所在地方和经国务院批准的较大的市的人民政府，依据法律和行政法规，按照规定程序所制定的适用于本行政区的规范性文件。地方教育规章是教育行政法规、地方性教育法规的具体化，它在国家教育管理活动中具有重要的地位和作用。

（二）教育法规体系的构建动态

构建我国教育法规的体系结构，是一项系统工程，有一个较长过程，只有在动态发展中逐步加以整合，方可使之不断完善。我国教育法规的动态发展，表现为教育法规在国家的整个法规体系中地位的变化上。

从教育法规体系的纵向结构上看，新中国成立至20世纪60年代初期，教育法规的内容比较单一，层级划分也不够明晰，通常是对新型教育制度、教育方针和目的做出原则规定；从教育法规的横向结构上看，在一个较长时期内，教育法规从属于一般行政法规，是行政法的一个小类。20世纪80年代以后，随着教育事业的快速发展，教育关系主体日益广泛和多样化，教育概念的内涵和外延也都有较大的更新和扩展，教育立法的步伐日益加快，教育法规的数量明显增加，我国教育法规作为一个独立的法律部门的条件已经具备。改革开放以来我国教育法规体系的构建动态轨迹是明显可见的。可以说，经过近20年的努力，我国教育法规作为一个独立的部分，其体系结构框架已基本形成。

事实上，近年来教育法规调整的面越来越宽，涉及教育事业的众多领域；调整的层次越来越深，涉及教育活动的各个环节；调整的力度越来越强，有效地影响着调整对象的行为。教育法规自身体系结构的形成，及其在现代社会法律体系中地位的确立，对教育法制的建设，对社会法律体系的完善和发展，对引导、规范、促进和保障教育改革的深入和教育事业的发展，已经发挥并将继续发挥极其重要的作用。①

---

① 张乐天.教育政策法规的理论与实践[M].上海：华东师范大学出版社，2009：40.

二、教育法规的基本类型与结构体系

（一）教育法规的基本类型

教育法规的类型，是指对规范性的教育法律文件，根据其不同的内在性质和外在表现形式，按照一定的标准，或从一定的角度所做的区分和归类。要对现行教育法规进行分类，首先必须解决分类的标准问题。由于分类的标准不同，划分的类型也不相同。这里，我们借鉴相关研究成果对现行教育法规做出如下分类：

1. 根据教育法规创制方式和表达方式的不同，可以分为成文法与不成文法

成文法主要是指国家机关根据法定程序制定颁布的具体系统的法律文件。不成文法是指不具有法律条文形式，但国家认可其具有法律效力的法，包括习惯法和判例法两种形式。我国现行教育法规基本上都属于成文法。

2. 根据教育法规的效力等级和内容重要程度的不同，分为根本法和普通法

根本法（也称基本法）通常是指规定国家根本制度、具有最高法律效力的法律，即《宪法》。普通法（也称单行法）是根本法之外的其他法律，普通法不得与根本法相抵触。在我国教育法规中，《中华人民共和国教育法》是我国教育的根本法、基本法，而《中华人民共和国义务教育法》《中华人民共和国教师法》等为普通法、单行法。

3. 根据教育法规的适用范围的不同，分为一般法与特殊法

一般法是指适用于一般的法律关系主体、通常的时间、国家管辖的所有地区的法律。特殊法是指适用于特别的法律关系主体、特别时间、特别地区的法律。如若将《中华人民共和国未成年人保护法》归入教育法规系列，但它只适用于年龄未满18岁的中小学生，所以，可将其视为一部教育领域的特殊法。

4. 根据教育法规规定的内容的不同，分为实体法与程序法

实体法是指规定具体权利义务内容或者法律保护的具体情况的法律。程序法，就是规定行使具体实体法所要遵循的程序。在我国现行教育法规中，尚未见到纯粹的程序性法规。通常状况是，实体性内容与程序性内容同时出现在同一部教育法规之中。

【读一读】

刑法是规定犯罪、刑事责任和刑罚的法律,是掌握政权的统治阶级为了维护本阶级政治上的统治和经济上的利益,根据自己的意志,规定哪些行为是犯罪并应当负何种刑事责任,给予犯罪人何种刑事处罚的法律规范的总称。

刑法有广义与狭义之分。广义刑法是一切刑事法律规范的总称,狭义刑法仅指刑法典,在我国即《中华人民共和国刑法》。刑法还可区分为普通刑法和特别刑法。普通刑法指具有普遍使用效力的刑法,实际上即指刑法典。特别刑法指仅适用于特定的人、时、地、事(犯罪)的刑法。在我国,也就是指单行刑法和附属刑法。

2014年10月27日,全国人大常务委员会开始审议刑法修正案(九)草案。继1997年全面修订刑法后,中国先后通过一个决定和八个修正案,对刑法做出修改、补充。

➤扫描本章首二维码,可阅读《中华人民共和国刑法》全文本。

(二) 教育法规的结构体系

所谓教育法规的结构体系,是指教育法规作为一个专门的法律部门,按照一定的原则组成的一个相互协调、完整统一的整体。这种结构体系是由一定的纵向和横向的结构联系组成的,它覆盖各级各类教育和各种教育法律关系主体,展现出不同的效力。

1. 教育法规的纵向结构

教育法规的纵向结构,是指由不同层级的规范性的教育法律文件组成的等级、效力有序的纵向关系。这种纵向结构,实际上就是教育法规的表现形式,依次排列如下:

(1)《宪法》中的教育条款

《宪法》是国家最高权力机关制定的规范性的法律文件,是国家的根本大法,具有至高无上的法律效力。《宪法》中有关教育的条款是教育法规的最高层次,其他任何形式、任何类型的教育法规都不得与之相抵触,否则无效。

(2) 教育基本法律

与国家《宪法》相配套,对整个教育全局起宏观调控作用的教育基本法是《中华人民共和国教育法》。教育基本法是依据《宪法》制定的,调整教育内部、外部相互关系的基本法律准则,有人将其称为"教育的《宪法》"或教育法规的"母法"。

(3) 教育单行法律

与教育基本法律相配套的教育单行法律,以及其他法律中与教育相关的条款,是根据《宪法》和教育基本法的原则确立制定的,用于调整某类教育或某一方面教育工作的教育法规。我国先后制定并公布实施的其他教育单行法有:《中华人民共和国义务教育法》《中华人民共和国教师法》《中华人民共和国职业教育法》《中华人民共和国高等教育法》《中华人民共和国通用语言文字法》和《中华人民共和国民办教育促进法》。《中华人民共和国国旗法》、《中华人民共和国残疾人保障法》等其他相关法律中也有涉及教育的条款。这类相关法规条款,也属于教育法律的范畴,其效力仅次于教育基本法。此外,全国人民代表大会及其常委会制定的有关教育方面的决定、决议等有法律效力的规范性文件,也属于教育法规的范畴。如,1985 年第六届全国人民代表大会常务委员会第九次会议通过了关于建立教师节的议案,确定每年 9 月 10 日为教师节,即属此类。

　　这里还需要说明的是,经全国人大常委会审议、批准,我国同其他国家、国际组织签订的有关教育的国际条约,或某些国际条约中有关教育的条款,与现行教育法规中的教育单行法律具有相同的效力。如在教育方面最重要的国际条约是《联合国教科文组织宪章》。我国是联合国教科文组织的创始国之一。自联合国恢复中国唯一合法席位后,我国即正式参加教科文组织活动,是教科文组织宪章的签约国之一。2001 年,我国结束了长达 13 年的"复关"和"入世"谈判,正式加入 WTO,成为世贸组织的一员。这就意味着,我们既是全球贸易"游戏规则"的制定者,同时也是这一规则的执行者。所以,我国现行教育法规与我们签订的《关贸总协定》中关于"教育贸易条款"必须保持一致。这类国际条约,虽不属于我国国内法的范畴,但就其约束力而言,它也是我国教育法规的一种形式,我们同样应予以遵守。

　　(4)教育行政法规

　　我国《宪法》规定,国务院作为国家最高行政机关有权"制定行政措施,制定行政法规,发布决定和命令"。我们通常所说的狭义的教育行政法规,专指国务院根据《宪法》和教育法律制定的有关教育方面的规范性文件。如《扫除文盲工作条例》《教师资格条例》等。教育行政法规的法律效力,低于《宪法》和教育法律,高于地方性教育法规和教育规章。教育行政法规涉及的内容广泛,是在全国范围内具体实施《宪法》和教育法律的重要法规依据。

　　(5)部门教育规章

　　部门教育规章是指国务院所属各部门根据法律和行政法规,在本部门权限内单独或与其他部、委联合发布的有关教育工作的命令、指示、实施细则等规范性文件。其效力虽低于国务院制定的行政法规,但在全国有效。部门教育规章通常由教育部部长以教育部令的形式签发,或由教育部会同国务院其他部门联名发布。其常用名称为:规定、办法、规程、大纲、标准等。部门教育规章是执行教育法律、行政法规的具体办法,具有一定的强制性。

（6）地方性教育法规和地方政府教育规章

地方性教育法规,是指省、自治区、直辖市的人大或其常委会,依照《宪法》第100条、《各级人民代表大会和地方各级人民政府组织法》第7条的规定,可在不与宪法、法律和行政法规相抵触的前提下制定地方性法规。制定地方性法规,须报全国人大常委会备案。地方性教育法规是我国教育法规的重要渊源之一,是为贯彻教育法律和教育行政法规而制定的。地方性教育法规一般称为条例、规定、实施办法、补充规定等。如全国绝大多数省、自治区、直辖市为贯彻执行《中华人民共和国义务教育法》《中华人民共和国教师法》而制定的本地区实施《义务教育法》和实施《教师法》的办法等。

这里需要明确的是,地方性教育法规和地方政府教育规章的制定,要遵循下列三条原则:第一,不得与宪法、法律、行政法规相抵触,具有从属性;第二,只在本行政区域内有效,具有区域性;第三,在调整对象、权利义务、罚则等方面规定得比较具体,具有较强的针对性和可操作性。

为清晰起见,我们将教育法规的纵向结构排列如下(见表1-1)。值得注意的是,对地方性教育法规、部门教育规章、地方政府教育规章三者之间的关系,我国《宪法》和《组织法》未做出明确的规定。根据法制统一的原则,在教育法规实施过程中,如果地方性教育法规与部门教育规章对同一事项的规定不一致,需要改变或撤销地方性法规的,由全国人大常委会依法裁定。需要撤销部门规章的,由国务院依法决定。

表1-1　教育法规各种主要形式排列表

层　级	形　式	制定机关
第一层级	教育基本法律	全国人民代表大会
第二层级	教育单行法律	全国人民代表大会常务委员会
第三层级	教育行政法规	国务院
第四层级	地方性教育法规	省级人大和有立法权的市级人大或其常委会
第五层级	教育行政规章 部门教育规章 政府教育规章	教育部及国务院有关部委 省级人民政府

至于地方性教育法规和地方政府教育规章的关系,依据《宪法》中关于地方人民政府是同级人民代表大会执行机关的精神,从法理上说是从属关系,即省级政府的教育规章应与同级人大或其常委会制定的教育法规相一致,不得相互矛盾。

【做一做】

单项选择:《中华人民共和国教育法》的制定机关是(　　　)。

A. 国务院　　　　　　　　　B. 国家教育部

C. 全国人民代表大会　　　　D. 全国人民代表大会常务委员会

答案:C。

2. 教育法规的横向结构

教育法规的横向结构,是指按照它所调整的教育关系的性质或教育关系的构成要素不同,划分出若干个处于同一层级的部门法,形成教育法规调整的横向覆盖面,使之在横向构成上呈现出门类齐全、内容完整、互相协调的态势。我国教育法规体系的横向结构主要包括:

① 教育基本法——《中华人民共和国教育法》,奠定了我国教育制度的基础,是决定我国教育发展的根本法。

② 基础教育法——《中华人民共和国义务教育法》,是学前教育、义务教育、初等教育、中等教育、特殊教育等教育领域的教育法律的总称。

③ 高等教育法——《中华人民共和国高等教育法》,是以高等教育为调整对象,涵盖大学专科、本科、研究生教育以及非学历高等教育的法律法规的总称。

④ 职业教育法——《中华人民共和国职业教育法》,是以各级各类职业技术教育和培训为调整对象的教育法律法规的总称。

⑤ 成人教育或社会教育法,是以各级各类职业技术教育和培训为调整对象,包括成人教育、继续教育、终身教育等。

⑥ 学位法——《中华人民共和国学位条例》,主要就学位工作的领导和管理、学位的等级、学位授予的条件和程序等做出规定。

⑦ 教师法——《中华人民共和国教师法》,是以各级各类学校教育教学人员的地位、权利、义务、职称、考评、进修、培养等为调整对象的教育法律法规。

⑧ 教育投入法或教育财政法,是以教育经费的来源、分配、使用、核算及教育基建和教学设备等办学物质条件保障为调整对象的教育法律法规。

【读一读】

我国颁布的第一个教育法规

中华人民共和国颁布的第一个教育法规是《中华人民共和国学位条例》,是1980年2月12日第五届全国人民代表大会常务委员会第十三次会议通过的。根据《中华人民共和国学位条例》规定,我国学位分学士、硕士、博士三级。

➤扫描本章首二维码,可阅读《中华人民共和国学位条例》全文。

【做一做】

判断:新中国成立后颁布的第一个教育法规是《中华人民共和国教师法》。

(   )

答案:错误。

单项选择:《中华人民共和国教育法》是我国教育的(   )法。

A. 基本   B. 单行   C. 普通   D. 行政

答案:A。

第三节   教育法律关系与责任

一、教育法律关系

(一) 教育法律关系含义

教育法律关系是教育法律规范在调整人们有关教育活动的行为过程中形成的权利和义务关系,是一种特殊的社会关系。教育法律关系具有如下特征:

1. 教育法律关系的产生以教育法律规范的存在为前提

教育法律关系是教育关系的一种,是经过教育法律调整的教育关系的总和。所谓教育关系是指人们在教育活动中形成的社会关系的总和。按主体不同,教育关系可以分为教师与学生的关系、教师与家庭的关系、教师与社会的关系等。然而,并不是所有的教育关系都是教育法律关系。教育法律关系特指由教育法派生出来的现象,教育法律规范是教育法律关系产生的前提,如果没有相应的教育法律规范的存在,就不可能产生教育法律关系。

2. 教育法律关系是以权利和义务为内容的社会关系

教育法律关系是一种权利义务关系。是以法律规范为前提,在法律规范的基础上调整主体之间的利益关系。与一般的教育关系相比,教育法律关系的突出特征在于通过教育法在教育法律关系主体之间建立起以"法律权利"与"法律义务"为内容的关系形态。

【做一做】
单项选择：下列关于教育法律关系的描述，错误的是(　　　)。
A. 教育法律关系的存在不以教育法律规范的存在为前提
B. 教育法律关系是以权利和义务为核心而形成的社会关系
C. 教育法律关系的存在以国家强制力为保证
D. 教育法律关系也是一种社会关系
答案：A。

(二) 教育法律关系的分类

依据不同的标准，教育法律关系可分为以下三大类：

1. 依据教育法律关系主体的社会角色不同，可以分为教育内部和教育外部的法律关系

教育内部的法律关系主要是指适用教育法律规范调整的教育系统内部各类教育机构、教育工作人员、教育对象之间的关系，如学校与教师的关系、学校及其管理人员与教育行政机关及其工作人员之间的关系等。教育外部的法律关系主要是指适用教育法律规范调整的教育系统与其外部社会各方面之间发生的法律关系，这种关系的具体表现也是多种多样的。

2. 依据主体之间关系的类型，可以区分为隶属型和平权型教育法律关系

隶属型教育法律关系是以教育管理部门为核心，向外辐射，与其他主体之间形成的教育法律关系。隶属型教育法律关系通常是指教育行政法律关系。教育行政关系与一般行政管理之间的领导与服从、命令与执行的隶属关系不同，它必须同时体现教学民主和学术民主。平权型教育法律关系是两个具有平等法律地位的教育关系主体之间产生的教育法律关系，通常视为教育民事法律关系。这是一类具有教育特征和民事性质的教育法律关系。随着教育民主化的发展，平权型教育法律关系的范围将会逐步扩大。

3. 根据教育法律规范的职能，可以区分为调整性和保护性教育法律关系

调整性教育法律关系是指按照调整性教育法律规范所设定的教育关系模式，主体的教育权利能够正常实现的教育法律关系。例如，学生按照规定入学，教师按照《中华人民共和国教师法》允许或要求的限度行使教育职权等。保护性教育法律关系是在教育主体的权利和义务不能正常实现的情况下，通过保护性教育法律规范，采取法律制裁手段而形成的教育法律关系。

【做一做】

单项选择:依据各主体之间的法律地位是否平等,教育法律关系可以分为
(   )和隶属型法律关系。

  A. 基本教育法律关系   B. 普通教育法律关系

  C. 诉讼教育法律关系   D. 平权型法律关系

答案:D。

(三) 教育法律关系的构成要素

教育法律关系的构成要素有主体、客体和内容,三者相互制约、缺一不可,其中任何一个要素的改变,都会导致原有法律关系的变更。

1. 教育法律关系的主体

教育法律关系的主体是指教育法律关系的参加者,也就是在具体的教育法律关系中享有权利并承担义务的人和组织。我国教育法律关系的主体可分为三类:

① 公民:个人主体。教师、学生、学生家长等都可以成为教育法律的主体。

② 法人:依法能够独立享有法律权利、承担法律义务的组织。如大部分学校、公司乃至一些行政机关甚至国家(即公法人依据公法而成立之法人者,如公法财团、公法社团等)。

③ 其他组织:虽然不是法人,但根据法律能够以自己名义参加教育法律关系的组织。

教育法律关系中最重要的法律主体是学生与教师,教师的教育教学和学生的学习是教育活动的主要内容和基本形式。教师与学生之间的法律关系是产生教师与学生权利、义务的基础。教师与学生之间的法律关系包括:教育和被教育的关系;管理和被管理的关系;保护和被保护的关系;互相尊重的平等关系。

【做一做】

单项选择:教育法律关系的(   )是指教育过程中依法享有权利和承担义务的法律关系的参加者。

  A. 主体   B. 客体   C. 内容   D. 权利

答案:A。

2. 教育法律关系的客体

教育法律关系客体是教育法律关系主体的权利与义务所指向的对象。教育法律关系的客体一般包括物质财富、非物质财富、行为三个大的方面。教育领域中存在的法律纠纷,往往都是因这些而引起的。

（1）物质财富

物质财富简称物。它既可以表现为自然物，如森林、土地、自然资源等，也可以表现为人的劳动创造物，如建筑、机器、各种产品等；既可以是国家和集体的财产，也可以是公民个人的财产。物一般可分为动产与不动产两类；不动产包括土地、房屋和其他建筑设施，如学校的场地、办公、教学、实验用房及其必要的附属建筑物；动产包括资金和教学仪器、设备等。教育资金包括国家教育财政拨款、社会捐资等，其表现形式为货币以及其他各种有价证券，如支票、汇票、债券等。

（2）非物质财富

非物质财富包括创作活动的产品和其他与人身相联系的非财产性的财富。前者也被称作智力成果，在教育领域中主要包括各种教材、著作等成果，各种有独创性的教案、教法、教具、课件、专利、发明等。其他与人身相联系的非物质财富包括公民（如教师、学生和其他个人主体）或组织（如教育行政机关、学校和其他组织）的姓名、名称，公民的肖像、名誉、身体健康、生命等。

（3）行为

行为是指教育法律关系主体实现权利义务的作为与不作为。一定的行为可以满足权利人的利益和需要，也可以成为教育法律关系的客体。在教育领域中，教育行政机关的行政行为、学校的管理行为和教育教学行为都是教育法律关系赖以生存的最基本的行为。学校、教师、学生的物质财富、非物质财富以及这些主体依法进行的教育行为和教育活动都受法律的承认和保护，都是教育法律关系的重要客体。

3. 教育法律关系的内容

教育法律关系的内容是教育法律关系主体依据法律规定而享有的权利与义务。教育法律关系一旦产生，其主体间就在法律上形成了一种权利与义务关系。权利与义务是法律关系的核心，它由法律规范所确认并由国家强制力保证实施，是教育法律关系的重要构成要素之一。二者相互依存，不可分割。其中，权利是目的，义务是实现权利的必要手段。

（1）教育法律权利和教育法律义务的概念

教育法律权利指的是教育法律关系的主体依据教育法律规范享有的权能（即权力和职能）或利益，表现为教育法律关系的主体可以做出一定的作为或不作为，也可以要求他人做出一定的作为或不作为。教育法律义务是指教育法律关系的主体依据教育法律规范的规定必须承担或履行的某种责任，表现为教育法律关系的主体必须做出一定的作为或不作为。

（2）教育权利的分类

教育法律关系的参加者众多，但是主要是学生、家长、教师、学校和国家这几类主体。因此,教育权利一般可以分为受教育者的受教育权利、家长的教育权利、国家的教育权利、学校的教育权利和教师的教育权利。在这几种教育权利中,学生的受教育权是最基本的教育权利。

(四) 教育法律关系的发生、变更和消灭

1. 教育法律关系发生、变更和消灭的概念

教育法律关系的发生,是指教育法律关系主体之间形成了一定的权利义务关系。如某个适龄儿童进入某校学习,即和该校发生了一定的权利义务关系。教育法律关系的变更,是指教育法律关系构成要素的改变,包括主体、客体或内容等要素的改变。如甲乙两校签订了联合办学合同,在履行合同的过程中,由于遇到了新情况,甲乙两校经过协商修改了合同中的某些条款,从而引起了原合同关系内容的部分改变。教育法律关系的消灭,是指教育法律关系主体、客体的消灭,主体间权利义务的终止。如学校向某一企业借款而形成了民事法律关系(债权关系),学校为债务人,企业为债权人。届时学校依照合同返还了借款,则与该企业的债权债务民事关系归于消灭。

2. 法律事实是教育法律关系发生、变更和消灭的根据

教育法律关系的产生、变更和消灭是由一定的客观情况的出现而引起的。通常把能够引起法律关系发生、变更和消灭的客观情况称之为法律事实。法律事实依据它是否以教育法律关系主体的意志为转移,可以分为法律行为和法律事件。

① 法律事件:不以主体的意志为转移的法律事实,如学校因地震、洪水等自然灾害造成的财产损失,即可引起学校财产保险赔偿关系的发生。

② 法律行为:根据主体的意志发生转移的法律事实,包括作为和不作为,如挪用教育经费、体罚学生、校舍失修倒塌伤人等。

【做一做】
单项选择:教育法律关系的(　　　)是指教育法律关系主体、客体或权利、义务的变化。
A. 形成　　　　　B. 变更　　　　　C. 消灭　　　　　D. 转移
答案:B。

二、教育法律责任

(一) 教育法律责任概念

教育法律责任是教育法律关系主体因实施了违反教育法律的行为,依法应

承担的带有强制性的法律后果。这一概念主要包含以下几层含义：

一是存在违法行为是承担教育法律责任的前提。

二是教育法律责任的承担者是具有遵守法定义务的教育法律关系主体。

三是法律责任与法律制裁紧密相连。法律制裁是特定国家机关对违法者依法追究法律责任而采取的惩罚措施。法律责任作为一种否定性的法律后果，体现在国家对违反教育法律、法规的行为的制裁方面。

【做一做】

单项选择：(　　)是由法律关系主体的违法行为引起的，应当由其依法承担的惩罚性法律后果。

A. 法律规范　　　B. 法律实施　　　C. 法律效果　　　D. 法律责任

答案：D。

(二) 教育法律责任的类型

1. 教育行政法律责任

教育行政法律责任是指教育行政法律关系主体因违反教育行政法律、法规而应承担的行政性法律后果，简称行政责任。在教育行政法律关系中，政府及其教育行政部门是行政主体，具有依法进行教育管理的权利，学校和教师、学生作为行政相对人则依法受到管理。教育行政法律关系主体双方均不得违反教育法律、法规的规定。否则，应当依法承担行政法律责任。[①] 根据我国的教育法律、法规的有关规定，承担违反教育法的行政法律责任的方式主要有两类：行政处分和行政处罚。

行政处分是由国家机关或企事业单位对其所属人员予以的惩戒措施，包括警告、记过、记大过、降级、降职、撤职等。行政处分有时也被称为纪律处分。行政处罚是指国家行政机关依法对违反行政法律规范的组织或个人进行的行政制裁。行政处罚的种类有很多，根据 1998 年国家教委发布的《教育行政处罚暂行实施办法》的规定，教育行政处罚的种类主要有 10 种：① 警告；② 罚款；③ 没收违法所得，没收违法颁发、印制的学历证书、学位证书及其他学业证书；④ 撤销违法举办的学校和教育机构；⑤ 取消颁发学历、学位和其他学业证书的资格；⑥ 撤销教师资格；⑦ 停考、停止申请认定资格；⑧ 责令停止招生；⑨ 吊销办学许可证；⑩ 法律、法规规定的其他行政处罚。

---

① 周琴.教师职业道德与教育法律法规[M].合肥：安徽大学出版社，2015：114.

➢扫描本章首二维码,阅读 1998 年国家教委发布的《教育行政处罚暂行实施办法》全文本。

2. 教育民事法律责任

民事法律责任是指行为人由于民事违法行为所应承担的法律后果。教育法的民事法律责任是教育法律关系主体因违反教育法律、法规,破坏平等主体之间正常的财产关系或人身关系,依照法律规定应承担的民事法律责任,是一种以财产为主要内容的责任。

民法是调整平等主体之间人身关系、财产关系法律规范的总称。根据我国《民法通则》的规定,承担民事责任的主要方式包括停止侵害,排除妨碍,消除危险,返还财产,恢复原状,修理、重作、更换,赔偿损失,支付违约金,消除影响,恢复名誉,赔礼道歉等。以上方式可以分别适用,也可合并适用。此外,我国《教育法》《义务教育法》及其实施细则的一些规定,也为追究违反教育法行为的民事法律责任提供了依据。

【读一读】

中华人民共和国民法通则,是中国对民事活动中一些共同性问题所做的法律规定,是民法体系中的一般法。1986 年 4 月 12 日由第六届全国人民代表大会第四次会议修订通过,1987 年 1 月 1 日起施行,共 9 章,156 条。

➢扫描本章首二维码,阅读《中华人民共和国民法通则》全文本。

3. 教育刑事法律责任

刑事法律责任是指行为人刑事违法所应承担的法律后果。教育刑事法律责任是指行为人实施了违反教育法和刑法的行为,达到犯罪程度时,所应承担的法律后果。刑事责任是一种惩罚最为严厉的法律责任。

我国《教育法》对教育刑事法律责任做了明确规定,根据我国《教育法》第 71 条、第 72 条、第 73 条、第 77 条的规定,对挪用克扣教育经费,扰乱学校教育教学秩序,破坏校舍、场地及其他财产,明知道校舍或者教育教学措施有危险而不采取措施,造成人员伤亡或重大财产损失,在招生工作中徇私舞弊等,且构成犯罪的,对其直接责任人员依法追究刑事责任。此外,我国《义务教育法》第 16 条,《教师法》第 35 条、第 36 条、第 37 条、第 38 条中也规定了违法情节严重、构成犯罪的行为要承担的刑事责任。

《中华人民共和国刑法》第 32 条规定:"刑罚分为主刑和附加刑。"第 33 条规定:"主刑的种类如下:(一) 管制;(二) 拘役;(三) 有期徒刑;(四) 无期徒刑;

（五）死刑。"第 34 条规定："附加刑的种类如下：（一）罚金；（二）剥夺政治权利；（三）没收财产。附加刑也可以独立适用。"在具体到某一违反教育法的行为时，追究法律责任的方式并不限于一种，可以同时追究两种甚至三种法律责任。比如，在招生工作中徇私舞弊的，对直接负责的主管人员和其他直接责任人员，可依法给予行政处分；构成犯罪的，可依法追究刑事责任，这就同时规定了行政责任和刑事责任两种责任形式。

【议一议】　以案说法

17 岁的林某是某高校大一学生。一天林某将学校的两台电脑盗走。因为林某犯罪时年龄未满 18 周岁，法庭予以从轻处罚，以盗窃罪判处其有期徒刑两年，缓刑两年。庭审中，林某痛心疾首，表示想回学校读书。为了能做好帮教工作，使其改邪归正，办案法官和律师来到林某就读的学校，动员学校派人参加庭审旁听，宣判后让林某返校学习。但学校却拿出一份学生违纪处分表，声称学校与林某已不存在任何关系，原来，学校已在公安机关对林某采取强制措施后，取消了其学籍。面对办案法官的多次解释和劝说，校长以收留一名盗窃犯会给学校带来不良影响为由，拒绝林某重返学校。

分析与思考：你认为学校拒绝林某返校的行为是否有法律依据？对于严重违纪、违反法律的未成年学生，学校该如何处理？学校是否有权开除未成年学生？

➤扫描本章首二维码，查看案例分析。

（三）教育法律责任的归责要件

所谓归责是指法律责任的归结，它要解决的是法律责任应该由谁来承担的问题。教育法律关系主体只有具备以下四个教育法律责任的归责要件，才被认定为教育法律责任主体，并要承担相应的法律后果。

1. 有损害事实

"有损害事实"是指行为人有侵害教育管理、教学秩序及从事教育教学活动的公民、法人和其他组织合法权益的客观事实存在。这是构成教育法律的前提条件。违法对社会所造成的损害有两种情况：一种是违法行为造成了实际的损害，如体罚学生致学生身体受到伤害；另一种是违法行为虽未实际造成损害，但已存在这种可能性，如有关部门明知学校房屋有倒塌的危险，却拒不拨款维修。

违法行为造成的损害后果表现为物质性的后果和非物质性的后果。物质性的后果具体、有形、能够计量，如挪用学校建设经费，其数额可以计算。非物质性的后果抽象、无形、难以计量，如教师侮辱学生，造成学生精神上、心理上长期的伤害,则无法计量。

2. 损害行为必须违法

"行为违法"即行为人实施了违反法律、法规的行为,是构成教育法律责任的前提条件。这个条件包括两个方面的含义:一方面是指行为的违法性,只有行为违反了现行法律的规定才是违法行为;另一方面,违法必须是一种行为。如果内在的思想不表现为外在的行为,则并不构成违法。社会主义法制原则不承认思想违法。

3. 行为人主观有过错

所谓"过错"是指行为人在实施行为时,具有主观上的故意或过失的心理状态。所谓"故意的心理状态",是指行为人明知自己的行为会发生危害社会的结果,但希望或放任这种结果的发生。例如,招生办公室主任收受贿赂后,有意招收分数低的学生,不招收分数高的学生,致使分数高的学生落榜。所谓"过失的心理状态",是指行为人在本应避免危害结果发生时,由于疏忽大意或者过于自信而没有避免,以致发生危害结果。例如,教师教育方式不当,对学生进行人格侮辱,学生因不堪忍受而自杀,该教师的行为即有过失的因素。

4. 违法行为与损害事实之间具有因果关系

违法行为是导致损害事实发生的原因,损害事实是违法行为造成的必然结果,二者之间存在着内在的必然的联系。前者决定后者的发生,后者是前者的必然结果。

【做一做】

多项选择:教育法律责任的归责要件包括(　　　)。

A. 违法行为　　　　　　　　B. 行为人有过错

C. 有损害事实　　　　　　　D. 违法行为与损害事件有因果关系

答案:ABCD。

(四) 归责原则

教育法律责任的归责原则是指确认和承担法律责任时必须依照的标准和准则。学校教育活动所产生的法律责任,绝大多数情况是侵权导致的民事法律责任。根据我国《民法通则》,这种民事法律责任的追究,主要适用过错责任原则、过错推定原则、公平责任原则和无过错责任原则四项原则。

1. 过错责任原则

所谓"过错责任",是指以"过错"作为归责的构成要件和归责的最终要件,同时,以"过错"作为确定行为人责任范围的重要依据。我国《民法通则》第 106 条第 2 款规定:"公民、法人由于过错侵害国家的、集体的财产、侵害他人财产、人身的,应当承担民事责任。"这一规定表明我国民事立法已将过错责任原则以法律形式固定下来,确认了它作为一般归责原则的法律地位。

2. 过错推定原则

"推定",是指根据已知的事实所进行的推断和确定。过错推定,也称为"过失推定",是指如果原告能证明其所受的损害是由被告所致,而被告不能证明自己没有过错,则应推定被告有过错并应承担民事责任。我国《民法通则》第 126 条规定:"建筑物或者其他设施以及建筑物上的搁置物、悬挂物发生倒塌、脱落、坠落造成他人损害的,它的所有人或者管理人应当承担民事责任,但能够证明自己没有过错的除外。"这一规定以立法的形式确认了过错推定原则的合法地位。

3. 公平责任原则

"公平责任",是指当事人双方在造成损害时均没有过错的情况下,由人民法院根据公平的原则,来判定当事人对受害人的财产损失给予适当的补偿。《民法通则》第 132 条规定:"当事人对造成损害都没有过错的,可以根据实际情况,由当事人分担民事责任。"这一规定是公平责任原则的重要法律依据。此外,《民法通则》在多个条文中都规定了公平责任,从而使公平责任上升为一项归责原则。

4. 无过错责任原则

无过错责任,也称"无过失责任",是指当损害发生后,当事人无过错也要承担责任的一种法定责任形式,其目的在于补偿受害人所受到的损失。我国《民法通则》第 106 条第 3 款规定:"没有过错,但法律规定应当承担民事责任的,应当承担民事责任。"这一规定是无过错责任原则的法律依据。

追究法律责任只有遵循上述原则,严格依据法律,根据违法行为的性质、种类和社会危害程度,实事求是地追究违法者的法律责任,使其得到相应的法律制裁,才能真正有效地教育公民,减少违法犯罪活动。

除此之外,在我国的法律实践中,确认和承担法律责任还需要强调遵循下列几项重要的原则:

责任法定原则。即法律责任必须在法律上有明确具体的规定,任何人都不得向他人实施和追究法律明文规定以外的责任。

责任自负原则。即只有实施了违法行为的人才独立承担相应的法律责任;在追究当事人法律责任时不允许株连。

违法行为与法律责任相适应原则。即法律责任的性质与违法行为或违约行为性质相适应;法律责任的种类和轻重与违法行为或违约行为的具体情节相适应;法律责任的轻重与行为人的主观恶性相适应。

责任平等原则。任何违法行为都必须受到追究,任何人都没有逃避法律责任的特权。

惩罚与教育相结合原则。对违法的惩罚只是手段,目的是教育违法者和其他公民避免重蹈覆辙,增强守法的自觉性。

(五) 教育法律责任的归责形式

教育法律责任的归责形式,也就是指教育法律责任主体的归责形式。从教育法律关系的角度来看,各教育法律责任主体可能承担的责任形式如下:

1. 教育行政机关及其他国家机关

行政机关承担法律责任主要是补救性的,其承担法律责任的形式主要包括:承认错误、赔礼道歉、恢复名誉、消除影响、恢复职务、撤销违法决定、纠正不正当行为、返还权益、赔偿等。其中,赔偿是行政法律责任的最主要形式之一。

2. 教育行政机关及其他行政机关的工作人员

对行政工作人员的制裁性法律责任主要有:警告、记过、记大过、降级、降职、撤职、开除公职等。根据我国《行政诉讼法》第 65 条规定:"行政机关或者行政机关工作人员做出的具体行政行为侵犯公民、法人或者其他组织的合法权益造成损害的,由该行政机关或者该行政机关工作人员所在的行政机关负责赔偿。行政机关赔偿损失后,应当责令有故意或者重大过失的行政机关工作人员承担部分或者全部赔偿费用。"

3. 实施教育教学活动有关人员

(1) 学校

学校承担的教育法律责任形式主要包括:通报批评、整顿、停办、停止招生、取缔,取消学校发放学生毕业证书资格、举办考试资格,没收违法所得,赔偿损失等。我国《教育法》第 78 条规定:"学校及其他教育机构违反国家有关规定向受教育者收取费用的,由教育行政部门责令退还所收费用,对直接负责的主管人员和其他直接责任人员,依法给予行政处分。"该法第 75 条规定:"违反国家有关规定,举办学校或者其他教育机构的,由教育行政部门予以撤销,有违法所得的,没收违法所得;对直接负责的主管人员和其他直接责任人员。依法给予行政处分。"

(2) 校长

校长承担的法律责任,就其性质而言,包括民事责任、行政责任和刑事责任等。具体形式主要包括:行政处分、撤销行政职务、罚款、刑事制裁等。我国《教育法》第77条规定:"在招收学生工作中徇私舞弊的,由教育行政部门责令退回招收人员,对直接负责的主管人员和其他直接责任人员,依法给予行政处分。"这是行政法律责任。该法第81条规定:"侵犯教师、受教育者合法权益,造成损失、损害的,应当依法承担民事责任,这是民事法律责任。"该法第73条规定:"明知校舍或者教育教学设施有危险,而不采取措施,造成人员伤亡或者重大财产损失的,对直接负责的主管人员和其他直接责任人员,依法追究刑事责任",这是对违反本项规定的包括校长在内的有关人员的刑事制裁。

（3）教师

教师承担教育法律责任的形式主要包括:被取消教师资格、行政处分、解聘、赔偿损失、刑事制裁等。根据《教师资格条例》第19条的规定:"对弄虚作假、骗取教师资格或品行不良、侮辱学生,影响恶劣的,由县级以上人民政府教育行政部门撤销其教师资格,被撤销教师资格的,自撤销之日起5年内不得重新申请认定教师资格,其教师资格证书由县级以上人民政府教育行政部门收缴。"根据《教师法》第37条规定,教师有下列情形之一的,由所在学校、其他教育机构或者教育行政部门给予行政处分或者解聘:① 故意不完成教育教学任务给教育教学工作造成损失的;② 体罚学生,经教育不改的;③ 品行不良,侮辱学生、影响恶劣的,对于后两项情形之一,情节严重,构成犯罪的,依法追究刑事责任。根据《未成年人保护法》第47条规定,侵害未成年人的合法权益,对其造成财产损失或者其他损失、损害的,应当依法赔偿或者承担其他的民事责任。

【议一议】　以案说法

2001年12月19日下午,某小学三(1)班学生在学校的音乐教室里上音乐课。音乐老师丁某弹钢琴时,坐在下面的王同学一直在说话,丁老师开始"警告"王同学:在课堂上不要讲话了,如果再讲话,就用胶带纸把嘴巴封起来。但9岁的王同学没有听老师的话,又开始自言自语。这次,丁老师生气了,立刻站起来。走到王同学跟前,掏出一段封箱胶带纸贴在了他的嘴上。在场所有的学生一下子哄堂大笑,而此刻的王同学却大哭起来,但丁老师见状,没有理会,继续上课。就这样,王同学被封住嘴巴上完了音乐课。在同学们的笑声中一路哭回了教室。

试分析本案例中出现的法律关系主体,并简述案例中丁老师违反了哪些教育法律,应该承担哪些法律责任。

➤扫描本章首二维码,查看案例分析。

【读一读】

教师资格是国家对专门对从事教育教学工作人员最基本的要求。它规定了从事教师工作所必须具备的条件。教师资格制度是国家对教师实行的一种特定的职业许可制度。世界上许多国家对教师的资格标准都有严格的规定,不少国家建立了教师许可证制度或教师资格证书制度。2012 年 9 月 10 日前夕,上海市教委表示,上海中小学教师资格在首次注册后将不再是终身制。此外,北京教师资格也将不再享有"终身制",取而代之的是 5 年时限。

2015 年 12 月 7 日发布的教育发展规划纲要教师队伍建设中期评估报告指出,2011 年开始试行的资格考试改革和定期注册制度改革提高了教师准入门槛,破除了教师资格终身制,提升了教师队伍的质量和水平。2011 启动至今,已有 22 个省份推进试点改革,明年这项制度将全面推行。

教育部教师工作司司长许涛表示,5 年定期注册制度推动顺利,其核心是提高准入门槛,严把入口关,同时畅通不合格教师的出口关。目前,教师定期注册定下的标准很简洁,但底线清晰:师德上有偏差的老师一律一票否决,工作量必须保证,5 年内应该参加的专业素质培训必须参加。

➤扫描本章首二维码,阅读《教师资格条例》全文本。

(4) 就学学生

由于学生是特殊的教育法律责任主体,一般采用纪律处分,如:警告、记过、留校察看等。学校纪律处分就其实质而言,是对违反教育法法定义务的一定处罚,应视为学生承担教育法律责任的一种形式。

学生承担法律责任有其自身的特点。按照我国《刑法》规定,已满 16 岁的人犯罪应当负刑事责任。已满 14 周岁不满 16 周岁的人,犯故意杀人、故意伤害致人重伤或死亡、强奸、抢劫、贩卖毒品、放火、爆炸、投毒罪的,负刑事责任,不满 14 周岁的人,一律不负刑事责任。根据我国《治安管理处罚条例》的规定,已满 14 岁不满 18 周岁的人违反治安管理的,从轻处罚,不满 14 周岁的人,免予处罚,但可予以训诫。根据《民法通则》规定,未成年人给他人造成损失或损害的,父母或其他监护人应承担赔偿责任。

(5) 家长或者其他监护人

家长或者其他监护人本身并不负有接受义务教育的义务。但由于其监护对象是处于义务教育阶段的适龄儿童和少年,因而家长或者其他监护人负有义务使被监护人按时入学接受规定年限的义务教育。根据我国《义务教育法实施细则》第 40 条规定,适龄儿童、少年的父母或者其他监护人未按规定送子女或者其他被监护人就学接受义务教育的,城市由市、市辖区人民政府或者其指定机构,农村由乡级人民政府,进行批评教育,经教育仍拒不送其子女或者其他监护对象就学的,可视具体情况处以罚款,并采取其他措施使其子女或者其他监护对象就学。

(6) 其他负有遵守教育法义务的公民和法人

其他社会组织和公民,有义务遵守教育法的有关规定。如果违反了教育法律规范,应依法承担相应的法律责任。根据《教育法》第 71 条规定,违反国家有关规定,不按照预算核拨教育经费的,由同级人民政府限期核拨,情节严重的,对直接负责的主管人员和直接责任人员,依法给予行政处分;违反国家财政、财务制度,挪用、克扣教育经费的,由上级机关责令限期归还被挪用、克扣的经费,并对直接负责的主管人员和其他责任人员,依法给予行政处分,构成犯罪的,依法追究刑事责任。该法第 72 条规定:"结伙斗殴、寻衅滋事,扰乱学校及其他教育机构教育教学秩序或者破坏校舍、场地及其他财产的,由公安机关给予治安管理处罚,构成犯罪的,依法追究刑事责任。""侵占学校及其他教育机构的校舍、场地及其他财产的,依法承担民事责任"。第 81 条规定:"违反本法规定,侵犯教师、受教育者、学校或者其他教育机构的合法权益,造成损失、损害的,应当依法承担民事责任"。根据我国《教师法》第 35 条规定,侮辱、殴打教师的,根据不同情况,分别给予行政处分或者行政处罚,造成损害的,责令赔偿损失,情节严重,构成犯罪的,依法追究刑事责任。根据我国《义务教育法》第 16 条规定,任何组织或者个人不得侵占、克扣、挪用义务教育经费,不得扰乱教学秩序,不得侵占、破坏学校的场地、房屋和设备。违反此项规定的,根据不同情况,分别给予行政处分,行政处罚;造成损失的,责令赔偿损失,情节严重构成犯罪的,依法追究刑事责任。由此可见,社会上其他组织和个人承担违反教育法的法律责任包括民事责任、行政责任和刑事责任等。

第四节　教育法律救济

一、教育法律救济概念与特征

教育法律救济是指在教育法律关系的合法权益受到侵犯并造成损害时,获得恢复和补救的法律制度。在教育领域中,主要运用的法律救济方式包括教师申诉制度、受教育者申诉制度、行政复议、行政诉讼、行政赔偿和民事诉讼。其特征如下:

1. 纠纷的存在是教育法律救济的基础

教育法律救济制度是与纠纷的处理相联系的。在社会生活中,纠纷通常表现为某种社会关系上的利益矛盾与冲突,而这种矛盾和冲突,往往是由某种侵权行为所导致的。有纠纷就要求有解决纠纷的程序和制度。通过裁决纠纷去补救受损一方的合法权益。法律救济制度也就由此应运而生。

2. 损害的发生是教育法律救济的前提

任何法律上的救济,都是因为发生了侵权损害,无侵权损害就无所谓救济。即使发生了侵权行为但没有造成损害,也不存在救济问题。所以,就其实质而言,侵权损害是法律救济的前提。

3. 补救受害者的合法权益是教育法律救济的根本目的

教育法律救济的目的就在于补救相对人受损害的合法权益,为其合法权益提供法律保护。"权力"不需要救济,因为权力本身就是一种可以强制他人服从的力量。而"权利"对别人则没有任何强制性的支配力,它的运用不能直接制止某种侵害行为,也不能采取任何强制人的措施,因此,权利需要法律救济制度来保障。

【做一做】

单项选择:"权利"对别人则没有任何强制性的支配力,它的运用不能直接制止某种侵害行为,也不能采取任何强制人的措施,因此,权利需要法律救济制度来保障。教育法律救济的根本目的是(   )。

A. 避免损害　　　　　　　　B. 避免纠纷

C. 补救受害者的合法权益　　D. 获得赔偿

答案:C。

4. 具有补救与监督的双重作用

教育法律救济不仅能补救受害者,也能控制国家机关及其职能部门人员依法行政。

【做一做】

单项选择:学生、教师或学校的合法权益受到侵害时,通过一定的手段或途径,请求政府实行强制性手段。这种方法或途径被称为(   )。

A. 教育救济　　　　　　　　B. 教育援助

C. 教育保护　　　　　　　　D. 教育申述

答案:A。

二、教育法律救济的作用

1. 保护教育法律关系主体

教育法律关系主要表现为教师与学生、学生与学校、教师与学校、教师和学生与教育行政部门、学校与教育行政部门等之间的关系。当教育法律关系主体的法定权益受到损害时，可以通过法定的方式和途径，请求有关机关以强制性的救济方式来帮助受损害者恢复并实现自己的权利。

2. 维护教育法律的权威

通过教育法律救济维护教育法律的尊严。通过法律救济对教育行政部门以及学校和其他国家机关的违法行政或管理进行矫正，对受侵害的相对人进行法律上的补救，这都是教育法律救济维护教育法律的权威性的重要体现。

3. 促进教育行政部门依法行政

教育法律救济可以促进教育行政部门、其他国家机关和学校依法行政和管理，确保其活动的法制性、公正性和合理性。

4. 有利于推进教育法制建设

随着教育法律体系的逐步完善，我国开始进入依法治教的阶段。在教育法制建设中，通过建立法律救济制度，加强各级权力机关对教育法实施的监督。

三、教育法律救济的主要途径

法律救济的渠道有四种：行政渠道、司法渠道、仲裁渠道和调解渠道。其中，行政渠道、仲裁渠道和调解渠道通称为非诉讼渠道。

（一）行政渠道

行政救济是教育法律救济的主要方式，主要包括行政申诉和行政复议两种形式。

1. 教育行政复议

（1）教育行政复议的概念和范围

教育行政复议是指管理相对人认为教育行政机关做出的具体行政行为侵犯其合法权益，依法向做出该行为的上一级教育行政机关或法律、法规规定的其他行政机关提出申诉，受理行政机关对该具体行政行为进行复查并做出裁决的活动和制度。一般来说，申请行政复议应该在 60 日内提出。

根据我国《行政处罚法》和《行政复议法》的规定，教育管理相对人在下列情况下，可以提请教育行政复议：

① 对教育行政处罚不服的；

② 对侵犯其合法经营自主权的；

③ 对不作为违法的；

④ 对违法设定义务不服的；

⑤ 对行政机关做出的决定不服的；

⑥ 认为行政机关的其他具体行政行为侵犯其合法权益的。

在我国教育管理实践中,学校对教师的行政处分决定以及学校对学生的处分决定,作为教师或学生如不服的,只能依法通过教育申诉途径来获得救济,而无法通过教育行政复议途径获取救济。

(2) 教育行政复议的程序

① 申请。可以书面形式也可以口头形式,书面形式申请应在 60 日内提出复议申请书。

② 受理。指教育行政复议机关基于相对人的申请,经审查认为符合法律规定的申请条件,决定立案并准备审理的行为。

③ 审理。它是教育行政复议的中心阶段。复议机关应当在受理之日起 7 日内将复议申请书副本发送被申请人。被申请人在收到复议申请书副本之日起 10 日内,应向复议机关提交做出具体行政行为的有关材料或者证据以及答辩书。被申请人逾期不答辩的,不影响复议。

④ 决定。对案件进行审理后,在判明具体行政行为的合法性、正当性的基础上,有关机关做出相应的裁断。复议机关应在复议期限内(自受理之日起 60 日内)做出决定。

⑤ 执行。复议决定生效后就具有国家强制力,复议双方应自觉履行,否则,将强制执行。

2. 教育行政诉讼

"教育行政诉讼"是指教育行政管理相对人认为教育行政机关的具体行政行为侵犯其合法权益,依法向人民法院起诉,请求给予法律救济,并由人民法院对行政行为进行审查和裁判的诉讼救济活动。

(1) 教育行政诉讼的范围

关于我国教育行政诉讼的具体受案范围,《中华人民共和国行政诉讼法》第 11 条和第 12 条分别做出了明确的规定。教育行政案件的涉案范围主要集中在:

① 对教育行政处罚不服的；

② 认为符合法定条件申请教育行政机关颁发许可证或执照,而教育行政机关拒绝颁发或不予答复的；

③ 申请教育行政机关履行保护人身权、财产权的法定职责,而教育行政机关拒绝履行或者不予答复的;

④ 认为教育行政机关违法要求履行义务的;

⑤ 认为教育行政机关侵犯其人身权、财产权的。

（2）教育行政诉讼的程序

① 起诉和受理。起诉是公民、法人或其他组织依法向人民法院提出诉讼请求的诉讼行为,将产生一定的法律后果。对于当事人的起诉,人民法院经审查,应当在接到起诉状起 7 日内立案或裁定不予受理,当事人对不予受理的裁定不服,可以提起上诉。

② 审理和判决。我国行政诉讼实行两审终审制,二审做出的判决和裁定为终审的判决裁定,案件到此为止最后审结,如果发现确有错误,可以再经审判监督程序予以纠正。

③ 执行。执行程序是诉讼活动的最后阶段。人民法院对发生法律效力的判决裁定,在义务人逾期不执行时,有权依法采取强制措施,迫使其履行义务。

3. 教育行政诉讼和教育行政复议区别

作为两种不同的行政救济制度,教育行政诉讼和教育行政复议区别主要表现在以下几点:

一是性质不同。行政复议是行政活动,而行政诉讼是人民法院行使审判权的司法活动。

二是受理机关不同。行政复议的受理机关是行政机关,而行政诉讼的受理机关是人民法院。

三是适用程序不同。行政复议适用行政程序,实行一级复议制,进行书面审理,程序简便;而行政诉讼适用司法程序,实行两级终审制,以公开审理为主,程序严格。

四是审查范围不同。行政复议对具体行政行为合法性与适当性进行审查,而行政诉讼只对其合法性进行审查。

五是法律效力不同。除有法律明文规定之外,行政复议决定不具有最终的法律效力,即复议申请人不服复议决定的,可依法向人民法院提起行政诉讼,行政诉讼的终审判决具有最终的法律效力。

（二）司法渠道

司法渠道又称诉讼渠道,是指相对人就特定的侵权行为向人民法院提起诉讼,请求救济。

（三）仲裁渠道

仲裁渠道与行政、司法渠道不同。仲裁是建立在纠纷双方自愿平等的基础上，由非国家机关的仲裁机构以平等的第三者身份进行的活动。

（四）调解渠道

"调解"有司法调解、行政调解、民间调解三种形式。"司法调解"是指当事人双方在人民法院、法官的主持下，通过处分自己的权益来解决纠纷。"行政调解"是指国家行政机关根据法律规定，对属于国家行政机关职权管辖范围内的民事纠纷，通过耐心说服，使纠纷双方当事人互相谅解。"民间调解"是指在人民调解委员会主持下，以国家法律、法规、规章和社会公德规范为依据对民间纠纷双方当事人进行调查、劝说，促使他们互相谅解，平等协商，自愿达成协议，消除纷争的活动。

【做一做】

单项选择：教育法律救济的主要方式是（　　　　）。

A. 司法救济 　　　　　　　　　　B. 行政救济

C. 仲裁 　　　　　　　　　　　　D. 调解

答案：B。

四、教育申诉制度

教育申诉制度是指作为教育法律关系主体的公民，在其合法权益受到侵害时，向国家机关申诉理由，请求处理的制度。我国的教育申诉制度主要有教师申诉制度和学生申诉制度。

（一）教师申诉制度

1. 教师申诉制度的概念及特征

所谓"教师申诉制度"，是指教师在其合法权益受到侵犯时，依照法律、法规的规定，向主管的行政机关申诉理由，请求处理的制度。

教师申诉制度具有如下特征：

法律性。《中华人民共和国教师法》明确规定了教师申诉的程序，各级人民政府及其有关部门必须依法在规定的期限内对教师的申诉做出处理决定，使教师的合法权益及时得到保护。学校及其他教育机构，有关部门对上级行政机关做出的处理决定，负有执行的义务，否则即应承担相应的法律责任。

特定性。教师申诉制度是在宪法赋予公民享有申诉权利的基础上，将教师这一特定专业人员的申诉权利具体化的法律制度。根据《中华人民共和国教师法》的规定,教师申诉制度的主体是特定的,被申诉的主体是特定的,受理申诉的主体是特定的,处理申诉的主体和日期也是特定的。教师申诉制度的特定性,有利于保障教师的合法权益。

非诉讼性。教师申诉制度有别于诉讼法上的申诉制度。诉讼法上的申诉制度是公民对司法机关已经发生法律效力的判决、裁定不服,而向法院或检察院提出申诉,请求再审的制度。而教师申诉制度是由行政机关依法对教师的申诉,根据法定行政职权和程序做出行政处理的制度。这种行政处理决定具有行政法上的效力,它与诉讼法上的申诉制度性质不同。

2. 教师申诉的范围

根据《中华人民共和国教师法》的规定,教师申诉的范围包括:

第一,教师认为学校或其他教育机构侵犯其《中华人民共和国教师法》规定的合法权益的,可以提起申诉。这里的合法权益,包括《中华人民共和国教师法》规定的教师在职务聘任、教学科研、工作条件、民主管理、培训进修、考核奖惩、工资福利待遇、退休等方面的各项权益。只要教师认为自己的上述权益受到侵犯,都可以提出申诉。

第二,教师对学校或者其他教育机构做出的处理不服的,可以提出申诉。至于学校或者其他教育机构的处理决定是否侵犯了教师的合法权益,需要通过申诉后的查办,予以确认。

第三,教师认为当地人民政府有关行政部门侵犯其根据《教师法》规定享有的权利的,可以提出申诉。需要特别指出的是,这里的被诉对象只能是当地人民政府隶属的行政机关,而不能是当地人民政府。其他企业、事业单位或个人侵犯教师合法权益的,不列入教师申诉制度的范围。

3. 教师申诉的程序

教师申诉程序包括提出、受理和处理三个环节,并依次进行。

(1) 提出申诉

教师提出申诉必须符合以下条件:① 符合法定申诉范围;② 有明确的理由和请求;③ 以法定形式提出。教师申诉应当以书面形式提出。

(2) 申诉的受理

在对教师申诉的受理上,主管教育行政部门接到申诉后,要对申诉人的资格和申诉条件进行认真审查,并就不同情况做出相应处理:对于符合申诉条件的应予以受理;对于不符合申诉条件的,可以答复申诉人不予受理;如果申诉书未说清理由和要求时,应要求申诉人重新提交申诉书。

（3）申诉的处理决定

受理机关对于受理的申诉案件，在进行调查研究，全面核查的基础上，应区别不同情况，分别做出处理决定。

教育行政部门应当在接到申诉书的次日起 30 日内，做出处理。逾期未做处理或者久拖不决的，若申诉内容涉及人身权、财产权及其他属于行政复议、行政诉讼受案范围的，申诉人可依法提起行政复议或行政诉讼。受理机关做出申诉处理决定后，应将处理决定书发送当事人。申诉处理决定书送达之日起生效。如果申诉当事人对处理决定不服，可以向原处理机关隶属的人民政府申请复核或依法提起行政复议或行政诉讼。

（二）学生申诉制度

1. 学生申诉概念及范围

"学生申诉制度"也称"受教育者申诉制度"，是指受教育者在其合法权益受到侵害时，依法向主管的行政机关申诉理由、请求处理的制度。《中华人民共和国教师法》第 42 条规定了受教育者的权利，其中第四项规定："对学校给予的处分不服向有关部门提出申诉，对学校、教师侵犯其人身权、财产权等合法权益，提出申诉或者依法提起诉讼。"根据这一规定，提起申诉的人必须是受教育者或其监护人，被申诉人是学校或教师，申诉的事项必须符合《中华人民共和国教师法》规定的受理范围。根据《中华人民共和国教师法》的规定，学生申诉的范围包括：

对学校给予的处分不服的。这里的处分包括学籍、校规、考试等方面的处分。

对学校或教师侵犯其人身权的。例如，学生对学校因管理不当侵犯其名誉权的行为，就有权提出申诉。

对学校或教师侵犯其财产权的。例如，学生对学校违反规定向其乱收费的行为，有权提出申诉。

对学校或教师侵犯其知识产权的。例如，学生对学校或教师侵犯自己的著作权、发明权或者科技成果权的行为，有权提出申诉。

2. 学生申诉制度的程序

和教师申诉制度一样，受教育者申诉制度也有提出申诉、申诉受理和申诉处理等环节。

（1）提出申诉

提出申诉可以以口头或书面形式。以口头形式提出的要讲明被申诉人的状况，申诉的理由和事件发生的基本事实经过，最后提出申诉的要求。书面形式的申诉要求载明申诉人、被申诉人、申诉要求、申诉理由和事实经过。

（2）申诉受理

主管机关接到学生的口头或书面申诉后，可以依具体情况经审查后做出不同的处理。对于隶属于自己主管的，予以受理；对于不属自己主管的，告知学生向其他部门申诉或驳回申诉；对于虽属本部门主管，但不符合申诉条件的，告知学生不能申诉；对于未说明申诉理由和要求的，可要求其再次说明或重新提交申诉书。主管机关对于口头申诉应在当时或规定时间内做出是否受理的答复；对于书面申诉则应在规定时间内给予是否受理的正式通知。

（3）申诉处理

如果主管机关对申诉进行受理，则应该对事件进行调查核实，根据不同情况做出不同处理：

① 如果学校、教师或其他教育机构的行为或处分决定符合法定权限或程序，使用法律规定正确，事实清楚，可以维持原来的处分决定和结果。

② 如果处分决定违反相关的法律法规，侵害申诉人合法权益，可以撤销原处分决定或责令被申诉人限期改正。

③ 具体处分决定或具体行为决定的一部分适用法律、法规、规章错误或事实不清的，可责令退回原机关重新处理或部分撤销原决定。

④ 处分决定所依据的规章制度或校规校纪与法律法规及其他规范性文件相抵触时，可撤销原处理决定。

⑤ 如果是对侵犯人身权、财产权等进行申诉，学生对申诉处理结果不服的，可依法向法院起诉。

本章小结

教育法规是关于教育的法规，主要调整教育单位或教育行政管理机关在进行教育活动和教育管理活动过程中与社会各方面或教育系统内部所产生的各种社会关系。它具有规范功能、标准功能、预示功能、强制功能。教育法律关系是教育法律规范在调整人们有关教育活动的行为过程中形成的权利和义务关系，是一种特殊的社会关系，包括教育法律关系的主体、教育法律关系的客体及教育法律关系的内容；其会发生、变更和消灭。教育法律责任是教育法律关系主体因实施了违反教育法律的行为，依法应承担的带有强制性的法律后果，包括教育行政法律责任、教育民事法律责任、教育刑事法律责任。教育法律救济是指在教育法律关系的合法权益受到侵犯并造成损害时，获得恢复和补救的法律制度。在教育领域中，主要运用的法律救济方式包括教师申诉制度、受教育者申诉制度、行政复议、行政诉讼、行政赔偿和民事诉讼。

课后练习

(一) 简答题

1. 简述法规的类型。
2. 简答法律责任的类型。
3. 法律救济有何意义? 教育法律救济渠道有哪些?
4. 教师在何种情况下可以提出申诉和申请行政复议?
5. 学生申诉的程序是什么?
6. 怎样理解教育法律责任的归责原则和构成要件?

(二) 案例分析题

某职业高中体育教师顾某于 2002 年 9 月在授课时不慎将腰扭伤,休病假。直到 2003 年 3 月 5 日去上班时,被学校通知解聘。此后顾某多次找校长要求解决问题,但校长一直拖到 2004 年下半年才在电话中表示对顾某的处理不妥。但此后不久,校长调离,新校长只同意聘顾工作,但不解决以前遗留问题。顾某认为学校无正当理由口头解聘教师、拒不补发工资及其他待遇,这违反了《中华人民共和国教师法》第 7 条的规定。2005 年 6 月 23 日,顾某委托律师向该校所在的区教育委员会递交了申诉书。区教育委员会在收到申诉后 30 日内未予处理,也未予答复。顾某于 2005 年 8 月 3 日依据《中华人民共和国行政诉讼法》第 11 条的规定,以区教育委员会拒不履行法定职责为由,向人民法院提起行政诉讼,要求法院判令区教育委员会履行法定职责。

问题:学校的解聘行为合理吗? 顾某能否对此提起诉讼? 请分析该案例。

第二章　教育法制建设

章首语

　　教育法制,从静态意义上讲是指有关教育的法律制度的总称;从动态意义上讲,则是指贯穿教育立法、执法、司法、守法等各个阶段的法治运作过程,体现了依法治教、法治教育的法治精神和原则。遵守法律,在社会生活中有着重要的意义。对于教育法来说同样如此。我国教育法制建设的问题是:一方面,法律制度还不够全,立法缺口仍然很大;另一方面,已有的法规还没得到全面有效的遵守。在我国,由于长期封建社会和自然经济的影响,群众中的法制观念比较淡薄,社会缺乏依法办事的传统。人们比较习惯于人治而不习惯于法治,而在已经很淡薄的法制观念中,又相对地重视刑法而轻视民法,至于行政法规则更不被重视。在义务教育法通过、施行以后的很长一个时期,许多人并不把它看作是法,认为违反了义务教育法的规定没有什么了不起,不算是违法。因此,只有加强守法教育,加强法律的实效性和执法的严肃性,做到"有法可依"、"有法必依"、"执法必严"和"违法必究",教育法规才能真正发生法律效力,才能真正得到普遍的遵守。

知识点思维导图

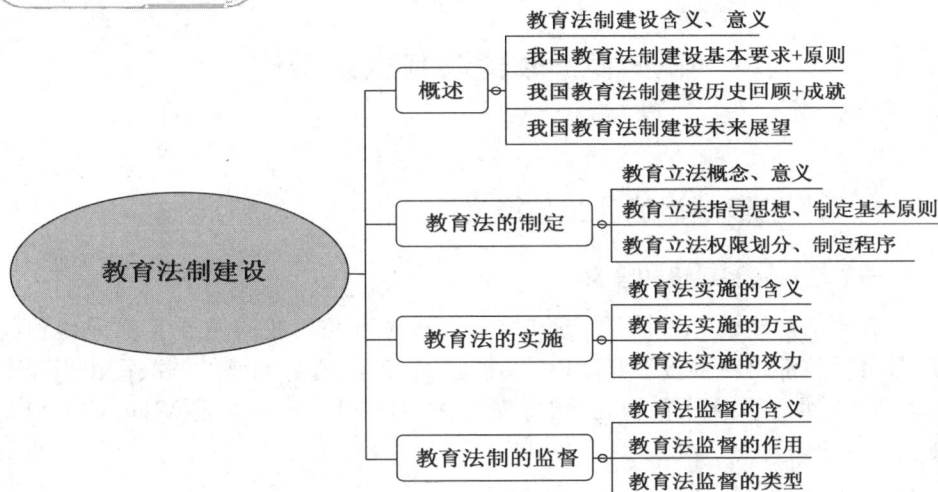

- 教育法制建设
  - 概述
    - 教育法制建设含义、意义
    - 我国教育法制建设基本要求+原则
    - 我国教育法制建设历史回顾+成就
    - 我国教育法制建设未来展望
  - 教育法的制定
    - 教育立法概念、意义
    - 教育立法指导思想、制定基本原则
    - 教育立法权限划分、制定程序
  - 教育法的实施
    - 教育法实施的含义
    - 教育法实施的方式
    - 教育法实施的效力
  - 教育法制的监督
    - 教育法监督的含义
    - 教育法监督的作用
    - 教育法监督的类型

以案说法

　　江苏镇江某初三学生刘某学习成绩较差,平时爱看言情小说,多次因上课看小说受批评。1997年5月16日,刘某上课时看言情小说被王老师发现后将书收去。第二天,刘偷偷地从王老师办公桌抽屉里把书取回。班主任钱老师知道后把其叫到办公室询问,刘开始不承认,钱老师便谎称王老师的一百元钱和磁带丢失,以此为"突破口",并用三角板在刘腿上轻轻打了几下,最后刘承认拿了书,但未拿钱和磁带。钱老师要求刘写检查并在全校公布,否则下周一不许到校上课。中午,刘母见女儿哭着回家、不肯吃饭,便到钱老师家了解情况,钱老师说:"你女儿在校做了坏事,撬锁偷东西……"(后来王老师证实钱和磁带并没有丢,钱老师这样做只是为了吓唬刘,让其承认拿了书。)下午五点半,刘母下班后闻到女儿房内有农药味,追问之下,刘说已倒掉。刘母放心不下,又到钱老师家反映这一情况,再三请求钱老师帮助开导女儿,钱老师不肯,并说:"你女儿出事,不关我的事。"晚上,刘告诉母亲上午受老师训斥,并说受不了这个委屈。19日,周一,刘不肯去上学,其父母向校长反映此事,校长让其找钱老师,而钱老师仍不明确表态。当刘的父母失望地回到家时,发现女儿已服毒身亡。

　　上述案例中的教师为了使学生承认"错误"所采用的强制手段有"逼供"之嫌,侵犯了学生的公正评价和受教育权,对学生的名誉权也有一定的损害。案例中的校方也未采取相应有力措施,反而听任教师"自主"行事,除了说明校方的失职外,也表明校方也存在对教育法律认知上的迷茫。血的教训要求我们,一定要加强教育法制建设,使教育领域真正做到有法可依,有法必依,执法必严,违法必究。

第一节　教育法制建设概述

一、教育法制建设的含义与意义

(一) 教育法制建设的含义

　　"教育法制建设"是指国家通过教育立法对教育事业的发展实施干预和调控,教育行政部门行使管理职能以法律为主要依据,教育问题的解决在相当程度上诉诸法律调节领域。简言之,教育立法、执法与司法成为保证、巩固、促进和发展教育事业的重要手段。

教育法制建设是法制建设的一个重要组成部分,包括教育立法、教育行政执法、教育司法、教育法制监督、教育法律意识、教育法学教育以及教育法学研究等。教育法制建设是一项内容丰富、生机勃勃的综合性工程,涉及社会的方方面面,对教育事业的发展和进步发挥着重要的保障和推进作用。

（二）教育法制建设的意义

1. 教育走向法制化是历史发展的必然

教育法制是现代社会对教育的一种新型的调控组织形式,是伴随教育普及和发展而形成的一个法律调节领域。自 19 世纪中叶至今的一百多年来,教育在世界各国已经成为一项大规模的社会性事业,对社会的发展起着举足轻重的作用。这就从客观上要求扩大国家直接干预和挑战事业发展的职能,凭借法律制度来实现国家对教育的计划、指挥、协调和控制,更有效地发挥国家管理教育事业的作用。

2. 教育法制化是实现教育国家化的重要手段

依法治教,是一个国家对教育实施较为成熟管理的标志。运用法律手段对教育进行规范,是由于社会诸多因素相互作用的结果。这些因素大到经济、政治、地理环境、民族、国家,小到历史人物的个性、个人素质等。教育作为一种文化的生命机制和社会存在,必然受制于社会经济、政治和文化的束缚与牵制。不同历史阶段的经济发展水平、物质生产方式、科学认知程度、政治体制改革以及意识形态变化等,都不同程度地影响着教育制度、教育组织、教育思想变革的方向、性质和内容。

3. 教育法制化是教育现代化的重要标志

教育的现代化是随着市场经济的成熟、大机器生产的出现,并以普及义务教育和国民学校的出现而萌芽的。中国教育走向现代化的过程,是中国社会自鸦片战争以来,经历了开学堂、废八股、办学校、留洋求学、倡导教育平等、追求民主与科学、争取人权直至今天的依法治教、依法办学等数十年历程。教育现代化的根本途径是教育民主化的追求与实现,即教育权利平等和教育机会均等,而教育法制建设正是实现这一基本目标的根本保障。

4. 教育法制化是依法治国的重要内容

教育制度的建立受制于社会的根本制度。在我国,"依法治国,建设社会主义法治国家"已载入宪法,市场经济是法制的经济,平等主体之间与纵向隶属关系的主体之间的行为受到法律法规的调整和控制,建立在市场经济基础上的教育必然走向法制。

由此可见，教育法制化不仅事关教育事业健康、有序地发展，成为兼顾国家意志和个人教育权益的基本依据，而且关系到社会稳定及国家持续发展的大局，这是历史发展之必然。

二、我国教育法制建设的基本要求与原则

（一）我国教育法制建设的基本要求

现代教育法律关系的产生，是伴随着现代教育立法的产生而产生的，现代教育立法实践始于国家对教育的干预。有法可依，有法必依，执法必严，违法必究，是社会主义法制的基本要求，也就是教育法制建设的基本要求，党的十一届三中全会就明确规定了这一点。

1. 有法可依

这是教育法制建设的前提和基础。有法才能依法办事，要健全法制，首先要完备法律，有了教育法律法规才能使人们有统一的行为规范和准则。西方发达国家的教育法制建设之所以取得了巨大的成果，教育立法的完备是主要原因之一。可以说，加强教育立法，实现有"有法可依"是教育法制现代化的第一步。

2. 有法必依

这是教育法制建设的中心环节。教育法律法规制定以后，要严格遵照执行，不折不扣地依法办事，使教育法规成为国家机关、社会教育机构、学校、公职人员、教师活动的准则。然而，有法不依已成为我国法制建设的痼疾。这种现象有其深刻的历史、文化根源。在教育行政执法中，这一现象更是非常普遍。能否严格依法治教，有法必依，已成为教育法制建设成败的核心问题。

3. 执法必严

这是教育法制建设的关键。执行各种教育法律法规必须切切实实，不能上有"国法"，下有"家法"，尤其是针对一些关系到特殊群体（如妇女、儿童、残疾人等）受教育权的法律法规更应加大执行的力度。

4. 违法必究

这是教育法制建设的保障，要严格追究违反教育法律、法规的行为人的法律责任，任何人都没有凌驾于法律之上的特权。违法不究，容易降低人们对法律的信任度，助长某些人藐视法律的心态，使法律形同虚设。

党的十五大报告进一步明确提出了"依法治国，建设社会主义法治国家"的基本方略，法治成为核心关键词。党的十八大报告中，发展成了新的十六字方针，即"科学立法，严格执法，公正司法，全民守法"。这表明我国社会主义法治建

设进入了新阶段。目前,中国特色社会主义法律体系已经形成,但是依法治国的目标并未全部达成,实现政治文明的征程仍在路上,需要我们继续推进依法治国基本方略,克服法治发展过程中的障碍。新十六字方针确立了我国依法治国新阶段的四大目标,教育法制建设的基本要求也随之更高。

(二)我国教育法制建设的原则

1.社会主义原则

邓小平理论中的民主法制思想为教育法制建设确立了方向。邓小平民主法制思想可以概括为“四个一”:一条基本方针,即发展社会主义民主,健全社会主义法制;一个战略思想,即“一手抓建设,一手抓法制”;一个重大关系,即处理好法治和人治、政党和政府的关系;一个全局性任务,即全党同志和全体干部、群众都要学会依法办事。这“四个一”为教育法制建设指明了方向,教育法制建设应当为社会主义的教育现代化服务。党的十九大也提出了要求,中国坚定不移地走中国特色主义法治道路,这既是中国特色社会主义本质要求,也是实现我国伟大复兴的重要保障。

2.机会均等原则

教育最重要的是为每一个受教育者提供平等的受教育机会,保护每一位公民的受教育权,而不应有任何形式的歧视和不平等待遇,尤其是对社会团体成员中的弱小成员更应注重保护其受教育机会的均等。这是教育法制建设必须坚持的基本原则,它体现了法制公平、正义的原则。

3.权利义务相一致原则

在各种教育法律关系中,各种教育权往往既是权利,又是义务。如公民的受教育权,是公民不可剥夺的基本权利,同时也是公民不可推脱的义务,权利义务紧密相连,合为一体;同时,教育行政机关不仅享有管理教育的权力,更要承担管理教育的职责。只有坚持权利义务相一致的原则,教育法制建设才能顺利进行下去。

4.程序法治原则

教育法制建设的发展必然会经历一个由重实体到重程序的过程,因为依法治教在很大程度上表现为在程序上规范各种教育行为。事实上,目前教育界出现的种种腐败行为都和程序上的漏洞有着直接或间接的关系。只有通过健全的法制程序,才能真正实现法治教育。

5.责任教育原则

在教育法制建设中,教育法律责任应是极为关键的一部分。随着“责任政府"的观念深入民心,责任教育也理应成为教育法制遵循的原则,即明确教育行政主体和各教育权利义务关系主体的责任,责罚相连,确保教育法律、法规的贯彻实施,实现教育法制的务实运作。[①]

三、我国教育法制建设历史回顾与成就

(一)我国教育法制建设历史沿革

1. 清末教育立法阶段

在我国,近代意义上的教育立法,基本上发端于清末的教育改革,其主要内容是以法令的形式确立近代学制。清政府为了维护其摇摇欲坠的统治,从 1901 年起开始推行所谓的"新政",其中包括教育改革,实行所谓"新教育"。通过颁布法令,建立新的、具有近代特征的学制是"新教育"的一个主要方面。

1902 年,清政府公布了由管学大臣张百熙拟订了《钦定学堂章程》(又称"壬寅学制"),该章程从形式上看,比较完备,因而可以说是近代中国的第一个教育法规。但该章程正式公布后,并没有施行。1904 年,清政府公布了由张之洞、张百熙、荣庆重新拟订的《奏定学堂章程》(又称"癸卯学制"),其核心是封建的忠孝思想,明显地反映出"中学为体,西学为用"的方针。这是中国近代史上最早明确提出教育宗旨,并正式实施,一直沿用至 1911 年的学制。1905 年,清政府迫于形势压力,"谕立停科举以广学校",并设立"学部"作为全国教育的最高行政机关。1906 年,学部颁布了《强迫教育章程》,这是中国政府有关强迫义务教育的第一道正式法令。

清政府为了推行"新教育",除指定上述法规章程外,在设立学部后,还制定了一些教育法规,如《学部管制》《劝学所章程》《各省学务官制、办事权限章程》等。其中有不少抄袭日本,并没有结合我国当时的实际情况。总体来看,清朝教育法规带有浓厚的旧教育的痕迹和封建主义的色彩。但不可否认的是,清朝末年的教育立法使中国教育最终在形式上具备了近代资产阶级教育的特征,促进了现代教育的发展,为民国时期的学校教育奠定了基础。

【做一做】

单项选择:我国近代第一部教育法规是(　　　)。

A.《钦定学堂章程》　　　　　　　B.《京师大学堂章程》

C.《奏定学堂章程》　　　　　　　D.《小学教育章程》

答案:A。

[①] 袁兆春,宋超群.教育法学[M].济南:山东人民出版社,2014:29.

2. 民国初期教育立法阶段

1911 年,辛亥革命推翻了帝制。1912 年 1 月 19 日,南京临时政府教育部颁布了《普通教育暂行办法通令》和《普通教育暂行课程之标准》,以法令形式巩固了资产阶级民主革命的教育成果。这两个文件的颁布,不仅保证了民国初年普通教育的改革,而且促进了普通教育的发展。1912 年 7 月,全国临时教育会议开幕,讨论了学制改革问题,制定了一个新的学校系统。9 月 3 日,颁布了《学校系统令》(即"壬子学制")。此后,教育部又陆续公布了《小学校令》《中学校令》《师范教育令》《专门学校令》《大学令》《大学规程》等。因为这些法令与"壬子学制"系统有差异,加以综合之后,确定为一个统一的学制系统,被称为"壬子—癸丑学制",一直推行到 1922 年新学制诞生时为止。

1922 年,教育部于北京召开全国学制会议,通过了《学制系统改革案》。这一学制又称"壬戌学制",因其效仿美国式的六三三分段法,故又称"六三三学制"。这一学制是在总结民国以来教育立法的经验教育,借鉴西方国家现代学校教育体制的基础上制定的,因此,是一个较为成熟的学制,并一直沿用至今。

【做一做】

单项选择:最先提出"六三三"学制分段,并一直沿用至今的是(　　)。

A.《壬寅学制》　　　　　　B.《壬戌学制》

C.《壬子—癸丑学制》　　　D.《癸卯学制》

答案:B。

民国初年的教育立法吸收了西方发达国家,尤其是美国教育立法的经验,因而带有资产阶级国家单轨制形式上的平等性,这些法规体现了反封建的精神及实利主义教育和军国民教育精神,在一定程度上顺应了历史潮流。

3. 新中国成立以来的教育立法

1949 年 10 月 1 日,中华人民共和国宣告成立,开创了中国历史新纪元。新中国成立后的教育法制建设大致经历了三个发展阶段:

(1) 第一阶段:1949—1956 年,新中国教育法制建设的开端

1949 年 1 月,中国共产党发表了《废除伪宪法、伪法统等八项条件的声明》;2 月又发布了《关于废除国民党六法全书与确定解放区的司法原则的指示》,宣布废除旧法,建立新法。伴随这一转折,开始了我国社会主义的法制建设。1950 年,政务院颁布了《高等学校暂行规程》和《专科学校暂行规章》;1951 年颁布了《关于改革学制的决定》;1952 年,颁布了《关于接办私立中小学的指示》,还陆续颁布了幼儿园、小学、中学、中等专业等学校的暂行规程。

从总体上讲,在百废待兴、百业待举的形势下,当时的政府很难把主要精力

放到立法上。尽管如此,在新中国成立后的教育立法活动中,这个阶段的教育立法活动相对还是比较快的,是第一次也是唯一一次立法高潮。

(2) 第二阶段:1957—1976 年,教育法制建设跌入低谷

1956 年,生产资料私有制的社会主义改造基本完成后,中国进入了社会主义初级阶段。这一阶段我国法制建设完全应当而且可能比以前发展得更快更好。但恰从此时开始,我国法制建设工作跌入低谷。1958 年,在全国开展了以勤工俭学、教育与生产劳动相结合为中心的教育革命。这场改革在一定程度上突破了苏联教育经验的局限性,为教育的发展开拓了新的途径,但同时也出现了"左"的错误,必要的法规制度遭到破坏,出现了无政府主义的盲目状态。因此 1961 年,教育部草拟了《教育部直属高等学校暂行工作条例》(简称《高教六十条》)和《全日制中学暂行工作条例》(简称《中学五十条》)、《全日制小学暂行工作条例》(简称《小学四十条》),总结了新中国成立以来,特别是 1958 年教改以来的正反两方面经验,为各级学校工作规定了明确的工作方针。

1966 年,"文化大革命"爆发,国家的立法工作完全停顿,50 年代以来制定的一批法律、法规丧失了权威性,司法工作也失去了其应有的独立性。法律不仅没有可能向社会生活各个领域进行渗透,反而受到各种非法律手段的侵蚀和支配,"人治"成为当时的最高抉择。一直到 1976 年粉碎"四人帮"以后,教育界的工作才逐步恢复到正规。

(3) 第三阶段:1978 年至今,教育法制建设健康发展时期

粉碎"四人帮"之后,教育界在拨乱反正基础上,恢复了学校的教学秩序,重新颁布了大、中、小学"工作条例",教育立法也呈现出健康发展的态势。1982 年 12 月,第五届全国人民代表大会第五次会议制定了新的《宪法》,这是我国法制建设史上最重要的里程碑。《宪法》中有关教育的规定,为教育法律的制定和依法治教提供了最高的法律依据。除此之外,1980 年,第五届全国人民代表大会常务委员会第十三次会议通过了《中华人民共和国学位条例》(简称《学位条例》),这是新中国成立以来由最高权力机关制定的第一部有关教育的法律。1986 年,第六届全国人民代表大会第四次会议通过了《中华人民共和国义务教育法》(简称《义务教育法》),它以法律的形式规定了国家实施九年制义务教育,对提高民族素质,推进社会主义建设有着十分重要的影响。1993 年,第八届全国人民代表大会常务委员会第四次会议通过了《中华人民共和国教师法》,明确了教师在我国社会主义现代化建设中的重要地位,对教师的权利、义务、任用、考核、培训和待遇等方面做了全面的规定,是我国教师队伍建设走向规范化、法制化的根本保障。1995 年,第八届全国人民代表大会第三次会议通过了《中华人民共和国教育法》,作为一部教育领域的基本法律,它的通过标志着我国教育法

制建设进入了一个新的发展时期。1996年,第八届全国人民代表大会常务委员会第十九次会议通过了《中华人民共和国职业教育法》。1998年,第九届全国人民代表大会常务委员会第四次会议通过了《中华人民共和国高等教育法》,使职业教育和高等教育工作也有了法律依据。

除此之外,国务院还制定了十几部教育行政法规,地方人民代表大会及其常务委员会也根据自己所辖地区教育发展需要和可能,颁布了一系列地方性法规。可以说,自党的十一届三中全会以来,我国教育法制建设进入了健康发展的时期。尤其是1992年我国确立了向社会主义市场经济体制转轨的战略目标之后,我国教育体制改革的目标渐趋明确,教育法制化建设步伐加快,以1995年的《教育法》颁布为标志,我国教育法制建设全面步入正轨,一个依法治教的新局面正逐步形成。①

【做一做】

单项选择:1980年2月五届人大常委会通过的(　　)是新中国成立以来由最高权力机关制定的第一部有关教育法法律。

A.《学位条例》　　　　　　　　B.《义务教育法》
C.《宪法》　　　　　　　　　　D.《教师法》

答案:A。

单项选择:我国教育法制建设步入正轨的标志是(　　)的颁布。

A.《教师法》　　　　　　　　　B.《教育法》
C.《宪法》　　　　　　　　　　D.《义务教育法》

答案:B。

(二)我国教育法制建设成就

新中国成立后经过60多年的努力,尤其是在经历了改革开放30多年的快速发展之后,我国教育法制建设获得了长足的进步,其成就主要表现在以下几个方面:

1. 初步建成了以教育法为核心的教育法律体系

教育法律体系的结构,依据其立法主体的地位及法律形式的不同可以划分为不同的层次,依据其调整的对象和内容的不同可以划分为不同的部门。我国现行的教育法律体系已形成了纵向五个层次、横向六个部分的基本结构。纵向五个层次为《教育法》(1995年颁布的《教育法》实际是教育基本法)和部门法;横向六个部分为《义务教育法》《教师法》《职业教育法》《高等教育法》《民办教育促

---

① 劳凯声.变革社会中的教育权与受教育权:教育法学基本问题研究[M].北京:教育科学出版社,2003:57.

进法》《学位法》。除此以外，还有教育行政法规、地方性法规（含自治条例单行条例等）和政府规章（由国务院各部、委以及省级人民政府所规定规范性文件）。以上教育法律法规体系基本上覆盖了我国教育活动的基本领域和主要方面，并以法律强制力极大地促进和保障了我国教育事业的健康发展。

2.《宪法》中规定的教育权利在司法中初步适用

宪法作为一个国家的根本大法，其所调整的对象和所规定的问题往往都是根本性的重大问题。由于宪法所规定的法律规范过于抽象和概括，因此长期以来对于宪法能否作为司法依据的问题，在我国一直持否认的态度。这种状况导致宪法在客观上没有司法适用性。由于没有司法适用性又导致宪法实际上缺乏法律效力和权威。宪法司法适用性的缺乏，使得宪法所规定的有关公民基本权利的法律规范往往被其他法律或行政规章任意侵犯或剥夺。在教育活动中，这种状况主要表现为公民平等的教育权利与受教育权利在被侵犯后而无法以司法途径提出法律诉求，得到法律救济。从宪法不能作为司法依据到宪法适用第一案，说明我国教育法制建设已经延伸到了法律体系的各个方面，这不能不视为一种历史性的进步。

3. 教育法学研究取得了较大进展

教育法制建设离不开教育法学理论的支撑。改革开放以来，我国的教育法学研究也取得了长足发展。我国教育法学的研究是从 1986 年《义务教育法》颁布以后才开始起步的。那时，教育法学研究的主要对象是从宏观大背景下来探讨依法治教的重要性和必要性。随着我国教育事业的迅速发展以及在教育活动过程中法律诉讼的不断增多，教育法学的研究逐渐深入到对教育活动中各种具体法律矛盾的分析与研究上，这使得教育法学研究的内容体系和理论架构获得了建设性的发展。在我国教育法学研究中，起步较早的当属劳凯声教授。他于1994 年出版了《教育法论》一书，对当时我国教育发展过程中存在的主要法律问题进行了深入的分析和论述，并提出了相关的建议与对策。之后，随着教育领域中各种诉讼案件的增多，逐步掀起了教育法学研究的高潮。其研究的重点主要集中在对学校与学生之间的权利和义务、学校与教师之间的法律关系、学校与政府在法律上的权利与责任、学校在办学和管理过程中的法律地位、我国教育立法的发展方向和教育法制建设的基本任务等问题的探讨上。上述研究使得我国教育法学的理论体系得到了极大的丰富和完善，客观上推动了教育法制建设的步伐，提升了我国依法治教的水平。①

① 司晓宏.教育管理学论纲[M].北京:高等教育出版社,2009:241－242.

四、我国教育法制建设展望

尽管我国教育法制建设已经取得了一定的成就,但是,我国目前教育法制建设仍然需要在许多方面多加努力,具体有:

首先,在教育立法方面,以《教育法》为核心的教育法律法规体系尚待进一步完备,即不少教育方面的活动需要纳入法制化的轨道。教育法的覆盖范围有待进一步拓宽。当前,我国教育改革的实践迫切需要制定《教育经费法》《成人教育法》《教育行政组织法》等法律。另外,教育立法技术也亟待完善和提高,应进一步加强教育法律法规的可操作性。随着地方立法主体教育立法权限的增加,中央教育立法与地方教育立法之间应注意协调相互之间的关系,地方教育立法不应与中央教育立法抵触,中央教育立法也要适当考虑地方的实际情况,保证教育法制的统一和协调。

其次,在教育行政执法方面,教育行政机关要严格依照法定职权和程序执行各项教育管理活动,尤其是要进一步设定严格的教育行政执法程序和救济程序,以防止教育行政机关权力滥用。可以加大《中华人民共和国行政诉讼法》《中华人民共和国行政复议法》以及《中华人民共和国国家赔偿法》在教育领域中的实施力度,切实维护教育行政管理相对方的合法权益。此外,大幅度提高教育行政执法人员素质,转变教育行政执法人员的执法观念,不断提高执法水平,也是完善教育法制的重大课题之一。

再次,在教育司法以及教育法制监督方面,由于我国的教育法制监督体系貌似完备,实则重于形式,因此很有必要提高教育法制监督的实效,尤其是要完善人大的监督制度,同时充分调动广大人民群众的积极性,重视社会团体、新闻舆论乃至教育工作者的非国家性监督。可考虑在重大的教育管理活动(如招生考试、录取新生等)中开通举报热线,以强化社会监督。由于我国司法机关独立性不强,地方保护主义、官僚势力等常常成为妨碍司法公正的因素,这种现象在教育司法领域非常严重。因此,维护教育司法的权威性和终结性,抵制各种干预将是教育法制建设的重点。

最后,在教育法制教育和教育法研究方面,教育法制宣传的开展还要继续深入,尤其要深入到老、少、边、穷地区,要彻底转变落后的教育观念,培养依法治教、尊师重教的理念和风尚。教育法学研究的前景非常广阔,应当高度重视教育法学基础理论的研究,以利于教育法学的学科建设。教育各部门法学则要紧跟教育发展的形势,更好地为教育改革和发展服务。[1]

---

① 袁兆春.高等教育法学[M].济南:山东人民出版社,2004:43.

第二节　教育法的制定

一、教育立法的含义与意义

（一）教育立法的含义

教育立法又称教育法的制定。立法有广义和狭义两种理解。广义的教育立法是指一切国家机关依照法定职权和程序，制定、修改和废止教育法规的活动。狭义的教育立法是指国家最高权力机关及其常设机关，依据法定权限和程序制定、修改和废止教育专门法律的活动，在我国指全国人大及其常委会制定、修改和废止教育法律的专门活动。教育立法是实现依法治教的前提和基础。我国的教育立法是广义的教育立法，包括教育法律、教育法规、教育规章三个层次。

第一层次是教育法律，是由全国最高权力机关——全国人民代表大会及其常务委员会制定并颁布的教育方面的法律规范性文件，如《义务教育法》由中华人民共和国第十届全国人民代表大会常务委员会第二十二次会议于 2006 年 6 月 29 日修订通过，自 2006 年 9 月 1 日起施行。

第二层次是教育法规，或称为教育行政法规，是由国务院制定并颁布的教育规范性文件，如 2010 年 2 月 28 日，国家公布《国家中长期教育改革和发展规划纲要（2010—2020 年）》公开征求意见稿；4 月 15 日，国家科技教育领导小组会议审议并原则通过；5 月 6 日，国务院常务会议审议并正式通过《国家中长期教育改革和发展规划纲要（2010—2020 年）》。

第三层次是教育规章，教育规章分为国务院组成部门制定的教育法规性文件和地方政府制定的教育法规性文件，如 2012 年 9 月 14 日教育部印发的《普通高等学校本科专业目录（2012 年）》《普通高等学校本科专业设置管理规定》，2008 年 7 月 16 日，黑龙江省教育厅颁布的《黑龙江省特级教师评选办法（试行）》等。①

【做一做】
填空：广义的教育立法包括_____、_____和_____三个层次。
答案：教育法律、教育法规、教育规章。

---

① 周佳.教育学基础[M].哈尔滨：黑龙江大学出版社，2014：202.

（二）教育立法的意义

1. 确立教育的基础性地位,保障教育的优先发展

虽然发展教育可以通过种种途径,采用种种手段和方法,但各国都不约而同地选择了教育立法作为主要的手段之一,期望借助于法律的严肃性来达到发展教育的目的。例如20世纪50年代末,苏联人造地球卫星上天,震惊美国上下,美国政府迅速制定了尽快提高美国学校教育质量的战略目标。与此同时,美国国会起草并通过了《国防教育法》,从制度上和财政上保证了这一目标的实现。在我国,1995年的《教育法》也明确规定:"教育是社会主义现代化建设的基础,国家保障教育事业优先发展。全社会应当关心和支持教育事业的发展。"这一规定对于确保教育的优先发展地位所起的作用是不可估量的。

2. 协调教育系统的内外部关系,有效地进行教育管理

同传统教育相比,现代教育体系越来越庞杂和复杂,这对教育事业的管理带来诸多不利因素。通过教育立法,在教育系统内部确立起一系列法律制度,如义务教育制度、成人教育制度、学业证书制度、学位制度、教育督导制度等,就能使教育系统的管理有序化、规范化,理顺教育同社会各方面的关系,从而最大限度地发挥教育效益,促进教育发展。

3. 明确教育关系主体的法律权利与义务,规范教育行为

教育行为是各教育关系主体在参与、实施教育活动的过程中所做出的行为,教育法是调整教育行为的法律规范。法律的核心是权利与义务,合理行使自己的权利,全面履行自己的义务,是法制社会的一个基本特征。通过教育立法,明确主体各方的法律权利与义务,就可以知道自己该如何行为,不该如何行为,这样就能把教育活动全面纳入法制的轨道中来,使教育得到健康的发展。[1]

二、教育立法的指导思想与基本原则

（一）教育立法的指导思想

任何时代的国家立法,都有一定的指导思想,这种思想必然体现了统治阶级的利益和意志,必然从属于一定的世界观和方法论。我国古代秦朝立法以法家思想为指导,汉以后以儒家思想为指导。欧洲中世纪立法以神学思想为指导,资产阶级则先以自然法和理性法思想为指导,后受各种主义的影响。

我国的教育立法应当坚持什么指导思想呢？教育立法作为我国立法的一部

---

① 侯占军.校长小百科(2)[M].呼和浩特:远方出版社,2007:479.

分。必须遵循我国立法的指导思想和基本原则。马列主义、毛泽东思想、邓小平理论、"三个代表"重要思想和科学发展观,集中体现了我国社会主义初级阶段一切工作的重心和基本任务,集中代表了我国现阶段工人阶级和广大人民群众的意志和愿望,也集中体现了我国法律的价值取向,因此是我国教育立法的指导思想。这个指导思想就要求我国的教育立法必须坚持四项基本原则,保证我国教育立法的社会主义性质。[①]

【读一读】

立法者应该把自己看作一个自然科学家,他不是在制造法律,而是在表述法律。

——马克思

(二) 教育立法的基本原则

教育立法的原则是教育立法活动所应该遵循的基本指导思想。由于受本国历史、文化、政治、经济和教育的影响,各国的教育立法原则有所不同,不存在各国都普遍接受的统一的教育立法原则。当然,这并不意味着不存在一些共同的原则或一些立法原则存有共性。总的来看,教育立法的原则要保证所立的教育法达到三个要求:一是较高的概括性;二是较强的操作性;三是相对的稳定性。较高的概括性可以使所立的教育法普遍适用;较强的操作性可以保证教育法在教育实践中发挥作用;相对的稳定性可以保证教育法在较长的时间内得以适用。我国教育立法的原则可以概括为以下几个方面:

1. 从实际出发的原则

实事求是、一切从实际出发的原则是教育立法的首要原则。教育立法是从国家和人民群众利益的实际出发,还是从概念、书本出发,或者是简单地照搬别国的法律,这是立法的根本问题。根据马克思主义观点,立法必须从实际出发,根据国家、社会和大多数人民群众的教育需要制定法律。教育法律不是立法者主观创造的结果,而是以法律形式表述、反映教育客观规律及其要求,因此,教育立法者在教育立法活动中必须从教育实践的实际出发,力求实事求是、准确地反映教育的客观存在。

坚持这一原则,首先要尊重教育的客观实际,根据教育发展的客观需要来制定教育法律。就我国的情况来看,教育立法要根据我国教育发展的现状,从我国社会主义现代化建设着眼,从教育必须为我国社会主义现代化服务的大局出发,

---

① 陈晋胜.新编高等教育法规概论[M].太原:山西人民出版社 山西出版传媒集团,2014:50.

研究和发现我国教育发展的最基本的特点,根据这些特点来制定教育法律。其次,要深入实际,全面调查教育实践,全面认识和把握教育的客观实际,从解决教育的实际问题入手。我国的教育发展很不平衡,存在着区域之间、城市与城市之间、城乡之间、学校与学校之间的差别,教育立法者需要通过调查搞清这些差别有多大、性质如何,然后概括出一些共性的东西作为教育立法的依据。最后,要根据社会发展和教育发展的要求,实事求是地完善教育法律。

2. 绝大多数人的最大利益原则

教育法律是调整人们教育行为的规则,并通过调整人们的教育行为来调整各种教育关系,解决教育发展的矛盾,达到维护教育秩序、促进教育发展的目的。我国正处于新旧体制转换的过程中,教育发展呈现多元化状态,各种利益关系比较复杂。但无论什么样的矛盾和利益,教育立法必须从大多数公民的利益出发,而不是从少数人的利益出发。我国是社会主义国家,教育立法要反映广大人民群众的意志,体现绝大多数人的根本利益。

这一原则的核心是教育立法必须体现教育公平。教育属于公共事业,人人享有受教育的权利,所以这种公共服务必须公平地面向所有公民。义务教育是面向所有适龄儿童的教育,必须体现机会平等、内容平等、过程平等。机会平等就是所有的儿童都有机会接受义务教育,内容平等指义务教育是向所有人提供同样的教育,过程平等就是年限上和具体教育内容方面对所有的人是一样的。高等教育以及其他教育一定要体现机会平等,也就是所有的人都有受教育的机会,对一些弱势群体,国家采取一些补救措施,把不平等降低到最低程度。同时在教育公平的基础上要重视教育的效率。教育资源是有限的,必须发挥有限资源的效用。如果说义务教育是公平为主兼顾效率的话,义务后教育则是效率为主兼顾公平。

3. 系统性原则

教育是一个系统,规范教育活动的教育法也必然是系统的。教育法的系统性是指教育法律体系内部是和谐统一的。这就要求教育立法者在立法的过程中注意宪法中的教育条款、教育基本法、各单行教育法,国务院教育行政法规和地方教育法规之间要相互衔接、相互协调,构成一个有机整体。这一有机整体是根据教育法律的层级来建设。教育基本法必须根据宪法来制定,教育单行法必须根据宪法和教育基本法来制定,国家的教育行政法规不得违反宪法和教育基本法以及教育单项法各项条款,地方教育法规不得违反宪法、教育法律和国务院教育行政法规。所以,在制定教育法律、法规的时候必须注意所立的法要和其他法律、法规协调一致,不得有矛盾和冲突。

4. 稳定性与发展性相结合原则

教育法的稳定性是指教育法律一经制定和颁布，必须在一定时期内保持稳定，不得随意修改、中断和废弃。稳定性是教育法作为一种法定行为规则的内在属性。教育法作为一种行为规则必须具有权威性和严肃性。教育法的权威性和严肃性，一方面取决于教育法律内容的合理性和可行性，另一方面取决于教育法的稳定性。如果教育法相对稳定，就便于人们了解、掌握教育法，有利于人们养成守法习惯，有利于提高人们运用教育法的能力和水平，不断增强人们对教育法的信心；反之，朝令夕改，势必会破坏法的权威性，也不利于人们了解、掌握法律，养成守法习惯，甚至会造成社会动乱。这些都说明立法应该坚持稳定性原则。

此外，教育法律的制定还必须坚持发展性原则。发展性是指教育法律和其他任何事物一样，是与时俱进的，是随着经济、政治和教育本身的进步而不断发展的。教育立法者定期或不定期对教育法律的一些内容进行修订或删改，或根据社会发展的需要制定新的教育法律和法规。这是各国的立法实践普遍存在的现象。美国的《宪法》不断有修正案出台。我国的《义务教育法》是 1986 年制定的，在 2006 年进行了修订。[①]

三、教育立法的权限划分与制定程序

(一) 教育立法的权限划分

教育立法的权限划分实际上标志着立法学上的所谓立法权限范围在教育领域中的确立。其问题的实质，就是教育立法主体可以依法在多大范围内行使立法权，它包含两层意思：一是指立法权可以和应当达到何种界限；二是指立法权不能超越何种界限。具体地说，教育立法权限的划分首先是一种空间的范畴，它指立法权可以和应当在哪些领域、哪些方面、哪些事项上发挥作用；其次，教育立法的权限划分在理论上还是一种时间的范畴，它指立法权能在多长时间跨度上有效或可以行使；最后，教育立法的权限划分还有一个表现形式问题，它指通过立法权的行使可以制定哪些规范性教育法文件，尤其涉及各种教育法文件的层级和效力问题。

由于立法权总是由相应立法主体来行使，因此，根据我国宪法和有关法律的规定，我们应该这样来理解我国教育立法权限的划分：

1. 全国人民代表大会及其教育立法权限

全国人民代表大会作为我国最高权力机构，有权制定和修改宪法中的教育

① 黄崴. 教育法学[M]. 北京：高等教育出版社，2007：243 - 244.

条款；有权制定、认可和变动基本教育法律；有权改变或者撤销全国人民代表大会常委会有关教育的不恰当决定。作为其教育立法权限的体现，它于 1995 年 3 月 18 日通过了《中华人民共和国教育法》，该法已于 1995 年 9 月 1 日起正式施行。

2. 全国人民代表大会常务委员会及其教育立法权限

根据我国宪法规定，全国人大常委会作为全国人民代表大会的常设机构，与后者共同行使国家立法权。但由于两者地位和性质上的差异，又有不同的分工和侧重。在教育立法权限上，全国人大常委会有权制定和修改基本教育法律以外的一般教育法律；在全国人大闭会期间，有权对全国人大制定的教育法律进行部分补充和修改，但不得同该法律的基本原则相抵触；有权撤销国务院制定的同宪法、法律相抵触的教育行政法规；有权撤销省、自治区、直辖市等地方国家权力机关制定的同宪法、教育法律、教育行政法规相抵触的地方性教育法规。

3. 国务院及其教育行政主管部门的教育立法权限

作为国家最高行政机关，国务院有权依法制定、修改教育厅的行政法规；有权提出教育立法议案；有权改变或撤销所属各部委发布的不适当的教育行政规章；也有权改变或撤销地方各级国家行政机关发布的不适当的地方教育行政规章。国家教育部作为国家最高教育行政管理部门有权依法制定教育行政规章。

4. 地方国家权力机关及其教育立法权限

地方国家权力机关是指地方各级人民代表大会。根据我国宪法规定，地方各级人民代表大会在本行政区域内，有权依法通过和发布决议，行使地方国家权力。它主要包括省级、省级政府所在地的市以及计划单列市的人民代表大会及其常务委员会，同时也包括民族自治地方的人民代表大会。

省级人大及其常委会有权制定地方性教育法规，并报全国人大常委会备案。省级人大有权改变或撤销本级人大常委会制定的不适当的地方性教育法规，有权撤销本级人民政府制定的不适当的教育行政规章；省级人大常委会有权撤销下级人大及其常委会制定的不适当的地方性教育法规，有权撤销本级政府制定的不适当的教育行政规章。

省级人民政府所在地的市以及计划单列市的人大及其常委会，有权制定地方性教育法规，经省级人大常委会批准后实施，并报全国人大常委会和国务院备案。民族自治地方的人民代表大会有权制定自治条例和单行条例。

5. 地方各级国家行政机关及其教育立法权限

根据我国宪法规定，县级以上地方各级人民政府依法有权发布决定和命令。在此，地方国家行政机关主要包括省级人民政府、省级政府所在地的市以及计划单列市人民政府。

省级人民政府有权制定地方教育行政规章,有权向省级人大常委会提出制定地方性教育法规的议案,有权改变或撤销下级人民政府制定的不适当的教育行政规章。省级政府所在地的市以及计划单列市的人民政府有权制定教育行政规章,有权向同级人大常委会提出地方性教育法规的议案。[1]

【做一做】

单项选择:我国最高行政机关是(　　)。

A. 全国人民代表大会　　　　　B. 最高人民法院

C. 最高人民检察院　　　　　　D. 国务院

答案:D。

(二) 教育立法的制定程序

立法程序是指由宪法和法律规定的享有立法权限的国家机关制定、修改、补充和废止法律或文件的步骤。教育立法也应根据相应的立法程序进行。同一般的立法程序一样,我国的教育立法程序包括教育立法准备、提出立法议案、审议法律草案、表决和通过法律草案及公布法律等五个步骤。

1. 教育立法准备

教育立法准备是指在教育法案前所做的准备工作。教育立法工作是一项十分严肃的工作,为了提高立法的质量和合理性,必须做好准备工作。这些准备工作主要包括以下几个方面:一是建立具体的起草教育法律的机构。该机构的成员可以由教育行政部门有关人员、教育科研机构的人员、法律专家等构成。二是进行调查研究,做好教育立法预测,编制教育立法规划,形成教育立法倡议,做出教育立法决策。这里主要涉及国家权力机关的相应决策,例如在何时由何种立法机关做出何种立法。三是广泛收集国内外有关教育法律文献资料,供教育立法时参考。四是拟定教育法律草案,多方征求意见,反复修改,为有权提出教育法律议案的机关提供成熟的教育法律草案。

2. 提出教育立法议案

立法议案又称法律案,指依法享有提案权的机关或个人向立法机关提出关于制定、修改或废止某项法律的正式提案。教育立法议案一经提出,立法机关就要列入议事日程,进行正式审议和讨论。教育立法议案不同于教育议案。议案多种多样,立法议案只是议案的一种,它以法律的制定、修改或废止为内容。立

---

① 黄崴,胡劲松.教育法学概论[M].广州:广东高等教育出版社,1999:174.

法议案也不同于法律草案。立法议案指有关立法的动议,内容一般比较原则、概括,但也可以比较具体,可以只提立法主旨和理由,也可以附有法律草案。法律草案内容比较具体、系统、完整,是提交立法机关审议的法律原型。所以提出教育立法议案并不等于提出教育法律草案。提出教育立法议案时是否附带教育法律草案由提案人自主决定。如果提案人不附教育法律草案,可由立法机关委托一定的机关或个人起草教育法律草案,也可以组织专门的班子负责起草教育法律草案。立法议案也不同于一般的立法建议。立法议案只有经过法律授权的机关和个人才能提出,而立法建议的提出无须经法律授权,也不属于正式的立法程序,它泛指任何机关、组织或公民提出的立法意见和设想。教育立法建议对教育立法工作有参考作用。

提出教育立法议案的关键是谁有教育立法议案的提案权。任何国家机关、社会组织和个人未经法律授权都无权向立法机关提出教育立法议案。我国《全国人民代表大会议事规则》第 21 条规定:"主席团,全国人民代表大会常务委员会,全国人民代表大会各专门委员会,国务院,中央军事委员会,最高人民法院,最高人民检察院,可以向全国人民代表大会提出属于全国人民代表大会职权范围内的议案,由主席团决定列入会议议程。一个代表团或者三十名以上的代表联名,可以向全国人民代表大会提出属于全国人民代表大会职权范围内的议案,由主席团决定是否列入会议议程,或者先交有关部门委员会审议、提出是否列入会议议程的意见,再决定是否列入会议议程,并将主席团通过的关于议案处理意见的报告引发会议。专门委员会审议的时候,可以邀请提案人员列席会议、发表意见。代表联名或者代表团提出的议案,可以在全国人民大会会议前提出。"根据这一规定,全国人大代表和全国人大常委会的组成人员、全国人大主席团、全国人大常委会、国务院、最高人民法院、中央军委有教育立法的提案权。

3. 审议教育法律草案

教育法律草案的审议是指立法机关对已经列入议程的教育法律议案的法律草案的审查、讨论和修改的专门活动。审议教育法律草案是教育立法程序中的重要阶段,它关系到教育立法的质量。在我国,立法机关对被列入议程的教育法律草案应当进行全面审议。审议的主要内容包括:① 该项法律与宪法和效力等级更高的法律是否抵触,与同级的法律文件是否冲突、衔接,以确保教育法律的协调统一。② 该项教育法律是否有必要性和可行性,以保证教育法律颁布后有效调整和规范教育关系。③ 教育法律条文的结构是否符合逻辑,法律用语、概念是否规范、准确、清楚,文字表达是否清晰、无歧义,立法技术的应用是否得当,以保证法律文件的质量。

根据我国的立法程序,教育法律草案的审议一般要历经以下工作程序:

① 立法机关的专门机构对教育立法草案进行初步审查,并提出审查报告。② 立法机关主持日常工作的有权机构讨论初步审查结果,并决定是否提交立法机关会议进行正式审议。③ 立法机关召开会议审议被列入议程的教育立法议案,教育法律议案的提出人列席会议,做教育法律草案的说明,解释有关问题,立法机关的组成人员对法律草案提出审议意见。④ 立法机关的专门机构根据立法机关组成人员提出的审议修改意见,修改法律草案文本,在本次或者另一次立法会议上,提出审议修改结果的报告。⑤ 立法机关组成人员对审议修改结果的报告进行审查、修改,并做出是否交付表决的决定。在审议阶段,立法机关的组成人员的审议和立法机关专门机构工作人员的修改工作应当交替进行,以保证法律的质量。如《教育法》的审议,1994 年底全国人大常委会接到国务院议案前后,全国人大教科文卫委员会、全国人大法律委员会、全国人大常委会法制工作委员会几次召开座谈会,并派出 6 个工作组赴陕西、广东、四川、江苏、上海、甘肃、宁夏等地反复征求意见。国家教委主任作了关于《教育法(草案)》的说明。

4. 表决和通过教育法律草案

教育法律草案的表决与通过是指立法机关对审议、修改完毕的教育法律草案做出是否同意其发生法律效力的决定。它是教育立法程序中具有决定性意义的阶段。各个国家关于教育法律草案表决与通过的方式和具体要求各不相同。在我国,教育法律草案的表决由立法机关在其召开的会议上进行,表决会议召开必须达到法定人数。审议的教育法律草案是否交付表决由立法机关的有关组织和人员决定,交付表决的教育法案应该是经反复论证和多次修改的成熟的法律草案文本。交付表决的法律草案文本应在表决前向立法机关大会全文宣读,然后由立法机关的组成人员进行表决,对法案投以赞成票、反对票或者弃权票。为了不影响投票人的真实意思的表达,教育法律草案的表决使用秘密表决的原则,采取无记名投票的表决方式。交付表决的教育法律草案取得立法机关全体人员过半数的赞成票,视为通过。另外,国务院有关部委制定的教育行政规章必须经过国务院审批同意后,才视为通过。

5. 公布教育法律

教育法律的公布是指立法机关在法定刊物或报纸上将已经通过的教育法律文本正式公开发布的立法行为。它是教育立法程序的最后一个阶段,也是教育立法必不可少的阶段,没有经过法定形式公布于众的教育法律不具有法律效力。教育法律公布的文字材料包括颁布法律文件和已通过的正式法律文本。根据法律规定,我国颁布法律文件的形式主要有国家主席令、国务院令、政府令、布告、公告和决定等。颁布法律文件的内容包括立法的目的、制定法律的机关、法律通过或批准的时间、法律生效的时间和颁布法律的机关或者人员、法律文本,其中法律文本是核心。

教育法律的公布是教育立法程序的终结,是法律生效和实施的基础。一部教育法律的公布标志着该法律历经提出、审议、表决通过、公布的全部立法程序后正式诞生,担负起调整教育法律关系的历史使命。

【做一做】
　　填空:教育立法程序一般分为_____、_____、_____、_____
和_____。
　　答案:教育立法准备、提出立法议案、审议法律草案、表决和通过法律草案、公布法律。

第三节　教育法的实施

一、教育法实施的含义

教育法的实施,是指教育法律规范在现实生活中的具体运用和实现。教育法的制定为人们确立了教育活动中的行为规则,教育法律规范的实现,应当具体地体现在人们实际地享受权利和承担义务的行为中,使字面上的规则变为现实的法律关系和法律秩序,从而达到立法目的,实现依法治教。教育法的实施同其他法的实施一样,主要体现在两个方面的要求上:一方面,它要求一切国家机关、社会组织和个人都要遵守教育法;另一方面,要求国家行政机关、司法机关及其公务人员严格执行教育法,准确适用教育法,保证法律在教育教学活动中的实现。

如前所述,任何国家的任何法律,都是统治阶级意志的体现。这种意志是反映统治阶级根本利益的共同意志。统治阶级所以要把本阶级的共同意志体现在教育法中,就是为了运用法律规范调整教育关系,赋予教育关系的参加者一定的权利和义务,从而建立起有利于本阶级的教育法律秩序,达到维护本阶级统治政治的目的。但是,既定的教育法律关系和教育法律程序不会自动变成现实,而必须通过教育法律关系参加者的行为才能得以实现。因此,当教育法还没有实施的时候,教育法律规范中规定的教育法律关系参加者的权利和义务,只是一种可能性,只有教育法得到实施,各种重要的教育关系得到调整,这种可能性才会变成现实性。从法制的角度可以说,法律的生命和意义就在于它的实施。①

二、教育法实施的方式

教育法的实施是教育法的生命力的具体表现。教育法的实施,有两种方式:一种是教育法律关系主体自己去实施,这叫作自律性的实施,即教育法的遵守。另一种,当教育法律关系主体自己不去实施时,由国家专门机关强制其实施,这叫作他律性的实施,即教育法的适用。

【做一做】
填空:教育法的实施主要有两种方法:_____和_____。
答案:教育法的遵守、教育法的适用。

(一) 教育法的遵守

1. 教育法遵守的含义

教育法的遵守,是指一切组织和个人都必须自觉遵守教育法的规定,严格依法办事,正确享有法律权利,切实履行法律义务。因为只有在全社会范围内,人人都严格遵守教育法,才能充分发挥教育法的作用,才能形成一个健全的教育法律秩序。教育法的遵守包括教育法遵守的主体和教育法遵守的内容两层含义。

第一,教育法遵守的主体,是指教育法遵守行为的实施者。即要求谁遵守教育法,谁应该遵守教育法。根据我国《宪法》"中华人民共和国的公民必须遵守法律"、"一切国家机关和武装力量,各政党和各社会团体、各企业事业组织都必须遵守宪法和法律"的规定以及教育法中相关条款的规定可知,一切组织和个人都必须遵守教育法。尤其是国家机关工作人员应该模范遵守教育法,切实维护教育法的权威。

第二,教育法遵守的内容,是指教育法的遵守的主体依据教育法进行活动的具体形式,包括正确享有教育法规定的权利和切实履行法定义务。教育法规定了不同主体的不同权利与义务,公民及社会组织既可享有权利,又必须履行义务。如教师有权利要求提高福利待遇、改善工作条件和生活条件、参加或接受培训,又必须履行忠诚于人民教育事业,遵守宪法、法律和职业道德,为人师表,关心、爱护全体学生,尊重学生人格,促进学生在品德、智力、体质等方面全面发展的义务,否则便违背了教育法的要求。

---

① 教育部师范教育司组织编写.教育法学基础[M].长春:吉林教育出版社,2000:43.

2. 教育法遵守的范围

遵守教育法不仅仅指遵守由全国人大及其常委会制定的教育基本法和一般教育法律,也包括遵守宪法中关于教育条款的规定。《宪法》是我国的根本大法,其中规定了我国教育的性质、任务、教育目的及学制等,是我国教育事业发展最基本的准则。还要遵守教育行政机构单独或与其他部委联合发布的各种教育法规和有关教育的规范性法律文件,省、自治区、直辖市以及有地方立法权的机构制定的地方性教育法规和规章。

3. 影响教育法的遵守因素

教育法的遵守受到一些基本条件的影响和制约。这些基本条件大致可分为主观和客观两个方面。

教育法遵守的主观条件,是指教育法遵守的主体的心理状态、法的意识等因素。首先,公民的文化修养、法的修养、道德修养等影响着他们对法的遵守。一个公民只有具备一定的文化知识的素养,了解教育对个人发展和社会进步的重大作用,知道教育法的内容并把遵守法律作为自己的道德义务,才有可能自觉接受教育法的规范,严格依法办事。其次,公民的政治意识等对其遵守教育法也可能产生影响。

教育法遵守的客观条件主要包括经济条件、政治条件和法制条件三方面的内容。① 经济条件。社会基本经济制度、经济体制、社会经济发展水平以及人们在经济关系中所处的地位会影响人们自觉遵守法律。教育法规定了受教育者、教师及教育行政机关的权利和义务,实现这些权利、履行法定义务要有必要的物质保障。人们的经济状况决定了他是否会采用合法方式来满足自己的需要。② 政治条件。主要包括执政党的状况、执政党与其他非执政党、国家机关、社会团体的相互关系,民主建设的水平,党和国家干部的作风和工作效率,民族关系和国际关系等。③ 法制条件。整个教育法律体系是否完善,教育法本身规定的是否清楚明了、易于理解和把握。教育法在制定时是否适时、有无过于超前或滞后,是否反映了客观现实的需要。各个不同层级的法律之间是否协调一致。除以上三个客观条件外,民族传统、社会道德风尚、宗教信仰等也会对人们遵守法律的观念、行为产生不同程度的影响。

总之,个体的主客观条件的相互作用决定了一个人是否遵守法律、遵守的程度如何。

(二) 教育法的执行

1. 教育法执行的含义

教育法的执行,简称为教育执法,有广义、狭义之分。从狭义上说,教育法的执行主要指国家教育行政机关在法律规定的职权范围内,按照法定程序组织和管理教育的活动;从广义上讲,教育法的执行不仅指教育行政机关,也包括司法机关具体试用教育法的活动。我们这里仅从狭义的角度来解释教育法的执行。

教育法执行的主体,包括国务院教育行政部门、县以上各级地方人民政府教育行政部门及县级以上各级人民政府其他有关部门。

国务院教育行政部门在国务院领导下对全国教育事业统筹规划、协调管理。主要职责包括实施国家有关教育的法律、行政法规,制定教育工作的政策、规章,制定全国教育事业发展规划,统筹协调各级各类教育事业的发展,提出中央财政预算内教育经费预算方案的建议,指导、监督地方各级人民政府和国务院其他有关行政部门、行业的教育工作等。

县级以上地方各级人民政府教育行政部门是地方人民政府教育工作的主管部门、根据本级人民政府法律规定的职权范围,主管本行政区内的教育工作,中央和地方教育行政部门对职业教育和继续教育有统筹协调和宏观管理的责任。目前,以进行学历教育为主的职业学校和成人学校,原则上由各级教育行政部门管理。

中央业务部门要加强对本行业的人才预测和规划,协调国家教委指导本行业的人才培养工作。

2. 教育执法的特点

一般认为,教育执法具有以下特点:

第一,执法主体的限定性。即只能由教育行政机构及其工作人员专有行使,其他任何国家机关、社会组织和个人均无权行使。教育执法以实现教育法的要求为目的,以拥有国家行政权为前提。当然教育行政机关在进行教育执法时也必须在其职权范围内按法定程序行使。

第二,执法内容的广泛性。国家教育行政机关对全国教育事业进行统筹规划,协调管理;地方教育行政部门主管本地区的教育工作。由此可见,教育执法是对教育关系的普遍调节。

第三,执法活动的主动性。教育执法是教育行政机关的法定职权,它既是对教育活动管理的一项权力,又是其必须履行的义务,这种权利义务的有机统一,迫使教育行政机关积极地、主动地进行教育执法。教育执法中教育行政机关是教育执法的参与人又是教育执法的仲裁人,教育行政机关处于一种绝对的优势支配地位。教育行政机关对职权的行使,不需要以行政相对人的意思表示为条件。

第四,执法活动的强制性。教育执法是国家意志的体现,行使的是国家教育行政权,因而教育执法活动具有国家强制性。它表现在两个方面:一是教育法授予教育行政机关采取强制执行措施,如《教育法》第 75 条规定:"违反国家有关规定,举办学校或者其他教育机构的,由教育行政部门予以撤销;有违法所得的,没收违法所得,对直接负责的主管人员和其他直接责任人员,依法给予行政处分。"二是教育执法机关申请司法机关强制执行。

3. 教育执法的原则

教育执法应突出法制和效益两项基本原则:

第一,法制原则,就是指在教育行政机关管理教育事业的过程中,每个环节和方面都要严格依法行事,实现教育管理活动的法制化。教育行政机关在执法过程中,必须严格依照法律规定的权限范围内行使职权,任何越权行为都应视为非法。执法的内容应有法律上的依据,严格遵守法定程序,也就是说教育执法行为本身必须合法。

第二,教育执法效益原则,是指教育执法要以最少的投入,取得最大的收益,尽可能充分发挥教育执法的功能,获得最佳社会效果,其中执法过程中的投入包括财、物的消耗以及智力、体力的投入,收益可以是物质的可量化的,更可能是精神上不可量化的。应该说,教育法的要求得以实现就是最大的利益。

(三) 教育法的适用

1. 教育法的适用的含义

教育法的适用,指国家司法机关根据法定职权和法定程序行使国家赋予的司法权,运用教育法处理具体案件的专门活动。法的适用与法的执行最大的区别在于运用法律的公共权力主体不同。教育法适用的主体是国家司法机关,而教育法执行的主体是教育行政机关。

教育法的适用作为教育法实施的一种方式,对实现教育法制定的目的,发挥教育法的功能,维护教育秩序具有重要意义。在多数情况下,只要公民和社会组织依据教育法行使法定权利并履行法定义务,教育法就能够在社会实际生活中得以实现。但当公民、社会组织和国家机关在相互关系中发生了自己无法解决的争议,致使教育法所规定的权利、义务无法实现时,或者当公民、社会组织和国家机关在其活动中遇到违反教育法的行为时,就需要由司法机关适用教育法裁决纠纷,解决争端,制裁违法犯罪。

2. 教育法适用的特点

第一,教育法适用的主体是特定的国家机关及其公职人员。我国司法机关指人民法院和人民检察院,除此以外其他任何国家机关、社会组织和个人都不得从事这项工作。

第二,教育法的适用是司法机关以国家强制力为后盾的法的实施活动,具有国家强制性。司法机关依法所做的决定,所有当事人都必须执行,不得违抗。

第三,必须具备合法性,包括处理案件应有相应的法的依据及遵守相关程序法的规定。

第四,教育法的适用使教育法的一般规定具体化,从而必然产生个别性的规定,即表明教育法的适用结果的法律文书。如判决书、裁决书和决定书等。如果对它们的内容不服,可以依据法定程序上诉或申诉。但是任何机关组织和个人都不得抗拒执行已经发生法律效力的判决、裁定或决定。

3. 教育法的适用的要求

教育法的适用,要求准确、合法、及时,三者紧密相连,不可偏废。准确,要求在适用教育法时要调查清楚事实真相,对案件定性准确,依法适当处理。合法,包括符合实体法和程序法的规定,每个环节、每个步骤都必须依法行事。及时,要求办案机关及其公职人员处理案件快捷高效,不拖延积压案件,在诉讼的各个具体环节都要遵守法定时限。

4. 教育法的适用的原则

教育法的适用必须遵循以下原则:

第一,以事实为依据,以法律为准绳。以事实为依据,是指司法机关及其公职人员在适用法律规定处理具体案件时,只能以客观事实为唯一依据,而不能以主观想象、主观分析或判断为依据。以法律为准绳,是指审理案件要以法律为标准和尺度,严格依法办事。首先,要求司法机关及其公职人员在认定事实真相的基础上,按照教育法的规定来确定案件的性质,划清是非曲直、合法与违法、一般违法与严重违法,以及各种不同犯罪的界限。其次,要求审理案件严格遵守实体法和程序法。最后,要正确处理执行教育政策和执法教育法与形势的关系。以事实为根据是正确适用法的基础和前提,以法律为准绳是正确处理案件的有力保障,两者紧密相连,不可分割。

第二,公民在适用法律上一律平等。包括:① 全体公民,不论民族、种族、性别、职业、社会地位、宗教信仰、财产状况等,在适用法律上一律平等。② 公民依法享有平等权利和履行平等义务,不允许有超越法律的特权。③ 任何公民的合法权益都受法的保护,任何公民的违法行为都要受到法的追究和制裁。④ 在诉讼活动中,所有当事人诉讼地位平等。贯彻公民在法律面前一律平等的原则必须反对形形色色的特权思想和特权行动。

第三,司法机关依法独立行使职权。国家的审判权和检察权只能分别由人民法院和人民检察院依法统一行使,司法机关在司法中必须正确地适用法,不受行政机关、社会团体和个人的干涉。贯彻司法机关依法独立行使职权的原则,首先必须处理好党的领导和司法机关依法独立行使职权的关系,坚持党对司法工作的领导是绝不能动摇的。在新形势下,党的领导主要是政治、思想和组织上的领导,切实保证司法机关严格按照法律的规定,独立行使职权,排除一切非法干预,保证社会主义法的正确适用,保证司法机关积极主动地、独立负责地、协调一致工作,而绝不是由地方党委代替司法机关审批具体案件。其次,要处理好司法机关与国家权力机关、上级机关的关系。司法机关独立行使职权,并不是说人民法院、人民检察院可以不受国家权力机关和它们的上级部门的监督和领导。依据《宪法》规定,各级人民法检察院都由同级人民代表大会选举产生,对它负责,受它监督。《宪法》规定,最高人民法院监督地方各级人民法院和专门人民法院的审判工作,上级人民法院监督下级人民法院的审判工作。最高人民检察院领导下级人民检察院的工作。这种监督和领导之所以必要,就在于保证国家司法权的统一实施,正确使用法律以维护国家法制的统一和尊严,确保公民的合法权益。最后,要处理好专门机关工作与群众路线的关系。相信群众,依靠群众,深入群众进行调查研究,能够较快地查清事实真相,使法律适用建立在客观事实的基础之上。倾听群众意见,可以使法律的适用更加合法、合情、合理,还可通过法的适用向群众进行法制宣传教育,提高群众遵守和维护教育法的自觉性和主动性。

第四,实事求是,有错必纠。在教育法适用过程中,由于众多主观和客观因素的影响,可能会出现教育法适用错误,造成错案。所有冤、假、错案不论如何发生的,适用法律的机关及其公职人员都必须坚持实事求是的原则,有错必纠。法律也规定了相应的救济手段,如国家赔偿法的制定,刑事诉讼法、民事诉讼法中审判监督程序,行政诉讼法、行政复议法等的相关规定,都是为了保证整个法的适用活动处于法律监督之下。[①]

📢【议一议】

2005年5月江西省南昌市工商部门成功捣毁了一家专门制售假冒伪劣"中华牌"铅笔的地下作坊,查获32万支假高考用铅笔。

专业人员在抽查实验中发现,使用合格2B铅笔涂写的答题卡识别成绩是100分,而另两张用收缴来的假劣2B铅笔涂的答题卡成绩识别为87分和99分。这意味着可能有13%的涂写记号因笔芯质量问题而无法识别,即使考生全部答对,只因为使用了劣质铅笔,而导致被机器误判为错误。也许正是因为

---

① 袁兆春,宋超群.教育法学[M].济南:山东人民出版社,2014:81.

这几分,一个本可以踏进高校大门的考生,在假劣铅笔的坑害下被拒之门外,十几年的寒窗苦读付之东流。

对于制售假冒伪劣"中华牌"铅笔的地下作坊应如何处罚呢?

▶扫描本章首二维码,查看本案例分析。

三、教育法的效力

(一) 教育法效力的含义

教育法效力,即教育法的有效性和可适用范围,包括教育法在时间、地域、对象、事项等方面所具有的国家强制作用力。

教育法律之所以具有效力,有两个方面原因:

第一,程序合法。教育法律是通过立法议案的提出、法律草案的审议、法律草案的表决、法律的公布等立法程序,由国家权力机关运用权力使教育法律具有普遍的强制力和约束力,也就是使其具有法律效力。例如,我国《教育法》之所以具有法律效力,是因为它经由国家权力机关——全国人民代表大会——于 1995 年 3 月 18 日通过的。

第二,内容合理。教育法律普遍反映了教育发展的客观要求。如《义务教育法》对国家义务教育经济保障机制、实施素质教育及不得设立重点班的规定反映了经济、社会发展对教育的基本需求。相反,如果法律规范的内容违背客观真理,脱离实践,即使国家权力强行赋予其以效力,也不可能在实际生活中得到真正贯彻和落实。教育法律、法规是实现教育均衡、协调发展和教育资源最优配置的基本规范。教育法的权威和效力来自其合理性。

(二) 教育法效力的实施原则

在教育法实施中出现"不同的教育法律均对同一案件有效,但却发生冲突"的情况时,这时执法、司法机关在选择法律时一般遵守以下原则:

1. 高位阶法效力高于低位阶法

法的制定主体的地位高低影响法的效力层次的高低。等级高的主体制定的法律,效力自然高于等级低的主体制定的法律。如全国人民代表大会通过的《教育法》效力高于全国人民代表大会常务委员会通过的《未成年人保护法》。

2. 特别法优于普通法

当同一位阶的特别法和普通法产生冲突时,优先适用特别法。如对残疾儿童而言,《残疾人保障法》效力高于《未成年人保护法》。

3. 新法优于旧法

同一位阶的新旧法律效力发生冲突时，优先适用新法。

【做一做】

单项选择：我国全部教育法律领域的"母法"是(　　　)。

A.《中华人民共和国学位法》　　　　B.《中华人民共和国义务教育法》

C.《中华人民共和国教育法》　　　　D.《中华人民共和国刑法》

答案：C。

（三）教育法效力的不同类型

1. 教育法的时间效力

教育法的时间效力主要是教育法律规范何时生效、何时失效、有无溯及既往的效力等问题。

（1）生效时间

适用教育法律首先要考虑该法律是否已生效，未生效的教育法律不得适用。确定法律生效日期通常用以下方法：① 从公布之日起生效。如《义务教育法实施细则》。② 预定未来某一时间生效，此为先公布后生效。如《教育法》于 1995 年 3 月 18 日通过并公布，但直到 1995 年 9 月 1 日才开始生效。③ 法先公布试行，经过一段时间后再正式公布并实施。如 1989 年 6 月公布的《幼儿园工作规程（试行）》。

【做一做】

单项选择：《中华人民共和国教育法》是(　　　)年颁布实施。

A. 1980　　　　B. 1993　　　　C. 1995　　　　D. 1986

答案：C。

（2）失效时间

教育法律的失效是指有效力的教育法律失去效力。关于法律何时失效也有几种情形：① 同一内容的新法生效，旧法即失效。② 新法宣布废除旧法。③ 通过专门的决定废止法律。④ 法律规定的某一特定事件发生，法律失效。例如法律本身针对特定工作，该工作完成，法律失效。如 1987 年 6 月 30 日公布的《关于高等学校毕业生统一分配工作调遣费开支的规定》，由于目前高等学校毕业生统一分配的制度已经取消，该规定自然失效。

（3）相对法律效力

相对法律效力，指的是在法律通过并公布后至法律生效前，具有相对法律效力。相对法律效力也属法律效力的范围，是国家强制力的表现。它的载体已是正式文件,而不是法律草案,因此相对法律效力不同于无法律效力,也不同于完全有效,它是一种特殊的法律效力。因而有时也会出现这样的情况:某部教育法律被正式公布并规定了生效的日期,可是在还未到生效日期,有关方面已经在按照这一法律的有关规定处理相关问题了。

(4)溯及力

教育法的溯及力即教育法溯及既往的效力,是指教育法律对其生效之前的事件和行为是否具有效力的问题。现在,法律不溯及既往已成为公认的法制原则。这一原则既强调立法上不溯及既往,又强调司法上、执法上的不溯及既往,但这里的法律指侵害性法律,如行政处罚。也就是说,新法一般不溯及既往的案件,既往的未决案件依旧法裁决,但如对新法生效前的案件规定处罚得更轻,则应依新法处理。

2. 教育法的空间效力

教育法律规范的空间效力,是指教育法律效力的空间范围。由于具体教育法律的内容和制定机关不同,其效力范围也不完全相同。判断一部教育法律是在整个域内有效还是部分域内有效,只有一个标准,即只能依据制定机关是国家机关还是地方机关来判断。一般情况下,由全国人民代表大会、全国人民代表大会常务委员会、国务院等中央国家机关制定的教育法律、法规,在全国有效。各地教育行政部门所制定的法规只在其所辖区域内具有效力。如1994年3月国务院第151号令发布的《教学成果奖励条例》适用于全国各级各类学校、学术团体和其他社会组织、教师及其他个人。广东省人民政府1995年7月颁布的《广东省教学成果奖励办法》只适用于广东省内各级各类学校、学术团体和其他社会组织、老师及其他个人。在处理跨地区的案件时,司法机关或行政机关除遵循在全国范围内生效的宪法中的教育条款、教育法律、教育行政法规之外,原则上应以教育法律关系发生地区的教育法律规范为依据。

3. 教育法对人的效力

教育法律对人的效力,也就是教育法律规范对哪些人有约束力。这里的"人"指法律关系主体,包括自然人和法人,也包括国际组织和国家。关于这一问题,各国主要采用四种原则:

一是属人主义原则,即以人的国籍为标准,凡是有本国国籍的公民,无论是在国内还是国外,本国法律对他们都有约束力。而在该国境外的外国人,该国法律原则上不适用。

二是属地主义原则,即以地域为标准,不分国籍,适用于该国管辖地区内所有人。

　　三是保护主义原则,以保护本国利益为标准,任何人只要损害了本国的利益,不论损害者的国籍与地域如何,都要受到该国法律的追究。

　　四是折中主义原则,即以属地主义为主,以属人主义、保护主义为补充的原则。我国教育法律、法规采取属地原则,即教育法适用于全体中国公民及在中国境内的外国人和无国籍人士。教育法对中国境内外国人和无国籍人的效力不仅保障了受教育的权利,还有效地规范了其办学行为。2003 年 3 月 1 日国务院第372 号令发布的《中外合作办学条例》对境外教育机构同中国教育机构在境内合作办学的设立、组织管理、教育教学、资产财务等均做出了明确规定,就是保证国外教育机构依法办学的有力手段。①

　　4. 教育法对事的效力

　　法律对事的效力指法律对何种事项具有效力。法律只能调节那些属于它调整的事项,对那些不属于它调整的事项不具有法律效力。教育法律、法规只对相关事件具有法律效力。如《职业教育法》只能适用于各级各类职业学校教育和各种形式的职业培训。国家机关实施的对国家机关工作人员的专门培训则由法律、行政法规另行规定。

【做一做】
　　填空:教育法规的效力包括时间效力、_____、_____和_____。
　　答案:空间效力、对人效力、对事效力。

第三节　教育法制的监督

一、教育法制监督的含义

　　"教育法制监督"从广义上讲,是指各类国家机关、社会组织和公民依法对教育法实施情况的审查、督促、纠正等活动。从狭义上讲,是指国家专门的法制监督机关依据法定权限和程序对教育法实施情况的审查、督促、纠正等活动。我们这里采用其广义的概念。

———————————

　　① 黄崴. 教育法学[M]. 北京:高等教育出版社,2007:277.

二、教育法制监督的作用

（一）教育法制监督是保障教育法正确制定的关键

教育法制监督有各类国家机关的监督，这可以在纵向上依据法定权限监督教育法的制定，对违背法律制定原则，违背法律制定程序的教育法予以依法纠正。这在教育法的形成阶段就起到了有效的保证作用，它可以避免任何有权制定法律的机关违背法律制定的基本准则，从而保证教育法的科学性、严肃性和普遍的适用性。

（二）教育法制监督是保障教育法正确实施的必要手段

制定教育法的目的在于实施。然而，在教育法的实施中仍然存在着"有法不依"、"执法不严"、"违法不究"的情况。为了克服这些问题，就需要有保证教育法实施的必要手段。教育法制监督通过各类国家机关、社会组织和公民的监督，可以防止或避免教育法实施中的失误与偏差，从而把由违反教育法而导致的对教育的损失减少到最小程度。

（三）教育法制监督是保障教育法律关系主体行使权利的重要途径

民主与法治是相互对立的统一体。要保障教育法的实施，就要保障公民在依法治国、依法治教中的地位与作用，也就是要保障公民民主权利的发挥。教育法律关系主体通过监督教育法的实施，能够有效维护法律赋予公民的权利，有效促进公民履行相应的义务。

三、教育法监督的类型

教育法制监督依据不同的标准可以进行不同的分类。例如：依据监督所应依据的法律规则或政治原则，可以将教育法制监督分为法律性监督和政治性监督；依据监督方式不同，可以将教育法制监督分为事先监督、事中监督、事后监督；依据监督对象不同，可以将教育法制监督分为对立法的监督、对行政的监督、对司法的监督等。当然，这些不同方式的分类是有交叉的。我们这里以教育法制监督主体的不同，将教育法制监督进行如下分类：

（一）国家权力机关的监督

国家权力机关的法制监督主要表现于立法性监督和法的实施性监督。

根据《宪法》的规定，国家权力机关对教育法的立法性监督表现为：

第一，全国人民代表大会有权制定教育基本法和教育基本法以外的教育法律，有权撤销国务院制定的同宪法和法律相抵触的教育行政法规，有权撤销省级权力机关制定的同宪法、法律、行政法规相抵触的地方性教育法规。

第二,地方各级人民代表大会及其常务委员会有权撤销同级人民政府制定的教育规章,有权改变和撤销下级人民代表大会制定的地方性教育法规性文件。

国家权力机关对教育法实施情况的监督表现于:

第一,各级权力机关直接对行政机关包括教育行政机关的工作进行监督。例如,通过听取、审议教育工作报告进行监督,通过审查和批准教育经费预算和决算进行监督等。

第二,通过人民代表大会视察和检查行政工作(包括教育行政工作)进行监督。

第三,通过国家权力机关设立专门的机构对行政工作包括教育行政工作进行监督。《宪法》规定,权力机关认为必要的时候,可以组织关于特定问题的调查委员会,并且根据调查委员会的报告,做出相应的决定,一切有关的国家机关、社会团体和公民都有义务向它提供必要的材料。

(二) 国家行政机关的监督

国家行政机关对教育法制的监督表现为:

第一,上级行政部门对下级行政部门教育工作的监督,根据《宪法》的规定,国务院有权根据宪法和法律,规定教育行政措施,制定教育行政法规,发布教育决定和命令,有权制定教育发展计划,有权改变或撤销国家教育行政部门关于基于教育的不适当的命令、指示和规章,有权改变或撤销地方各级国家行政机关发布关于教育的不适当的决定和命令等。

第二,下级行政部门对上级行政部门教育工作的监督。例如,下级行政部门可以通过法律程序监督上级行政部门关于教育方面的具体行政行为,抵制上级行政部门违反教育法的指示、规定等。

第三,行政部门内部各机构的横向监督。教育行政机关各职能部门都是执法部门,它们之间可以通过工作上的问题与接触,相互监督教育法的执行情况。

第四,检察机关和审计机关的监督。检察机关和审计机关可以在其职权范围内,对教育执法机关及其职能人员的违法行为进行监督、检查和受理。特别是审计机关,主要对教育财政情况进行监督。

(三) 国家司法机关的监督

国家司法机关对教育法制的监督是指人民检察院和人民法院按照法律规定对教育法实施情况的监察督促。人民检察院有权督促人民法院的审判活动,有权监督行政部门及其职能人员的教育执法活动。人民法院有权通过独立行使审判权,对教育法的实施情况进行监督,通过审理教育刑事案件、教育民事案件、教育行政案件监督教育法的实施情况,通过"司法建议"监督教育法的实施。

（四）中国共产党的监督

中国共产党对教育法制实施情况的监督表现为：

第一，通过各级党委特别是党的纪律检查委员会监督教育法的实施情况，及时纠正偏差。

第二，通过教育执法机关的党员干部对教育法的实施情况进行监督。

第三，通过党员权利和义务的发挥对教育法的实施情况进行监督。

（五）社会的监督

社会对教育法制实施情况的监督主要表现为：

1. 人民政协和民主党派的监督

人民政协是联系群众的纽带，政协会议与人民代表大会同时召开，政协委员通过列席会议，听取或讨论政府工作报告，从而对政府和教育行政部门进行监督；政协委员通过视察教育工作，对教育法的实施情况提出意见、批评和建议；还可以通过其他方式对教育法的实施情况进行监督。民主党派作为参政党，具有参政、议政的权利和参与法制监督的权利。对教育工作，或对教育问题的处理，民主党派可以提出自己的建议，进行批评等。

2. 社会组织的监督

社会组织是教育法制监督的重要力量。工会、共青团、妇联、城市居民委员会、农村村民委员会可以通过建议、检举、申诉等形式监督教育法的实施。

3. 舆论机构的监督

广大人民群众可以通过发表对教育工作的看法形成社会舆论，并对其进行监督。社会舆论监督一般通过报纸、电台、广播等舆论工具问题公布出来，影响大、时效快，是一种有效、独特的监督形式。

4. 公民的监督

《宪法》第41条第1款规定："中华人民共和国公民对于任何国家机关和国家工作人员，有提出批评和建议的权利；对于任何国家机关和国家工作人员的违法失职行为，有向有关国家机关提出申诉、控告或者检举的权利，但是不得捏造或者歪曲事实进行诬告陷害。"第27条规定："一切国家机关和国家工作人员必须依靠人民的支持，经常保持同人民的密切联系，倾听人民的意见和建议，接受人民的监督，努力为人民服务。"因此，公民可以通过信访、舆论、批评、建议、申诉、检举、控告等方式对教育法的实施进行监督。这种监督对教育法的实施也具有重要的保证作用。①

【做一做】

填空:教育法制的监督依监督主体的不同,可以分为:＿＿＿＿＿＿、＿＿
＿＿＿＿＿、＿＿＿＿＿＿、＿＿＿＿＿＿和＿＿＿＿＿＿。

答案:国家权力机关的监督、国家行政机关的监督、国家司法机关的监督、
中国共产党的监督、社会的监督。

本章小结

　　教育法制是指国家通过教育立法对教育事业的发展实施干预和调控,教育
行政部门行使管理职能以法律为主要依据,教育问题的解决在相当程度上诉诸
法律调节领域。教育立法又称教育法的制定,广义教育立法包括教育法律、教育
法规、教育规章三个层次。教育法的实施,是指教育法律规范在现实生活中的具
体运用和实现。

课后练习

(一)简答题

1. 教育法实施方式有哪些?
2. 简述教育法规的适用特点。
3. 阐述教育法制监督的作用。

(二)案例分析题

　　2004年5月某市高新技术开发区某镇政府给全镇中小学下发了一份文件,
文件中强调:为提高本镇中小学的整体教学质量,充分调动广大教师的积极性,
促进学校之间和教师之间的良性竞争,以达到奖优罚劣的目的,经镇党委研究,
特制定《××镇中小学教学质量考评办法》。如果镇里中学初三年级升高中的升
学率以及各小学每学年下学期的考试分数超额完成任务,将由镇财政给校内有
关人员发奖金;反之,如果没达标则校内有关人员和学校都将被罚款。

1. 镇政府有权制定这类文件吗?
2. 分析这种管理手段的弊端。

---

① 成晓霞.教育行政学[M].长春:吉林大学出版社,2014:117.

第三章　宪法中关于教育的条款

法规条文阅读
配套答案解析

章首语

　　宪法是我国的根本大法,具有最高的法律效力,规定国家生活中根本性问题。宪法是社会主义法的最重要的法律渊源,因此,宪法也成为我国教育法律法规的重要渊源。本章内容主要是分析、解读宪法中关于教育的条款,从深处挖掘宪法对我国教育事业发展的重大意义。

知识点思维导图

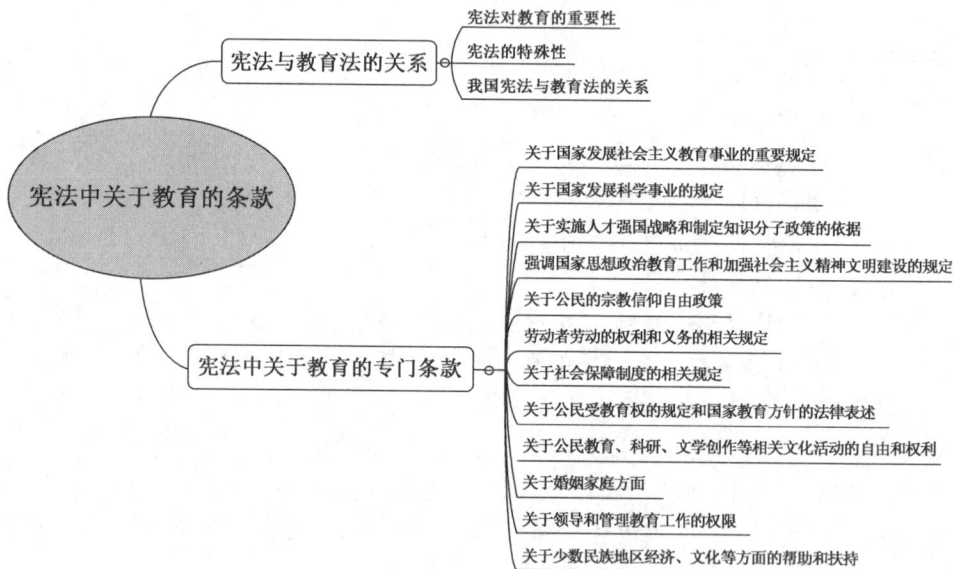

```
                                        ┌─ 宪法对教育的重要性
                        宪法与教育法的关系 ─┼─ 宪法的特殊性
                                        └─ 我国宪法与教育法的关系

                                        ┌─ 关于国家发展社会主义教育事业的重要规定
                                        ├─ 关于国家发展科学事业的规定
                                        ├─ 关于实施人才强国战略和制定知识分子政策的依据
                                        ├─ 强调国家思想政治教育工作和加强社会主义精神文明建设的规定
                                        ├─ 关于公民的宗教信仰自由政策
  宪法中关于教育的条款                     ├─ 劳动者劳动的权利和义务的相关规定
                        宪法中关于教育的专门条款 ─┼─ 关于社会保障制度的相关规定
                                        ├─ 关于公民受教育权的规定和国家教育方针的法律表述
                                        ├─ 关于公民教育、科研、文学创作等相关文化活动的自由和权利
                                        ├─ 关于婚姻家庭方面
                                        ├─ 关于领导和管理教育工作的权限
                                        └─ 关于少数民族地区经济、文化等方面的帮助和扶持
```

"国家宪法日"

12 月 4 日是中国的"国家宪法日"。之所以确定这一天为"全国法制宣传日",是因为中国现行的《宪法》在 1982 年 12 月 4 日正式实施。十八届四中全会提出了坚持依法治国首先要坚持依宪治国的要求,全国人大便拟以立法形式设立"国家宪法日"。2014 年 11 月 1 日第十二届全国人民代表大会常务委员会第十一次会议通过设立国家宪法日为 12 月 4 日。国家通过多种形式开展宪法宣传教育活动。设立国家宪法日,不仅是增加一个纪念日,更要使这一天成为全民的宪法"教育日、普及日、深化日",形成举国上下尊重宪法、宪法至上、用宪法维护人民权益的社会氛围。设立国家宪法日,也是让宪法思维内化于所有国家公职人员心中。权力属于人民,权力服从宪法。公职人员只有为人民服务的义务,没有凌驾于人民之上的特权。一切违反宪法和法律的行为都必须予以追究和纠正。

第一节　宪法与教育法的关系

教育事业的改革与发展是与不断加强教育法制建设相联系的。教育法制建设包含了教育立法、教育执法、教育守法等方面的内容,而处于基础地位的是教育立法。从教育立法的内容看,我国教育立法又可分为四个层次,即制定宪法、制定教育根本大法、制定专项教育法、制定补充性或地方性教育法规。在众多法律中,毫无疑问,宪法是母法,是根本大法,因此,宪法的发展与教育事业的改革发展息息相关。

一、宪法对教育的重要性

综观现代教育比较发达的国家,一个基本的经验就是用宪法这一根本大法的形式来规范和调整教育活动。因此,宪法与教育的关系成为教育事业发展的重要基础和保障。国家宪法中教育条款的演变和发展通常可视为这个国家现代化教育发展历程的一个缩影。

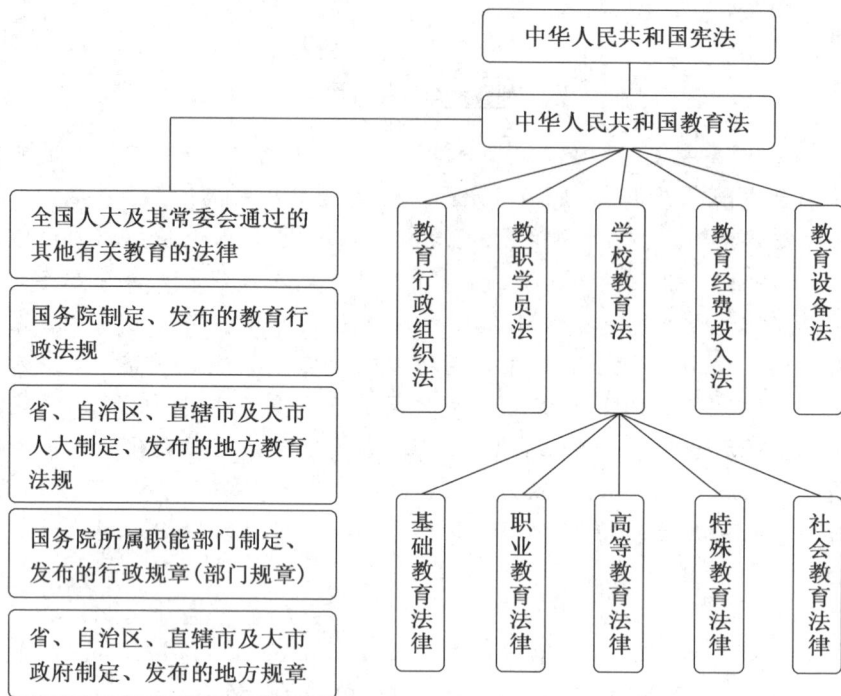

图 3-1 我国教育法律体系简图

(一) 什么是宪法?

所谓宪法,是一个国家的根本大法,是特定社会政治经济和思想文化条件综合作用的产物,集中体现统治阶级的意志和利益,规定国家的根本任务和根本制度,具有最高法律效力的规范性文件。

(二) 宪法的特殊性

相较于其他普通法律,宪法既有一般法律的普遍性又有其特殊性,主要表现在内容、法律效力和制定与修改的程序上。

从宪法规定的内容来看,主要是规定治理国家的最重大、最根本的原则性问题。1982 年《宪法》序言中指出:"本宪法以法律的形式确认了中国各族人民奋斗的成果,规定了国家的根本制度和根本任务,是国家的根本法,具有最高的法律效力。"这里所说的根本制度主要是国体、政体及经济制度的根本原则,社会主义精神文明建设和物质文明建设的基本方针,以及公民的基本权利和义务等。而普通法律只是规定国家或社会生活的某些方面的行为规范和某一方面的社会关系。例如教育法涉及的就只是与教育教学活动相关的各种社会关系。

从宪法的法律效力来看,宪法拥有高于普通法律的法律效力,是国家一切立法活动的依据。例如 1995 年颁布的教育法,第 1 条就指明该法是依据宪法而制定的。所以,宪法是教育法的母法,教育法是宪法的子法,教育法必须符合宪法的规定,否则就属于违宪,就要被修改或废除。

从宪法的制定与修改来看,宪法在制定和修改程序上比普通法律更为严格。我国宪法是由专门设立的宪法起草委员会起草,全国人民代表大会通过的,而宪法的修改需要全国人大全体代表的三分之二以上多数通过,普通法律则只需要半数通过即可。

【做一做】
判断:教育法是宪法的母法,宪法是教育法的子法。 ( )
答案:错误。

二、我国宪法与教育法的关系

(一) 我国宪法制定历史

新中国建立后,我国在 1954 年、1975 年、1978 年、1982 年分别制定了四部宪法。现在使用的是 1982 年 12 月 4 日全国人大五届五次会议通过的宪法,这部宪法又于 1988 年 4 月 12 日、1993 年 3 月 29 日、1999 年 3 月 15 日、2004 年 3 月 14 日作了四次修正。由于不同时期,国家的政治经济和社会生活不断变化,以及制宪者的主观意志的改变,教育在不同时期宪法中的规定也不同,而这种不同也恰恰反映了教育在国家和社会中的地位的变化。

(二) 我国宪法与教育法的关系

从有关教育条款的数量来看,数量的多少与教育的被重视程度直接相关。1954 年宪法,共 106 条,其中与教育直接相关的有 5 条,即第 49、58、94、95、96 条,集中在国家机构的职权和公民的基本权利义务中。1975 年宪法,共 30 条,其中,对教育做出明确规定的只有 2 条,即总纲中的第 12 条和公民基本权利义务中的第 27 条。1978 年宪法,共 60 条,其中与教育直接相关的有 7 条,包括总纲中的第 12、13、14 条,国家机构中的第 36 条,公民基本权利义务中的第 51、52、53 条。1982 年宪法(以 2004 年修正后的为准),共 138 条,其中与教育事业直接相关的有 14 条,包括总纲中的第 19、20、23、24 条,公民基本权利义务中的第 36、42、45、46、47、49 条,国家机构中的第 89、107、119、122 条。从以上数据中不难看出,1982 年宪法对教育极为重视,其次是 1978 年宪法。相比之下,1954 年宪法和 1975 年宪法中关于教育的条款占比较小,某种程度上反映出当时国家教育事业规模小,地位不突出等,国家对教育事业的重视也远不如经济、政治事业。

毫无疑问,每部宪法的产生都有其特殊的政治经济背景,如果对每部宪法中有关教育的部分进行分析,我们不难看出教育在不同历史时期的不同地位和作用。1954年宪法中关于教育的条款,分为五个方面:其一,指明了对教育事业的管理实行中央统一领导;其二,受教育权是每个公民的一项基本权利;其三,规定了教育制度和教育目标;其四,对教育行政关系作了明确规定,鼓励创造性从事教育工作的政策导向;其五,规定了妇女在文化教育方面享有同男子平等的权利。1975年宪法中与教育相关的只有两条,即明确规定了国家的教育方针和受教育是公民的权利。1978年宪法中关于教育的条款,分为四个方面:其一,指明了我国科学事业和教育事业的方针;其二,规定各级政府对本行政区域内的文化建设事业的管理;其三,规定公民的受教育权和国家教育制度及任务;其四,国家鼓励并帮助公民从事科学教育等创造性工作。1982年宪法中和教育相关的条款,大致可分为10个方面:其一,关于教育事业的管理方面,规定了举办和管理教育事业的职责以及各级行政管理机构;其二,关于教育制度的规定,学校教育体系的构成,上至高等教育,下至学前教育;其三,关于国家对科学、文化事业的政策和价值取向,主要是"普及、发展、鼓励";其四,关于知识分子在社会主义现代化建设中的地位和作用,给予充分肯定;其五,关于教育事业的任务,简单说就是普及和提高,普及初等义务教育,提高全国人民的科学文化水平;其六,关于受教育是公民的权利和义务;其七,关于对残疾人和妇女等特殊社会群体的受教育权的规定;其八,关于学校教育目标的规定;其九,关于父母对未成年子女有教育义务方面;其十,关于宗教与教育分离的原则。

根据以上分析我们可以看出,教育在1975年前后几乎没什么地位,可能与当时的时代背景有很大的关系。另外三部宪法,1954年宪法和1978年宪法在教育方面的规定都比较概况和笼统,并未系统化。只有1982年宪法对教育的规定有了质的提升,充分体现教育上升到"战略"地位。

宪法是我国依法治国、依法治教的根本大法,整个中国特色社会主义法律体系都要以宪法为根基,不能违背宪法。我国宪法作为教育法的渊源,一是为教育法提供了基本指导思想和立法依据,二是为教育教学提供了基本法律规范。所有的教育法律、法规、规则、政策都要在宪法的指导下制定。我国现行宪法,除去序言,还有四章内容,一共138条,涉及教育的有14条。下面将逐一进行分析。

第二节　宪法中关于教育的专门条款

一、关于国家发展社会主义教育事业的重要规定

《中华人民共和国宪法》第 19 条

第一款　国家发展社会主义的教育事业，提高全国人民的科学文化水平。

第二款　国家举办各种学校，普及初等义务教育，发展中等教育、职业教育和高等教育，并且发展学前教育。

第三款　国家发展各种教育设施，扫除文盲，对工人、农民、国家工作人员和其他劳动者进行政治、文化、科学、技术、业务的教育，鼓励自学成才。

第四款　国家鼓励集体经济组织、国家企业事业组织和其他社会力量依照法律规定举办各种教育事业。

第五款　国家推广全国通用的普通话。

教育是立国之本，是提高整个中华民族素质的重要手段，是社会主义现代化建设事业的基础。在改革开放和现代化建设中，大力发展教育事业，提高全民族素质，对于促进社会主义物质文明建设和精神文明建设，促进社会的全面进步与发展，实现中华民族的伟大复兴，都具有十分重要的意义。为此，本条将发展社会主义的教育事业，提高全国人民的科学文化水平，作为一条重要的宪法原则规定下来。

我国的教育事业，是中国特色社会主义的教育事业，与西方资本主义的教育事业有着本质区别。《教育法》规定我国的教育方针是：教育必须为社会主义现代化建设服务，必须与生产劳动相结合，培养德智体等方面全面发展的社会主义事业的建设者和接班人。因此，我国的教育必须坚持马克思列宁主义、毛泽东思想、邓小平理论、"三个代表"重要思想和科学发展观，必须坚持爱国主义、集体主义和社会主义教育，必须继承和弘扬中华民族传统美德与优秀传统文化，必须兼顾不同民族特点和需要，促进各民族共同繁荣发展。

本条内容是根据教育法规定的我国教育方针，提出发展我国社会主义教育事业的主要措施，包括以下四个方面：

第一，国家大力举办各类学校，发展学校教育。学校教育是教育的根基，没有学校教育，教育事业就不可能发展起来。学校教育主要包括初等义务教育、中等教育、职业教育、高等教育和学前教育。普及初等义务教育，我国现在实行九

年制义务教育,包括小学和初中。《义务教育法》第7条规定,义务教育分为初等教育和初级中等教育两个阶段。国家在普及初等教育的基础上普及初级中等教育。《义务教育法》第5条规定:"凡年满六周岁的儿童,不分性别、民族、种族,应当入学接受规定年限的义务教育。条件不具备的地区,可以推迟到七周岁入学。"发展中等教育和职业教育。中等教育是初等义务教育之后的教育,包括初级中等教育和高级中等教育,是进一步实行更高一级教育的基础。职业教育是促进经济、社会发展和劳动就业的重要途径,包括各级各类职业学校教育和各种形式的职业培训。职业学校教育分为初等、中等、高等职业学校教育。职业培训包括从业前培训、转业培训、学徒培训、在岗培训、转岗培训及其他职业性培训。发展学前教育和高等教育,学前教育是对学龄前儿童的教育,是义务教育前的基础性教育。高等教育是在完成高级中等教育基础上实施的教育,其任务是培养具有创新精神和实践能力的高级专门人才,发展科学技术文化,促进社会主义现代化建设。高等教育包括学历教育和非学历教育。学历教育又分为专科教育、本科教育和研究生教育。

第二,发展各种教育设施,鼓励自学成才。各级各类学校教育是教育的基石,但要在全民中进行扫除文盲活动,仅仅依靠学校教育是不够的,还需要发展多种形式的成人教育、业余教育,使各种类型的社会主义劳动者都能接受适当的政治、经济、科学、文化、技术等教育。因此需要加大对这些成人教育、业余教育的教育设施投入,为整个教育事业提供保障。

第三,鼓励社会力量办学。仅仅由国家举办学校是不能满足教育事业发展的实际需要的,因此,我国实施科教兴国战略,为国家和社会培养大批人才,提高全民族的文化素质,还必须依靠社会力量发展教育事业。社会力量办学,包括集体经济组织、国家企业事业组织和其他社会力量举办的各类学校和其他教育机构。《民办教育促进法》对社会力量办学的相关事项也做出了规定:"民办教育事业属于公益性事业,是社会主义教育事业的组成部分。""国家对民办教育实行积极鼓励、大力扶持、正确引导、依法管理的方针。"

第四,国家推广全国通用的普通话。普通话是以北方话为基础方言,以北京语音为标准音的语言。我国是统一的多民族国家,地域辽阔,方言很多,确立一种全国通用的语言,对于发展教育事业是十分必要的。因此,推广普通话也是发展社会主义教育事业的重要组成部分。当然,推广普通话还有利于维护国家主权和民族尊严,有利于国家统一和民族团结,有利于促进各民族、各地区的经济文化交流,有利于促进社会主义物质文明和精神文明建设。国家在推广全国通用普通话的同时,又赋予各民族都有使用本民族语言文字的自由。《宪法》《民族区域自治法》和《国家通用语言文字法》等法律对此都做出了规定。

【读一读】 案例分享

我国农村基础教育设施配置模式案例

研究问题:

在推进"新型城镇化"及加快"农村社会事业发展"的大背景,为了深刻理解现阶段农村基础教育设施配置的实际状况,并了解居民的意愿和选择,笔者所参与的课题组在我国东部和中部农村地区进行了多项调研。调研主要围绕如下三方面的问题:

(1)农村社会变迁背景下的基础教育需求;

(2)农村基础教育设施的不同配置模式及效果;

(3)农村居民对于基础教育设施的看法及实际选择行为。

在调查完基本状况的基础上,试图提出完善农村基础教育设施配置的思路和规划策略。

本研究采用实地调研的方法,中部地区以安徽省界首市为例,东部地区以江苏省海门市为例。两地的地貌和人口密度相似,农村道路网较完善;两地都出现劳动力大量外流现象,家庭经济状况有一定落差;两地均存在"留守儿童"问题,学龄儿童多数在本地就读。针对两地中小学的基本状况调查如表3-1、表3-2。

表3-1 界首市中小学基本状况(2011)

地区	小学数	小学班级数	班级数/校	小学生数	小学教师数	生师比
城区	25	323	12.9	1 7485	848	20.6:1
乡镇镇区	28	201	11.2	8 552	521	16.4:1
村庄	137	762	5.6	17 387	1 459	11.9:1

地区	中学数	中学班级数	班级数/校	中学生数	中学教师数	生师比
城区	13	397	30.5	21 974	1 193	18.4:1
乡镇镇区	17	151	8.9	6 170	871	7.1:1
村庄	11	56	5.1	2 181	295	7.4:1

资料来源:界首市教育局统计资料,2012

表 3 - 2　海门市中小学基本情况(2011)

地区	小学数	小学班级数	班级数/校	小学生数	小学教师数	生师比
城区(含工业园区)	15	486	32.4	18 830	1 100	17.7∶1
乡镇镇区	27	580	21.5	26 828	2 197	12.2∶1

地区	中学数	中学班级数	班级数/校	中学生数	中学教师数	生师比
城区(含工业园区)	15	532	35.5	26 204	2 014	13.0∶1
乡镇镇区	25	480	19.2	27 635	2 095	13.2∶1

资料来源:海门市统计年鉴,2012

农村基础教育设施配置模式及效果:

第一,"分散"与"集中"的基础教育设施配置模式。

界首市域农村地区的学校虽已历经多次撤并,但迄今基础教育设施的分散化特征仍非常明显。截至 2012 年底,界首城区以外的一般镇村共分布有中学 28 所、小学 155 所。其中位于村庄的中学 11 所、小学 137 所。基础教育设施基本依据行政区划等级配置,平均每个行政村设置一所小学,部分村还设置有中学;各乡镇镇区设置一所中心小学和初中。据调查,界首农村地区大多数小学每个年级只设置一个班级,6 个年级共 6 个班,每班平均约 20~25 人。由于生源萎缩,部分村小存在合班、并班的现象,全校班级数甚至小于 6 个;部分村庄的小学由于学生人数严重不足只能开设教学点,最小规模的教学点仅有学生 7 人。

海门市域农村地区的学校已经被大幅度撤并,其基础教育设施采取了集中式配置模式。各乡镇基本上仅在镇区设有 1 所初中和 1 所小学,曾经设置在村庄的小学和初中已经全部上收。除城区和工业园区外,其他 18 个乡镇分布有 5 所高中、20 所初中和 27 所小学。撤并后的乡镇小学和乡镇中学在教学规模上与城区(含工业园区)的学校相差无几。以小学为例,一般乡镇小学平均每校班级数达 21.5 班,平均每班学生数在 46.3 人;乡镇地区已经没有规模过小的"麻雀学校"和"麻雀班级"现象了。

第二,"以市为主"与"市镇共担"的教育财政模式。

界首在市域镇村实行"以市为主"的教育财政模式。即市级政府统一管理乡镇教育财政,所辖各乡镇义务教育阶段的主要财政责任由市政府承担;乡镇财政则负责学校设施的维护。

海门在市域镇村实行"市镇共担"的教育财政模式。由于海门市管辖的各个乡镇均有一定的产业基础,乡镇政府具有一定的财政能力,镇级财政有能力在镇村范围的义务教育中承担较多的责任。大体上,市本级财政主要负责义务教育阶段的教师工资支出,而镇级财政则负责学校设施的建设、管理维护等费用。

——选摘自赵民、邵琳、黎威《我国农村基础教育设施配置模式比较及规划策略——基于中部和东部地区案例的研究》,《城市规划》,2014(12)。

➤扫描本章首二维码,阅读《国家中长期教育改革和发展规划纲要(2010—2020年)》和《国家教育事业发展"十三五"规划》。

二、关于国家发展科学事业的规定

第20条　国家发展自然科学和社会科学事业,普及科学和技术知识,奖励科学研究成果和技术发明创造。

科学事业的发展是推动国家发展的重要力量,也是衡量一个国家文明水平的重要标志。自然科学事业和社会科学事业同等重要,都是我国社会主义现代化建设中不可缺少的一部分。自然科学是关于无机自然界和人的生物属性在内的有机自然界的运动发展规律的科学,社会科学则是关于人类社会现象和发展规律的科学。国家从政策、法规、法律等方面为大力发展科学事业提供保障。另外,向全民族人民普及科学技术知识和奖励科研成果与技术发明创造又是国家发展科学事业的另一有效途径。国家分别制定了《科学技术普及法》《科学技术进步法》《促进科技成果转化法》《农业技术推广法》等法律。根据《科技进步法》的相关规定,国家建立了科学技术奖励制度,对于在科学技术进步活动中做出重要贡献的公民、组织,给予奖励;国家对为科学技术进步事业发展做出杰出贡献的公民,依法授予国家荣誉称号;国家设立自然科学奖、技术发明奖、科学技术进步奖等。其中,自然科学奖授予在基础研究和应用基础研究中阐明自然现象、特征和规律,做出重大科学发现的公民;技术发明奖授予运用科学技术知识做出产品、工艺、材料及其系统等重大技术发明的公民。

【读一读】
国家最高科学技术奖及获奖科学工作者名言

国家最高科学技术奖设立于2000年,是中国科技界的最高荣誉,由国家科学技术奖励委员会主办。国家最高科学技术奖是中国五个国家科学技术奖中最高等级奖项,每年评审一次,每次授予不超过两名科技成就卓著、社会贡献巨大的个人,由国家主席亲自签署、颁发荣誉证书和500万元高额奖金。

截至2017年,共有27位杰出科学工作者获得该奖。他们或是放弃国外优厚的待遇,抱着科技报国的理念回到祖国,或是不顾高龄仍站在科研一线,让我们一起聆听他们的心声,瞻仰大师风范。

1. 2016年度赵忠贤——我国高温超导研究的奠基人之一

我们口袋里装着许多把钥匙,同时还在不断地制造出新的钥匙,而只有其中一把能够开启科学之门。我们要做的,就是不懈努力,制造、修改每一把钥匙,直到打开这扇大门。也许,此前试验过的那么多钥匙都失败了,于是有人选择了放弃——但谁又能肯定,接下来这把钥匙不会解开未知之谜呢?

2. 屠呦呦——中国中医科学院首席科学家、诺贝尔奖获得者

青蒿素的研究成功,是当年研究团队集体攻关的成绩,青蒿素获奖是中国科学家群体的荣誉。

➢扫描本章首二维码,阅读《科学技术普及法》和《科学技术进步法》。

三、实施人才强国战略和制定知识分子政策的依据

第23条 国家培养为社会主义服务的各种专业人才,扩大知识分子的队伍,创造条件,充分发挥他们在社会主义现代化建设中的作用。

社会发展,教育先行,教育发展,人才先行。一个国家的人才培养是增强综合国力的基础之基础,我国在社会主义现代化建设中,一直致力于实施人才强国战略和科教兴国战略,充分发挥各种专业人才在国家教育事业、科技事业等发展上的作用。知识分子是具有较高知识水平,具备独立思考能力和批判精神的脑力劳动者,与工人、农民等一起都是社会主义建设事业的主要力量。本条内容主要有两个注意点:第一,国家培养的人才必须是为社会主义服务的,为中国特色社会主义事业发展服务的。第二,国家要扩大知识分子队伍,就要创造各种条件,其中包括物质生活条件和方针政策条件。国家要增强综合国力,最主要首先发展科学技术,而知识分子又是发展科学技术的中坚力量,因此,在我国处于社会主义初级阶段的国情下,要充分认识知识分子的重要作用,想方设法扩大知识分子队伍,调动知识分子的积极性。

【读一读】

➢扫描本章首二维码,阅读原教育部部长袁贵仁:最大限度把知识分子团结凝聚在党的周围讲话文本。

四、强调国家思想政治教育工作和加强社会主义精神文明建设的规定

第 24 条　国家通过普及理想教育、道德教育、文化教育、纪律和法制教育，通过在城乡不同范围的群众中制定和执行各种守则、公约，加强社会主义精神文明的建设。

国家提倡爱祖国、爱人民、爱劳动、爱科学、爱社会主义的公德，在人民中进行爱国主义、集体主义和国际主义、共产主义的教育，进行辩证唯物主义和历史唯物主义的教育，反对资本主义的、封建主义的和其他的腐朽思想。

社会主义精神文明作为宪法中的一个特有概念，是指通过国家的某些积极行为，实现对公民思想道德的引领和提升。社会主义精神文明和社会主义物质文明是两个相对的概念，社会主义物质文明主要是指人们改造自然的物质财富的总和，主要表现为物质生产的进步和物质生活的改善；社会主义精神文明则主要是指人们在改造客观世界的过程中改造主观世界所取得的精神成果的总和，主要表现在教育、科学、文化知识的发达和人民思想、政治、道德水平的提高。理想教育是党的建设的重要内容，是社会主义思想政治教育和爱国主义教育的重要内容，是一种精神追求，教育广大学生和公民要树立共产主义远大理想，坚定马克思主义伟大信念。道德教育是养成社会主义公民道德规范的基本途径之一，又是道德活动的重要形式之一，内容包括提高道德觉悟和认识，陶冶道德情感，锻炼道德意志，树立道德信念，培养道德品质，养成道德习惯。文化教育主要是普及历史知识、自然科学知识、社会人文知识等方面的内容。纪律教育主要是为了养成遵守纪律的习惯，提高执行纪律的自觉性，认清自由与纪律的关系，自觉遵守社会公德、社会秩序等。法制教育一直都是思想政治教育的重要内容，主要是培养公民法律意识，增强法制观念，自觉遵法守法。

社会主义精神文明建设是中国特色社会主义现代化建设的重要内容，主要包括思想道德建设和科学文化建设，其根本任务是适应社会主义现代化建设的需要，培养有理想、有道德、有文化、有纪律的社会主义公民，提高整个中华民族的思想道德素质和科学文化素质。根据本条第 2 款内容，加强我国社会主义精神文明建设的主要内容有三个方面。第一，推行"五爱"教育，爱祖国、爱人民、爱劳动、爱科学、爱社会主义。第二，进行爱国主义、集体主义和国际主义、共产主义的教育，由爱国主义、集体主义上升到国际主义、共产主义，是一个缓慢发展的过程，也是历史发展的必然潮流。第三，进行辩证唯物主义和历史唯物主义的教育，反对资本主义、封建主义和其他腐朽思想，主要就是进行马克思列宁主义教育和无产阶级思想教育。

【读一读】 案例分享
武汉大学积极利用校史资源开展爱国主义教育

武汉大学将丰富的历史文化资源转化为有效的育人资源,培育和践行社会主义核心价值观。

整合校史资源。对历史建筑群进行整修,建设周恩来故居、闻一多纪念馆、"六一惨案"纪念亭、珞珈山"十八栋"等爱国主义教育基地。在学校老图书馆、工学院等15处26栋老建筑群设置李四光、闻一多等历史人物塑像。以校内抗日战争历史遗存为载体开展纪念活动,传承民族精神。

丰富精神内涵。组织力量搜集整理建校以来与国家、民族发展历程相关的文字、图片、实物和影像等历史资料。以万林艺术博物馆、校史馆、多个专题纪念馆为线下平台,以武汉大学新闻网、官方微博、官方微信为线上平台,组织《抗战烽火中的武汉大学》《武汉大学校史展》等专题展,内容涉及传统文化、近代历史、建校历程、抗日战争、学术传承等方面,形成立体多元的教育体系。整理相关历史人物的回忆录、传记资料和日记等文献资料,开辟"国立武汉大学抗战十子"等专栏,讲述和传播历代武大人救亡图强的故事和爱国情怀,挖掘和阐释爱国精神和大学精神。

开展主题活动。组织开展爱国主义主题的历史文化节、歌咏会、书画展、研讨会、艺术作品展演等,组织各学院(系)开展爱国主义主题班会、团会。组织多支社会实践队在暑期赴爱国主义传统教育基地、革命老区等地调研学习。组织"重走西迁路"等活动,设置"西迁乐山纪念碑",开展寻访老校友等活动,引导学生在社会实践中了解国情,增强历史使命感和责任感。

➤扫描本章首二维码,阅读《中共中央关于加强社会主义精神文明建设若干重要问题的决议》(1996年)。

五、关于公民宗教信仰自由政策,含教育和宗教之间的关系

第36条 中华人民共和国公民有宗教信仰自由。

任何国家机关、社会团体和个人不得强制公民信仰宗教或者不信仰宗教,不得歧视信仰宗教的公民和不信仰宗教的公民。

国家保护正常的宗教活动。任何人不得利用宗教进行破坏社会秩序、损害公民身体健康、妨碍国家教育制度的活动。

宗教团体和宗教事务不受外国势力的支配。

宗教问题是关系党和国家工作全局的重要问题,也是我国社会主义教育不可避免的问题。宗教是一种特殊的文化现象,与政治、经济、文化等相互交织,相

互影响,对社会发展具有深远影响,当然也对我国教育事业的发展具有重大影响。对宗教进行教育,主要是思想政治教育的任务之一。

我国宗教政策主要有三个方面内容:第一,对宗教自由不得强制。任何国家机关、社会团体和个人不得使用政治的、经济的、法律的、行政的或者其他手段,强制公民信仰宗教或者不信仰宗教;也不得以任何形式,包括思想感情、经济待遇以及其他方式,歧视信仰宗教的公民和不信仰宗教的公民。第二,国家保护正常的宗教活动。正常的宗教活动是指宗教群众在宗教职业人员的组织下,按照宗教教义所进行的有秩序的活动。正常的宗教活动受到国家保护。但是,任何人不得利用宗教进行破坏社会秩序、损害公民身体健康、妨碍国家教育制度的活动。第三,宗教独立自主。我国的宗教事业不与外国宗教发生组织上的隶属、经济上的依赖和其他形式的依附关系,不允许外国的传教士到中国传教,也不允许外国的宗教势力或者其他政治势力,对我的宗教团体和宗教事务进行干预和支配。

本条内容所体现的宗教和教育之间的关系,是宗教活动不得妨碍国家教育制度和教育活动。国家允许开设宗教学校,但坚决不允许利用宗教学校进行破坏社会主义现代化建设的活动,坚决抵制利用宗教学校妨碍国家教育事业的发展。在现实生活中,我国宗教团体也会进行爱国主义教育和爱国主义活动,做到宗教与社会主义社会相适应。

六、劳动者劳动的权利和义务,含对劳动者教育培训问题

第42条　中华人民共和国公民有劳动的权利和义务。

国家通过各种途径,创造劳动就业条件,加强劳动保护,改善劳动条件,并在发展生产的基础上,提高劳动报酬和福利待遇。

劳动是一切有劳动能力的公民的光荣职责。国有企业和城乡集体经济组织的劳动者都应当以国家主人翁的态度对待自己的劳动。国家提倡社会主义劳动竞赛,奖励劳动模范和先进工作者。国家提倡公民从事义务劳动。

国家对就业前的公民进行必要的劳动就业训练。

劳动既是公民的一项权利,也是一项义务。我国《劳动法》规定劳动者的权利有平等就业和选择职业的权利、取得劳动报酬的权利、休息休假的权利、获得劳动安全卫生保护的权利、接受职业技能培训的权利、享受社会保险和福利的权利、提请劳动争议处理的权利以及法律规定的其他劳动权利。其中,接受职业技能培训的权利体现了国家对劳动者进行教育的内容。本条第4款,着重指出国家对公民进行必要的劳动就业训练,这主要包括构建专门的劳动者教育培训体系,建立严格的管理机制和督导机制,完善职业教育培训与理论相结合的制度,利用新媒体技术,全方位多层次推行职业教育等。

【读一读】 案例分享

江苏省教育厅切实做好返乡农民工职业教育和培训工作

近日,为贯彻落实国务院和教育部有关文件精神,结合江苏实际,江苏省教育部门将返乡农民工职业教育、技能培训和子女入学等工作作为当前重要而紧迫的任务,与教育重点工作紧密结合,采取有效措施,切实抓紧抓好。

一是实施新农民技能学历双提升计划。切实开展返乡在乡农民教育,由县级职教中心自办或在乡镇成教中心办班,职教中心每校招生100人以上,列入当年职教中心招生计划,通过3年半工半读的学习,毕业时发给中级技能和中等学历双证书。各地各校在招收应届初中毕业生的同时,把返乡在乡农民作为重要服务对象,凡是接受过九年义务教育的青年,只要本人愿意都可进入职业学校学习,享受国家给予中职校学生的有关支持政策,纳入当地年度中职校招生计划。

二是大力实施农村成人教育富民五项行动。依托全省各类职业学校、乡镇成教中心、农科教示范基地,大力推动返乡农民工全面提升知识水平和学历层次;组织各类出国劳务定点培训学校,积极开展建筑工、机械工、服装缝纫工等专业培训,帮助农民创汇增收;以返乡农民工、回乡初高中毕业生、失地农民、退役士兵等为重点,大力开展农村劳动力转移培训;结合地方特色产业,围绕现代高效农业,采取走村入户、结对帮扶、示范引领等多种形式,突出"一村一品"和农时关键环节,加强现代农业生产知识和农村实用技术培训;通过组织农民教育讲师团、科技大篷车、百场讲座进乡村、终身教育活动周、农民读书节等形式,让返乡农民工接受和享受社会教育。

三是积极实施全省农村妇女"双学双比"竞赛活动。大力开展针对农村妇女的以文化技术为重点内容的各类教育培训活动,逐步提高农村妇女接受教育培训的比例。大力实施农村妇女学历与技能双提升计划,由县级职教中心自办或在乡镇成教中心办班,今年对包括返乡农民工在内的1万名农村致富女骨干、营销女能手、市场女强人等进行业余中专学历教育培训,通过三年的学技术、学文化,使她们达到中专学历和中级工职业资格。

四是确保返乡农民工子女及时入学受教育。各地教育行政部门按照就近入学的原则,安排义务教育阶段返乡农民工子女入学,禁止学校以任何借口拒绝接受返乡农民工子女入学。各地按照农村义务教育经费保障机制的要求,足额落实包括返乡农民工子女在内的各项教育经费。学校及时掌握返乡农民工子女在外地学习的实际情况,有针对性地开展教学辅导工作,使其尽快适应本地的教学进度,为返乡农民工子女提供良好的教育环境。

省教育厅将在今后安排高水平示范学校、示范专业、实训基地等专项经费和项目时,向返乡农民工职业教育培训、子女入学工作成绩突出的地区和学校实行政策倾斜,确保工作取得实效。(来源:教育部网站)

➤扫描本章首二维码,阅读山东省政府《关于加强职业培训教育全面提高劳动者素质的通知》。

七、关于社会保障制度的相关规定,其中第三款涉及国家对残疾公民的教育问题

第45条　中华人民共和国公民在年老、疾病或者丧失劳动能力的情况下,有从国家和社会获得物质帮助的权利。国家发展为公民享受这些权利所需要的社会保险、社会救济和医疗卫生事业。

国家和社会保障残废军人的生活,抚恤烈士家属,优待军人家属。

国家和社会帮助安排盲、聋、哑和其他有残疾的公民的劳动、生活和教育。

国家和社会帮助安排盲、聋、哑和其他有残疾的公民的教育,主要是指国家和社会通过各种手段、途径,为残疾公民提供必要的教育培训。我国《残疾人保障法》着重指出残疾人的教育问题,强调残疾人享有平等接受教育的权利,残疾人教育,实行普及与提高相结合、以普及为重点的方针,保障义务教育,着重发展职业教育,积极开展学前教育,逐步发展高级中等以上教育。残疾人教育应当根据残疾人的身心特性和需要,按照下列要求实施:在进行思想教育、文化教育的同时,加强身心补偿和职业教育;依据残疾类别和接受能力,采取普通教育方式或者特殊教育方式;特殊教育的课程设置、教材、教学方法、入学和在校年龄,可以有适度弹性。

【读一读】 案例分享
蓝天下绽放青春——记蓬勃发展的中国残疾人教育事业

残疾人教育是我国教育事业的重要组成部分,在残疾人实现小康的进程中发挥着重要的基础性作用。改革开放以来,随着我国经济的不断发展和社会的不断进步,残疾人教育越来越得到各级党委政府的高度重视和全社会的广泛关心,进入快速发展的时期,呈现出蓄势待发、前所未有的新局面。

党中央、国务院高度重视残疾人教育、重视残疾人作为弱势群体的教育公平的力度前所未有。党的十八大提出"支持特殊教育"。党的十八届三中全会要求推进特殊教育改革发展。党中央、国务院领导多次批示,要求研究加强完善特殊教育的政策措施。

加强特殊教育改革和发展顶层设计力度之大前所未有。2010年颁布的

《国家中长期教育改革与发展规划纲要(2010—2020年)》(以下简称《纲要》)，首次把特殊教育与学前教育、义务教育、高中阶段教育、职业教育、高等教育、继续教育、民族教育并列为八大教育改革发展任务之一；首次把"促进公平"写入《纲要》20字工作方针，作为国家基本教育政策，提出了实现惠及全民的公平教育的任务目标，将"促进公平"纳入教育改革发展各项措施之中。

各地积极进取、真抓实干，切实落实提升计划各项要求的力度前所未有。一年多来，在各级政府的支持下，教育、残联及各有关部门，认真学习习近平总书记、李克强总理关于残疾人工作和特殊教育工作的重要讲话、批示精神，按照"三严三实"的要求，努力开创特殊教育工作新局面。截至2014年12月，全国31个省级政府都制定出台了特殊教育提升计划的具体实施方案。残疾儿童义务教育普及水平快速提高。

特殊教育保障力度之强、投入之大前所未有。2008年国家组织实施了新中国成立以来规模最大的特教学校建设规划项目——中西部地区特殊教育学校建设规划，中央和地方累计投入54亿元，为中西部地区新建和改扩建特教学校1 182所。2012年又开始实施国家特教学校二期建设项目，中央每年投入8亿元，累计投入32个亿，重点支持60个高等师范院校特教专业、高等特教学院和特殊中职教育学校基础设施建设。同时，特殊教育公共财政投入普遍增加。中央财政安排特教专项补助费，由2013年的5 500万元提高到2014年的4.1亿元，提高了7.5倍。各地也大幅提高了特殊教育专项补助资金。

加强特教师资队伍建设的力度前所未有。2014年，全国高校招收特教专业新生7 260人，比上年增长29%。国家实施"卓越特教教师培养计划"和"特教学校校长能力提升工程"，重点探索师范院校与医学院校联合培养机制、特教知识技能与学科教育教学融合培养机制，着力培养特教改革发展带头人。

社会力量对特殊教育的支持，力度之大从未有过。交通银行通过筹资和6万名员工捐款共筹得资金1亿元，用于实施"通向明天——交通银行残疾青少年助学计划"项目，以资助贫困的残疾学生完成学业、加强薄弱学校的设备建设、鼓励有才艺的残疾学生展示风采。项目还特别设立了"特教园丁奖"，6年来已重奖1 200名基层特殊教育教师。中国残疾人福利基金会在过去4年内为特教方面筹款20 640万元，受益残疾儿童少年达28万人次。

成绩固然可喜，问题也必须清醒认识。我们必须承认特殊教育仍然是我国整个教育事业的短板和薄弱环节，融合教育的发展还有较大差距，仍有许多困难和问题亟待加大力度予以解决。相信有党中央国务院的高度重视，有全社会的共同关心，有广大教育工作者和残疾人事业工作者的共同努力，残疾人的受教育权利一定会得到进一步的维护,残疾人教育的明天一定会更加美好!

　　➤扫描本章首二维码,阅读《中华人民共和国残疾人保障法》和《残疾人教育条例》。

八、关于公民受教育权的规定和国家教育方针的法律表述

　　第46条　中华人民共和国公民有受教育的权利和义务。
国家培养青年、少年、儿童在品德、智力、体质等方面全面发展。

　　受教育既是权利又是义务,这一观点历来饱受争议。有人认为权利是一种利益,可以放弃,而义务则是一种负担,并且不能放弃,两者有着本质区别,显然这一观点存在矛盾之处。著名宪法学家肖蔚云则认为,公民的某些基本权利同时又是公民的义务,体现了公民权利和义务的一致性。其实,公民受教育既是权利又是义务,这个观点本身没有问题,世界上超过一半的国家也规定了受教育权是一种义务。

　　公民受教育的权利是指公民有从国家获得接受教育的机会以及接受教育的物质帮助的权利,也就是说这一权利是公民享有的,并由国家保障实现的,也可以理解为受教育的权利主体是作为受教育者的公民,义务主体是国家。受教育权到底包括哪些方面?　主要是义务教育和非义务教育,公办教育和民办教育,社会科学教育和自然科学教育,普通教育和特殊教育等。就义务教育和非义务教育而言,义务教育是小学和初中阶段,是国家免费提供的教育,是非竞争的,人人都可以接受教育,而非义务教育是学前教育、高等教育、职业教育等,这是具有竞争性质的,不是人人都可以享受的,因此国家就必须建立公平的教育机制,以防止教育失衡的现象。

　　公民受教育也是一种义务,那么,问题是国家是否有权强制所有公民接受最低限度的教育?　在现代社会中,接受必要的教育对每个公民来说是必不可少的,是公民个人活动的前提,也是公民自由发展的前提,因此,国家强制公民接受教育并没有侵犯公民的自由权,是可以的。对公民受教育的义务,也有一定的条件,如果不分情况地要求公民有受教育的义务,就可能导致教育秩序和公民权利与义务的混乱。所以,对公民受教育的义务必须做出年龄阶段的限制。我国《教育法》第18条规定:"国家实行九年义务教育制度。"学龄儿童、少年,必须完成九年制的义务教育,同时,国家也有义务为此提供政治、经济、文化等方面的保障。因此,可以说,义务教育的权利主体是国家,义务主体主要是个人,其次是父母、国家及其他。本条第2款还对青少年、儿童的成长问题做出规定。青少年和儿童是祖国的未来、民族的期望,学前教育、义务教育及更高层次的教育,是青少年、儿童成长的关键阶段,在每一个阶段,国家都确立了对他们的培养方针和目

标,促使其在品德、智力、体质等方面全面发展,成为有理想、有道德、有纪律、有文化的社会主义四有青年。

【读一读】 案例分享

齐玉苓受教育权受侵害案

原告:齐玉苓(曾用名齐玉玲),女,28岁,山东鲁南铁合金总厂工人,住山东省邹城市城关镇。

被告:陈晓琪(曾用名陈恒燕),女,28岁,中国银行山东滕州支行职员,住山东滕州市龙山路中国银行滕州支行宿舍。

被告:陈克政,男,47岁,系被告陈晓琪之父,山东省滕州市鲍沟镇政府工作人员,住山东省滕州市鲍沟镇圈里村。

被告:山东省济宁商业学校。住所地:山东省济宁市南岱庄路。法定代表人:孔宪忠,该校校长。

被告:山东省滕州市第八中学。住所地:山东省滕州市鲍沟镇。法定代表人:朱恒富,该校校长。

被告:山东省滕州市教育委员会。住所地:山东省滕州市杏坛路165号。法定代表人:孙卓炳,该委员会主任。

1990年的夏天,山东省枣庄市滕州鲍沟镇圈里村17岁的姑娘齐玉苓参加中考,预考通过后,她按照要求进行了体检。7月份她又参加了全省的统考。到8月初,学校张榜公布了录取名单,齐玉苓没有看到自己的名字。而委培生的名字却是不公布的。无奈,齐玉苓到班主任家打听,班主任说如果被录取的话应该有通知书的,让齐玉苓第二年再考。齐玉苓不死心,回家继续等待。可是一直到9月初,大家都去上学了,她还是没等到通知书。没有上成中专的齐玉苓最后借钱上了邹城技工学校。命运弄人,她又遭遇下岗。时光荏苒,一晃到了1999年。这时的齐玉苓已经准备结婚了,本来,对生活并无什么苛求的齐玉苓以为自己的一生就这么平平淡淡地过下去了,但是,戏剧性的一幕却在这时悄然掀开。一天,齐玉苓在银行工作的一个朋友对她说:"真是巧,我们银行里也有一个叫齐玉苓的,姓和名跟你都一样。"齐玉苓倍感蹊跷,因为姓名同音倒不奇怪,但"苓"字也一样就有点让她好奇了,而更让齐玉苓震惊的还在后面——这位"银行齐玉苓"正是1990年考取中专的,而且这个人上的中专正是当年齐玉苓所报考的济宁商校。经过仔细调查,齐玉苓发现,那个已经是银行储蓄所主任、已为人母的"齐玉苓"就是原圈里村党支部书记陈克政的女儿陈恒燕。其实陈恒燕早在自己预考落选之后就开始了冒名齐玉苓的行为。没资格参加统考的陈恒燕已用齐玉苓的名义取得了鲍沟镇政府的委培合同,而费尽心血考试的齐玉苓已注定在"为他人作嫁衣"了。

　　9年后突然出现的这场变故让齐玉苓无论如何也不能接受。她怎么也没想到，当年她自以为中考失利而痛苦万状的时候，却已有人偷偷拿走了她的录取通知书，摇身一变，成了"齐玉苓"，上了本是她考上的济宁商校，从此当上了城里人，还捧上了银行这只令人羡慕的"饭碗"。而自己呢，却在打工、下岗。

　　令人惊讶的是，在假齐玉苓的假体检表上竟赫然盖有滕州市教委招生委员会的钢印。而法院的鉴定结果更表明：钢印并非假印。查看这位假齐玉苓的档案，里面仅有当年的体检表和学期评语表（也纯属伪造），很不全。但就是这样一张连滕州八中也认为是假的学期评语表，在校长签字处却盖有当时八中校长邢启坤的私章，在学校盖章处也清晰地盖有"滕州市第八中学"的公章。

　　1999年1月29日，忍无可忍的齐玉苓在家人的帮助下将陈恒燕、山东省济宁商业学校、滕州第八中学、滕州市教委等推上枣庄中级人民法院被告席。

　　➤扫描本章首二维码，阅读"进一步推进义务教育均衡发展的指导意见"。

九、关于公民有教育、科研、文学创作等相关文化活动的自由和权利

　　第47条　中华人民共和国公民有进行科学研究、文学艺术创作和其他文化活动的自由。国家对于从事教育、科学、技术、文学、艺术和其他文化事业的公民的有益于人民的创造性工作，给以鼓励和帮助。

　　教育、科研等文化活动是社会主义精神文明建设的重要内容，也是促进社会主义物质文明的动力。为促进科学文化的繁荣发展，广大公民应当享有广泛的科学文化活动的自由和权利。国家对公民的科学文化活动自由也应当给予支持和帮助。

　　公民有进行科学研究的自由，这里的"科学研究"包括自然科学和社会科学两大类，"自由"则是指公民可以通过各种形式进行，可以讨论、发表意见、实验、有不同观点等。公民有进行文学艺术创作的自由，文学主要包括小说、诗歌、散文、戏剧等，艺术主要包括音乐、舞蹈、美术、摄影、书法、雕刻、电影、电视等。其他文化活动，则是指教育、各种体育活动、文娱活动等积极健康的活动。国家对从事教育、科学、技术、文学、艺术和其他文化事业的公民的有益于人民的创造性工作，给以鼓励和帮助。此款内容主要侧重于有益于人民的创造性工作，并非所有此类相关工作国家都给予帮助，而国家的鼓励和帮助主要是制定相关政策，法律法规，给予一定的物质、资金的支持等。

十、关于婚姻家庭方面，内含父母对子女的教育义务

第49条　婚姻、家庭、母亲和儿童受国家的保护。

夫妻双方有实行计划生育的义务。

父母有抚养教育未成年子女的义务，成年子女有赡养扶助父母的义务。

禁止破坏婚姻自由，禁止虐待老人、妇女和儿童。

教育是父母的义务，也是家庭的一项重要职能，父母的家庭教育对子女有很大的影响。这里的教育义务，主要是指父母要促进子女在品德、智力、体质等方面的全面发展，将他们培养成有理想、有道德、有文化、有纪律的社会主义事业的接班人。父母不仅要对子女进行政治、思想上的关心教育，还要为子女提供学习、教育的必要的物质条件。而这里所指的"子女"皆为未成年子女，即未满18周岁的子女。因此，父母对子女的教育义务还体现在父母必须送未成年子女接受义务教育。当然，既然是父母的教育义务，就是父母双方共同的责任和义务，那么，即便是夫妻离异，也不能免除该项义务。

【读一读】 案例分享

孟母堂事件

"孟母堂事件"的过程并不复杂："孟母堂"是一家成立于2005年的全日制私塾学校，是由家长们自愿组成的现代家庭教育模式，并由家长代表延请教师授课。2006年7月17日上海市松江区教育局下发告知单（沪松教［2006］94号），告知单指出：孟母堂属非法教育机构，从事的是非法教育活动，应立即停止非法行为。上海市市教委发言人又于2006年7月24日对此发表谈话，并给媒体发文，又列举出孟母堂的所谓"错误"：1. 违反办学许可的有关规定；2. 违反《义务教育法》第2条、第4条和第35条的有关规定；3. 违反有关教育收费的规定。而孟母堂负责人则声称，孟母堂并没有违反《义务教育法》第2条、第4条和第35条的有关规定，教育部门的告知书和公开发言，无法律依据，并准备以行政诉讼和民事诉讼分别起诉上海市松江区教育局和上海市市教委，通过法律手段维护其合法权利。

在孟母堂，最小4岁、最大12岁的孩子们每天六点半起床，开始每天的学习。内容基本一致，上午读中文经典，从《弟子规》到《易经》，每篇课文反复诵

念,至少 20 遍。下午是英语课,学生跟着 CD 机听音、跟读,选用的教材是《仲夏夜之梦》。孩子们的娱乐休闲时间是看历史剧《三国演义》和韩国青春励志片《大长今》,家长们认为对孩子成长有益。在这里,学习一年的基本费用在 3 万元左右。但学校通常教授的数学、语文等课程并不在这里的课程表上。根据孟母堂最初的目标,学生可以在这里学习 3～5 年时间,背诵《易经》等经典经书 13 部左右,也包括 4～6 部英文经典名著,同时阅读大量的中外名著。直至去年孟母堂改为全日制私塾,学制改为 6～8 年,以国学经典教材为主,同时计划完成教育部规定的必读书目,但后者至今尚未施行。

十一、各级政府机关领导和管理教育工作的权限

第 89 条第 7 款:(国务院行使下列职权)领导和管理教育、科学、文化、卫生、体育和计划生育工作。

科教文卫体和计划生育工作均设有专门的机构负责,国务院对它们的工作行使领导权,重大事项由国务院决定,国务院主要通过制定方针、政策、行政法规、规章制度等进行领导和管理。

第 107 条　县级以上地方各级人民政府依照法律规定的权限,管理本行政区域内的经济、教育、科学、文化、卫生、体育事业、城乡建设事业和财政、民政、公安、民族事务、司法行政、监察、计划生育等行政工作,发布决定和命令,任免、培训、考核和奖惩行政工作人员。

乡、民族乡、镇的人民政府执行本级人民代表大会的决议和上级国家行政机关的决定和命令,管理本行政区域内的行政工作。

省、直辖市的人民政府决定乡、民族乡、镇的建置和区域划分。

本条内容是规定地方人民政府对所管辖区域的科教文卫体事业进行管理,要执行本级人大和上级行政机关关于教育的决定和命令,也要按照本行政区域的实际情况进行变通处理。

第 119 条　民族自治地方的自治机关自主地管理本地方的教育、科学、文化、卫生、体育事业,保护和整理民族的文化遗产,发展和繁荣民族文化。

发展民族教育是发展民族经济和繁荣民族文化的基础。目前,我国少数民族地区的教育还相对比较落后,在规章制度、财政资金、师资力量等方面都需要给予一定的帮助和优惠。国家赋予民族自治地方教育管理自治权,主要就是为了能够依靠本民族的特色来发展教育,缩小与其他地区的差距。民族自治地方的教育管理自治权的内容主要有两方面:一是根据国家的教育方针,依照法律规定,决定本地方的教育规划,各级各类学校的设置、学制、办学形式、教学内容、教

学用语和招生办法。二是自主地发展民族教育,扫除文盲,举办各类学校,普及九年义务教育,采取多种形式发展普通高级中等教育和中等职业技术教育,根据条件和需要发展高等教育,培养各少数民族专业人才。为少数民族牧区和经济困难、居住分散的少数民族山区,设立以寄宿为主和助学金为主的公办民族小学和民族中学,保障就读学生完成义务教育阶段的学业。办学经费和助学金由当地财政解决,当地财政困难的,上级财政应当给予补助。招收少数民族学生为主的学校(班级)和其他教育机构,有条件的应当采用少数民族文字的课本,并用少数民族语言讲课;根据情况从小学低年级或者高年级起开设汉语文课程,推广全国通用的普通话和规范汉字。各级人民政府要在财政方面扶持少数民族文字的教材和出版物的编译和出版工作。

少数民族地区的文化是少数民族在长期的社会实践中创造和发展起来的,是整个中华民族文化的重要组成部分,它包括少数民族的文学、艺术、新闻、广播、电影、电视等。自治机关的文化管理自治权主要是:第一,自主地发展具有民族形式和民族特点的文学、艺术、新闻、出版、广播、电影、电视等民族文化事业,加大对文化事业的投入,加强文化设施建设,加快各项文化事业的发展。第二,组织、支持有关单位和部门收集、整理、翻译和出版民族历史文化书籍,保护民族的名胜古迹、珍贵文物和其他重要历史文化遗产,继承和发展优秀的民族传统文化。

在科学、卫生和体育方面,民族自治地方的自治机关自主地决定本地方的科学技术发展规划,普及科学技术知识;自主地决定本地方的医疗卫生事业的发展规划,发展现代医药和民族传统医药,加强对传染病、地方病的预防控制工作和妇幼卫生保健,改善医疗卫生条件;自主地发展体育事业,开展民族传统体育活动,增强各族人民的体质。此外,民族自治地方的自治机关有权积极开展和其他地方的教育、科学技术、文化艺术、卫生、体育等方面的交流和协作,并可以依照国家规定,和国外进行教育、科学技术、文化艺术、卫生、体育等方面的交流。

十二、关于国家对少数民族地区经济、文化等方面的帮助和扶持的规定

第 122 条 国家从财政、物资、技术等方面帮助各少数民族加速发展经济建设和文化建设事业。

国家帮助民族自治地方从当地民族中大量培养各级干部、各种专业人才和技术工人。

实行民族区域自治和发展少数民族地区经济,都需要大力发展文化教育事业,培养各类人才。国家从财政、物资、技术等方面帮助少数民族地区发展文化

建设事业和人才培养，因此，少数民族地区的教育发展则显得尤为重要。而对人才培养，不仅要在少数民族当地培养，还要为当地进行人才输送，以此保障少数民族人民自己管理本民族内部事务。

党和国家历来十分重视培养少数民族干部、各种专业人才和技术工人。新中国成立以后，党和国家培养的一大批优秀的民族干部、各类专业人才和技术工人，在各自的工作岗位上，为实现民族区域自治、维护民族团结、促进民族自治地方各项事业的发展，做出了重要贡献。为促进民族自治地方的进一步发展，国家把民族自治地方的人才培养纳入重要的议事日程，为民族自治地方培养一批又一批在政治、经济、文化、科学技术和其他方面具有专门才能的各级各类人才，将他们不断充实到民族自治地方的各项建设事业中，完成民族区域自治的重大使命，实现各民族的共同繁荣和富裕。

【读一读】 案例分享

守望相助　关注民族教育发展

"我们图瓦人也有研究生了"

——记新疆阿勒泰地区发展少数民族教育事业

图瓦人，蒙古族的一个分支，现有2500多人，分布在新疆禾木、喀纳斯、白哈巴3个地方的大山之中。由于长期封闭，过去，图瓦人难以走出大山。这些年，随着党和国家对少数民族教育的高度重视，图瓦人和全疆各族孩子一样，受到了良好教育。教育的发展，让越来越多图瓦人的孩子走出大山，看到了外面的世界。

日前，记者专程来到图瓦人聚居地采访，看到了大山深处不一样的教育图景。

家门口有了和城里一样的学校

"这是我们新建的校舍，今年政府投入了1200多万元，我们图瓦人的孩子在家门口就能和城里孩子一样接受好的教育了。"禾木村中学校长阿斯力别克兴奋地对记者说。

砖混结构的墙体，图瓦人房屋特有的三角屋顶，校园成了村子里最美的建筑。"1970年建的小学只有4间木头屋，是群众出力建的教室，学生只有20多个。到了1984年，才建成九年一贯制寄宿学校。由于地处大山深处，过去一直靠点油灯，到了2002年，学校才靠自己发电用上了电灯。"阿斯力别克告诉记者，"2009年，学校配备了16台电脑，孩子们了解外面的世界多了个窗口。"

当记者走进教室的时候，发现传统的黑板不见了，代替它的是电子白板，教师授课告别了粉笔，点击鼠标即可。现代远程教学设备每天都可接收到来自北京、上海等地的教育资源。

"如今,学校的设备和城里都一样了。"阿斯力别克说,"计算机、实验设备、图书,一应俱全。"

记者在禾木、喀纳斯、白哈巴3个图瓦人聚居的村落采访,说起学校的变化,村民们无不竖起大拇指。

特殊政策扶持确保图瓦孩子上学

"我特别喜欢我的老师,她们不仅对我们好,而且教给我们很多知识。"四年级学生图亚告诉记者。图亚喜欢的老师,是来自新疆各地的特岗教师。

"为了留住特岗教师,我们专门在学校建设了教师周转宿舍,还采取了特殊补贴等措施。"布尔津县教育局局长张东林说,"目前学校有11名特岗教师,这些教师留在大山里,为这里的孩子接受好的教育打下了基础。"

这几年,禾木村中学教师流失现象得到了缓解,教师队伍学历合格率达到100%。最重要的是学校有了专任美术、音乐教师。

斯琴,禾木哈纳斯蒙古民族乡人大主席。今年51岁的她,是土生土长的图瓦人,说起她的上学经历,除了苦,还是苦。

"那时候条件太差,老师都是代课的,初中毕业后教小学,有的初中毕业后教初中。"斯琴说,"看看现在,条件多好,老师水平都很高,理念也新,孩子们很幸福。"

据了解,为了让图瓦人走出大山,自治区在区内初中班招生时,拿出专门的指标分配给图瓦考生。在内地新疆高中班招生时,也给予专门的指标倾斜。

教育发展改变了大山深处孩子的命运

"我们图瓦人也有研究生了。"采访中,哈巴河县白哈巴村校长塔尔毕亚很自豪。

阿勒泰地区哈巴河县教育局局长易安勇告诉记者,目前,图瓦人中出了10多个研究生,是教育改变了他们的命运。

"我今年有4个毕业生,其中一个考上了区内初中班,还有三个被哈巴河县初级中学录取,去了县城读书。"班主任殿冬花说。

易安勇告诉记者:"图瓦人的孩子来城里读书,我们会给他们提供最好的教育,专门配备教师团队,同时制定培养方案,因材施教,给他们'开小灶',有针对性地培养。"

初一学生巴图其其克对记者说:"城里的老师很关心我,得知我喜欢画画,专门指定了一名美术教师指导我。"

图瓦人斯琴高娃今年27岁,研究生。从西北民族大学毕业后,她选择回到大山里,成了一名大学生村官。

"读完研究生,我就决定回来,帮助图瓦人部落发展旅游经济,改变全村人的生活。"斯琴高娃说。

斯琴高娃带领村民创办了禾木图瓦乡村旅游农民专业合作社,带动村民发展乡村旅游业,"我的故乡被称为'神仙的自留地',风景优美,图瓦人的文化、风俗习惯等,都对外面的人有很大吸引力,发展旅游大有希望。让更多村民参与到合作社里来,能够增加他们的收入,改变他们的生活状态"。

"如今,从图瓦人聚集村落里走出去的孩子越来越多,这都是教育发展的功劳。"84岁的图瓦老人图开对记者说,"教育让图瓦人有了希望,我们的未来会越来越好。"(来源:《中国教育报》2015年10月9日)

本章小结

宪法是一个国家全部法的总渊源,它规定的国家的根本制度(社会制度、国家制度)、国家生活的基本原则、国家机构、公民的基本权利和义务等,都直接或间接地制约着教育活动,是一切教育立法的重要依据。任何形式的教育法都不得与宪法相抵触。我国的教育基本法是《中华人民共和国教育法》,它是仅次于《宪法》的基本法律,是国家制定的用于调整教育活动中产生的教育关系的法律规范,下一章内容便着重对此进行分析。

课后练习

案例分析

王育诉侯波不正当履行监护权案

北京人侯波将7岁的儿子明明(化名)放在家里自己进行封闭教育,并使明明在英语和阅读方面表现出了超过同龄儿童的能力,甚至能够看懂古典文学和英文报纸;但前妻王育认为,不接受正常的学校教育对明明今后的成长不利,于是诉至石景山法院要求取得明明的监护权。2006年9月19日,法院判决认为,家庭教育虽然对学生个体更具有针对性,却毕竟不够系统和全面。文化课程只是义务教育内容的一部分,义务教育是对未成年学生进行德育、智育、体育、美育、劳动教育以及社会生活指导和青春期教育。家庭、学校应当是互相配合、密切联系,并关注学生的个体差异,因材施教,促进学生的充分发展。《中华人民共和国义务教育法》明确规定"义务教育是国家统一实施的所有适龄儿童、少年必须接受的教育"、"凡年满六周岁的儿童,其父母或者其他法定监护人应当送其入学接受并完成义务教育"。据此,明明接受国家义务教育既是其享有的权利,又是被告侯波应尽的法定义务。侯波应当尽快解决明明的入学问题,使其接受全面的义务教育。

探究：父亲对儿子的在家教育,并未获得前妻的同意,父亲能否单方面行使教育权？父亲能否对儿子进行在家教育？如何看待类似事件？

第四章　教育基本法的解读

章首语

　　我国的教育基本法——《中华人民共和国教育法》是 1995 年 3 月 18 日在第八届全国人民代表大会第三次会议通过,并于同年 9 月 1 日起施行的。2009 年 8 月 27 日,根据第十一届全国人民代表大会常务委员会第十次会议《关于修改部分法律的决定》第一次修正;2015 年 12 月 27 日,根据第十二届全国人民代表大会常务委员会第十八次会议《关于修改〈中华人民共和国教育法〉的决定》第二次修正,并经国家主席习近平签署颁布,于 2016 年 6 月 1 日起施行。该法共十章 86 条,规定了我国教育的地位、性质、方针、体制和教育活动的基本原则,规定了教育的基本制度,政府、学校及其他教育机构,教师及其他教育工作者,学生、学生家长等教育法律关系主体的法律地位及其权利和义务,规定了教育与社会的关系,教育投入与条件保障,教育对外交流与合作,以及保护教育法律关系主体合法权益的法律措施。

知识点思维导图

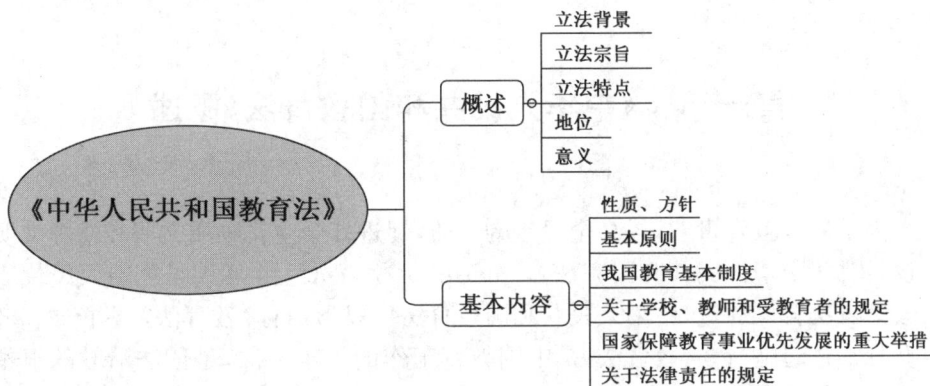

```
                              ┌─ 立法背景
                              ├─ 立法宗旨
                    ┌─ 概述 ──┼─ 立法特点
                    │         ├─ 地位
                    │         └─ 意义
《中华人民共和国教育法》─┤
                    │           ┌─ 性质、方针
                    │           ├─ 基本原则
                    │           ├─ 我国教育基本制度
                    └─ 基本内容 ─┼─ 关于学校、教师和受教育者的规定
                                ├─ 国家保障教育事业优先发展的重大举措
                                └─ 关于法律责任的规定
```

情境导入

2017年11月2日，中共教育部党组发布的《关于教育系统认真学习宣传贯彻党的十九大精神写好教育"奋进之笔"的通知》中指出：认真学习、深入领会、大力宣传、全面贯彻党的十九大精神，是当前和今后一个时期教育系统的首要政治任务。各级教育部门和各级各类学校要紧密团结在以习近平同志为核心的党中央周围，不忘初心、牢记使命，把广大党员干部和师生员工的思想和行动统一到党的十九大精神上来，把智慧和力量凝聚到落实党的十九大确定的各项任务上来，从教育实际出发，着眼于解决人民群众关心的实际问题，着眼于推进教育现代化，着眼于当前的重点工作，努力谋划好、奋力实施好"奋进之笔、得意之作"，走出一条有教育特色的学习宣传贯彻党的十九大精神之路。

党的十九大报告中将教育提升为"中华民族伟大复兴的基础工程"。中国特色社会主义进入新时代，我国社会的主要矛盾已经转化为人民日益增长的美好生活需要和不平衡不充分的发展之间的矛盾。与中国特色社会主义发展同步，中国特色社会主义教育也进入了新时代。进入新时代，必须赋予中国教育新的发展要求、发展内涵——全面落实教育方针，落实好立德树人的根本任务，发展素质教育，推进教育公平，建设教育强国，加快教育现代化，办好人民满意的教育。而全面依法治国是中国特色社会主义的本质要求，是准确贯彻落实新时代中国特色社会主义思想的有力保障。报告中明确全面推进依法治国总目标是建设中国特色社会主义法治体系、建设社会主义法治国家。我国教育基本法《中华人民共和国教育法》作为依法治教的根本大法，为新时代中国教育的改革与发展提供了强有力的法律保障。

第一节 《中华人民共和国教育法》概述

为了发展教育事业，提高全民族的素质，促进社会主义物质文明和精神文明建设，依据《中华人民共和国宪法》，1995年3月18日，由第八届全国人民代表大会第三次会议通过《中华人民共和国教育法》（以下简称《教育法》），并于1995年9月1日起施行。《教育法》是中国教育工作的根本大法，是依法治教的根本大法。它的颁布是关系中国教育改革与发展和社会主义现代化建设全局的一件大事，对落实教育优先发展的战略地位，促进教育的改革与发展，建立具有中国特色的社会主义现代化教育制度，维护教育关系主体的合法权益，加速教育法制建设,提供了根本的法律保障。

一、《中华人民共和国教育法》的立法背景

改革开放以来,随着党和国家工作重心的转移和经济建设的发展,把教育摆在了优先发展的战略地位。教育作为关系社会主义现代化建设全局和社会主义历史命运的一个根本问题,被摆在突出的位置。同样,教育立法也成为一个重大问题,教育基本法的制定则成为关系我国经济发展、教育改革、完善教育法制、依法治教的头等大事。制定一部教育基本法作为教育法规的"母法",将带动已经出台和即将出台的"子法",尽快构建完整的教育法框架,为我国教育改革与发展奠定坚实的法律基础。

(一)《中华人民共和国宪法》为《教育法》的制定提供了立法依据

宪法规定了国家的根本制度和任务,是国家的根本法。我国一切法律的制定都要以宪法为依据。宪法规定了我国发展教育事业的基本原则以及公民接受教育的权利与义务。例如,宪法第 19 条规定:"国家发展社会主义的教育事业,提高全国人民的科学文化水平","国家举办各种学校,普及初等义务教育,发展中等教育、职业教育和高等教育,并且发展学前教育","国家发展各种教育设施,扫除文盲,对工人、农民、国家工作人员和其他劳动者进行政治、文化;科学、技术、业务的教育,鼓励自学成才","国家鼓励集体经济组织、国家企业事业组织和其他社会力量依照法律规定举办各种教育事业",等等。宪法第 46 条规定:"中华人民共和国公民有受教育的权利和义务","国家培养青年、少年、儿童在品德、智力、体质等方面全面发展",宪法中的这些条款,为《教育法》的制定提供了立法依据。

> 📢【议一议】
>
> 　　材料一:我国宪法第 4 条规定,国家根据各少数民族的特点和需要,帮助各少数民族地区加速经济和文化的发展。第 46 条规定,中华人民共和国公民有受教育的权利和义务。
>
> 　　材料二:我国教育法第 9 条规定,公民不分民族、种族、性别、职业、财产状况、宗教信仰等,依法享有平等的受教育机会。第 10 条规定,国家根据各少数民族的特点和需要,帮助各少数民族地区发展教育事业。
>
> 　　思考:运用所学知识,结合材料,谈谈我国宪法和教育法之间的关系。
>
> ➢扫描本章首二维码,查看材料说明。

(二)《中国教育改革和发展纲要》为《教育法》的制定提供了政策依据

中共中央、国务院颁发的《中国教育改革和发展纲要》(以下简称《纲要》),总

结了新中国成立以来教育改革和发展的经验,为新时期教育的改革和发展绘制了宏伟的蓝图,是指导我国90年代乃至21世纪初期教育改革和发展的纲领性文件。它确定的教育改革和发展的主要原则、目标、战略、方针、政策措施,对我国教育工作发挥着全面的根本的指导作用。对《教育法》的制定而言,《纲要》是基础,是指导,它的基本精神、基本原则以及政策措施,在《教育法》中得到了充分体现。而《教育法》则将《纲要》提出的重大政策措施加以规范化、法制化。对全面贯彻落实《纲要》提供了强制性手段和法律武器。

(三)中国特色社会主义理论为《教育法》的制定提供了理论基础

社会主义现代化建设必须依靠教育,依靠科技,依靠人才,必须确保教育优先发展的战略地位,这是有中国特色社会主义理论的重要组成部分。邓小平同志关于教育工作的论述,从教育事业的社会地位,我们党的教育方针到教育体制、教育原则、教育方法,形成了完整的教育思想,指导了改革开放以来我国教育事业的改革和发展。邓小平同志的教育思想是马克思主义教育理论与教育思想在当代的发展,例如,他提出的教育要"三个面向",培养"四有"人才的思想;教育同国民经济社会发展相适应,教育同生产劳动相结合的思想;尊重知识、尊重人才、尊重教师的思想;坚定不移地实行教育改革,全党人民都要支持教育的思想;加强党对教育工作领导的思想等,这些成为建设有中国特色的社会主义教育体系的指针,为制定《教育法》奠定了理论基础。

(四)社会主义现代化建设及教育改革和发展为《教育法》的制定提供了实践基础

改革开放以来,我国在教育体制改革和教育事业发展方面已经积累了很多有益的经验,这些成功的经验需要从法律上加以巩固和确认。同时,随着我国教育改革的深入发展,普及化、终身化、一体化的教育体系正在形成。规模宏大的教育事业要做到有序运行,仅靠行政管理手段是不够的,它要求通过教育立法加以规范和引导。只有充分发挥法律的规范作用和调节作用,才能体现国家的整体利益,才能保证教育改革顺利进行。《教育法》正是通过立法,对取得的成果和经验加以确认和保护,通过推行法制解决问题和困难。我国的《教育法》,在教育改革和发展的土壤中产生,教育改革和发展的实践,为《教育法》提供了扎实的实践基础。

《教育法》的颁布是时代的召唤,历史的必然。《教育法》是教育改革和发展关键时期的必然产物。基于上述背景,1995年3月18日由第八届全国人民代表大会第三次会议通过《中华人民共和国教育法》,并于1995年9月1日起施行。它的颁行,标志着我国进入全面依法治教的新时期,对我国教育事业的改革与发展,以及社会主义物质文明和精神文明建设将产生重大而深远的影响。为适应新形势与教育改革的需要,完善教育法的体系,统筹相关制度安排,保持法律协调统一,2009 年 8 月 27 日,根据第十一届全国人民代表大会常务委员会第十次会议《关于修改部分法律的决定》第一次修正;2015 年 12 月 27 日,根据第十二届全国人民代表大会常务委员会第十八次会议《关于修改〈中华人民共和国教育法〉的决定》第二次修正,并经国家主席习近平签署颁布,于 2016 年 6 月 1 日起施行。

二、《中华人民共和国教育法》的立法宗旨

《教育法》总则第 1 条明确了教育法的立法宗旨和目的:"为了发展教育事业,提高全民族的素质,促进社会主义物质文明和精神文明建设,根据宪法,制定本法。"

(一) 发展教育事业

新中国成立以来,特别是改革开放以来,党和国家十分重视教育,把教育作为关系社会主义现代化建设全局和社会主义历史命运的大事来抓,并把教育摆在优先发展的战略地位,使教育事业的发展取得了重大成就。但是由于种种因素的影响,教育优先发展的战略地位还没有全面落实,教育事业的发展还不能适应现代化建设的需要,教育改革还滞后于建立社会主义市场经济的需要。实践证明,发展教育事业,单靠政策手段和行政手段,靠领导人的重视等"人治"手段,是不能从根本上解决问题的,必须有完备的法制来规范和保障。因此,有必要制定《教育法》,以进一步深化教育改革,加快教育事业的发展。

(二) 提高全民族素质

民族素质,关系到民族的振兴和国家的兴旺发达。当今世界竞争日趋激烈,国家综合实力的竞争根本上还是人才的竞争,教育的竞争。从这个意义上说,谁掌握了 21 世纪的教育,培养出高素质的公民,谁就能在未来的国际竞争中取胜。我国是人口大国,劳动者接受教育的程度普遍偏低,已成为制约我国经济发展因素之一。如何将人口压力转化为人才优势,就需要依靠制定教育法,发展教育事业,从法律上保障公民的受教育权利和义务,提高民族素质。

(三) 促进社会主义现代化建设

我国大力发展教育事业,提高全民族素质,最终是为了促进社会主义物质文明建设、精神文明建设和政治文明建设。我国社会主义物质文明建设的根本任务是发展生产力,集中力量进行现代化建设。生产力的发展有赖于文化教育的

繁荣。《教育法》的制定,将使我国的国民素质提高到一个新的水平,为现代化建设所需的合格劳动者和各类专门人才的培养打下坚实的基础,从而为社会主义物质文明建设创造必要的条件。社会主义精神文明是社会主义的重要特征。精神文明建设的根本任务,是适应社会主义现代化建设的需要,培养"四有"公民,提高整个中华民族的思想道德素质和科学文化素质。而社会主义政治文明建设又是前两个文明建设的保证。因此,制定《教育法》是社会主义物质文明、精神文明和政治文明建设所必需。

三、《中华人民共和国教育法》的立法特点

(一)全面性和针对性相结合

《教育法》作为教育的基本法,要为其他法律、法规提供依据,这就要求《教育法》的内容要尽可能全面。我国的《教育法》把应当纳入法律调整范围的重要事项如教育的性质、地位、方针、基本原则等,做了全面的规定,充分体现了教育基本法全面性的特点。《教育法》在全面规范和调整各类教育关系的同时,又抓住了现阶段教育改革和发展中的突出问题,做了有针对性的规定。如德育工作;不得以营利为目的举办学校及其他教育机构;教育经费单独列项等。全面性和针对性相结合,既体现了基本法的要求,同时也体现了《教育法》的现实性。

(二)原则性和可操作性相结合

《教育法》作为教育的根本大法,只能对关系到我国教育改革与发展全局的重大问题,如对教育的性质、方针、教育活动的原则等做出原则性的规定,而不可能对具体问题做出规定。但过于原则而不易操作;不易操作,则难以落实。《教育法》在突出原则性的同时,又注意到实施上的可操作性,特别是法律责任部分,明确了违反《教育法》的法律责任、处罚形式、执法机关等,加强了《教育法》的可操作性,以保证《教育法》的顺利实施。

(三)规范性和导向性相结合

《教育法》把改革开放以来,我国教育改革和发展的成熟经验,通过法律规范形式固定下来,如教育管理体制中的分级管理,分工负责;学校法人地位及自主权;以财政拨款为主的多渠道筹措教育经费等,巩固了教育改革和发展的成果。同时《教育法》也把符合改革和发展方向,但还有待于进一步实践和探索的问题,如终身教育体系的建立和完善,运用金融和信贷手段支持教育事业的发展等,做出了导向性的规定,通过法律手段来保障和推进教育的改革和发展。

四、《中华人民共和国教育法》的地位及意义

(一)《教育法》的重要地位

教育基本法是依据宪法制定的调整教育内外部相互关系的基本法律规范，是教育法律体系的"母法"。教育基本法通常规定国家教育的基本方针、基本任务、基本制度以及教育活动中各主体的权利和义务。教育基本法是协调教育部门内部以及教育部门与其他社会部门相互关系的基本准则，也是制定教育部门其他法律、法规的依据。教育基本法是构成一个国家教育法律体系的基础。

《教育法》是我国的教育基本法。在我国法律体系中，它与《中华人民共和国刑法》《中华人民共和国民法》等处于同等法律地位，均属于国家基本法律；在我国教育法律体系中，《教育法》处于"母法"和"根本大法"的地位，具有最高的法律权威。其他单行的教育法规只是调整和规范某一方面的教育关系或某一项教育工作，都是"子法"。各种单行教育法规的制定和实施，应以《教育法》为依据，不得与《教育法》确立的原则和规范相抵触。我国教育工作应当全面置于《教育法》的规范之中，它所规定的内容是我们全面依法治教的基本法律依据，是我国依法治教之本。

(二)《教育法》颁行的意义

《教育法》的颁行，为教育的改革和发展提供了法律保障，对我国教育事业的发展起着极大的促进作用。

1. 为实施科教兴国战略，实现教育优先发展提供了法律保障

《教育法》以党的政策为依据，明确规定："教育是社会主义现代化建设的基础，国家保障教育事业优先发展。"第一次以法律形式确立了教育是立国之本的思想，这无疑对于落实教育优先发展的战略地位具有重要意义。教育优先发展战略地位的确立，将会使一系列法律措施，特别是教育投入措施得以落实，这就会极大地促进教育事业的发展。

2. 为保证我国教育的社会主义方向提供了法律依据

《教育法》规定："国家坚持以马克思列宁主义、毛泽东思想和建设有中国特色社会主义理论为指导，遵循宪法确定的基本原则，发展社会主义的教育事业。"《教育法》所规定的教育方针指出，教育必须为社会主义现代化建设服务，必须与生产劳动相结合，培养德智体等方面全面发展的社会主义事业的建设者和接班人。《教育法》以法律的形式将我国教育的指导思想、教育方针确定下来，这就从根本上确立了我国教育的社会主义性质和教育事业发展的社会主义方向。

3. 为维护教育主体的合法权益提供了法律保障

过去，无论是教育者还是受教育者，权利意识都很淡薄。在教育没有得到应有尊重的情况下，教育关系主体的权益往往得不到重视。为了保护各类教育关系主体的合法权益，《教育法》对学校及其他教育机构的权利，教师和其他教育工作者的权利，受教育者的权利，做了法律规定。并对侵犯教育关系主体合法权益的行为，规定了法律责任，以法律手段保障教育关系主体的合法权益。

4. 为巩固教育改革成果，促进教育改革深化提供了法律依据

《教育法》把改革开放以来的教育改革发展成果，通过立法确定下来，同时对符合教育改革发展方向，还需要进一步探索的问题，制定了导向性条款，为教育改革的进一步深化和健康发展提供了法律依据。

第二节 《中华人民共和国教育法》的基本内容

《教育法》共分为十章，分别是总则、教育基本制度、学校及其他教育机构、教师和其他教育工作者、受教育者、教育与社会、教育投入与条件保障、教育对外交流与合作、法律责任、附则。

一、关于我国教育的性质、方针和基本原则

（一）我国教育的性质与方针

《教育法》第 3 条规定："国家坚持以马克思列宁主义、毛泽东思想和建设有中国特色社会主义理论为指导，遵循宪法确定的基本原则，发展社会主义的教育事业。"这一规定，表明了我国教育是社会主义性质的教育。

【议一议】
为什么说我国教育是社会主义性质的教育？
➢扫描本章首二维码，查看参考说明。

从我国教育的社会主义性质出发，《教育法》第 5 条又明确规定了我国的教育方针，即"教育必须为社会主义现代化建设服务、为人民服务，必须与生产劳动和社会实践相结合，培养德、智、体、美等方面全面发展的社会主义建设者和接班人。"可见，教育方针进一步确定了我国教育的社会主义性质；明确了我国教育的目的，即"培养德、智、体、美等方面全面发展的社会主义建设者和接班人"；说明

了实现教育目的的基本途径是"必须与生产劳动和社会实践相结合"。

【读一读】

　　教育方针（guiding principle for education）是国家或政党在一定历史阶段提出的有关教育工作的总的方向和总指针，是教育基本政策的总概括。它是确定教育事业发展方向，指导整个教育事业发展的战略原则和行动纲领。内容包括教育的性质、地位、目的和基本途径等。教育方针的制定者都是国家或政党，它与教育目的有密不可分的联系。不同的历史时期有不同的教育方针；相同的历史时期因需要强调某个方面，教育方针的表述也会有所不同。教育方针具有全局性、变动性、现实性、阶段性的特征。

　　习近平总书记代表第十八届中央委员会向党的十九大做报告，在"提高保障和改善民生水平，加强和创新社会治理"部分，首先谈到的就是"优先发展教育事业"，他指出，建设教育强国是中华民族伟大复兴的基础工程，必须把教育事业放在优先位置，加快教育现代化，办好人民满意的教育。要全面贯彻党的教育方针，落实立德树人根本任务，发展素质教育，推进教育公平，培养德智体美全面发展的社会主义建设者和接班人。推动城乡义务教育一体化发展，高度重视农村义务教育，办好学前教育、特殊教育和网络教育，普及高中阶段教育，努力让每个孩子都能享有公平而有质量的教育。完善职业教育和培训体系，深化产教融合、校企合作。加快一流大学和一流学科建设，实现高等教育内涵式发展。健全学生资助制度，使绝大多数城乡新增劳动力接受高中阶段教育、更多接受高等教育。支持和规范社会力量兴办教育。加强师德师风建设，培养高素质教师队伍，倡导全社会尊师重教。办好继续教育，加快建设学习型社会，大力提高国民素质。

（二）我国教育的基本原则

　　教育法的基本原则是指教育法制的全部活动所应遵循的总的原则。它是有关教育的立法、执法、司法、守法、法律监督以及教育法的宣传、普及和研究的出发点和基本依据。我国教育法的基本原则是我国社会主义法制建设的总原则在教育法制建设中的具体体现，也是党和国家教育基本政策的集中体现，反映了我国社会主义教育制度的基本性质和教育工作的基本规律及特点。在遵循宪法原则的基础上，我国《教育法》规定了教育活动应遵循的基本原则。这些原则从不同方面体现了具有中国特色的社会主义教育事业的本质特征。

　　1. 立德树人的根本原则

　　《教育法》第 6 条规定："教育应当坚持立德树人，对受教育者加强社会主义核心价值观教育，增强受教育者的社会责任感、创新精神和实践能力。国家在受教育者中进行爱国主义、集体主义、中国特色社会主义的教育,进行理想、道德、纪律、法治、国防和民族团结的教育。"这一规定,旨在根据十八届三中、五中全会精神,明确教育的根本任务,突出社会主义核心价值观教育的地位。党的十八届三中全会明确提出,全面贯彻党的教育方针,坚持立德树人,加强社会主义核心价值体系教育,完善中华优秀传统文化教育,形成爱学习、爱劳动、爱祖国活动的有效形式和长效机制,增强学生社会责任感、创新精神、实践能力。党的十八届五中全会提出,全面贯彻党的教育方针,落实立德树人根本任务,加强社会主义核心价值观教育。

【读一读】

社会主义核心价值观是社会主义核心价值体系的内核,体现社会主义核心价值体系的根本性质和基本特征,反映社会主义核心价值体系的丰富内涵和实践要求,是社会主义核心价值体系的高度凝练和集中表达。

党的十八大提出,倡导富强、民主、文明、和谐,倡导自由、平等、公正、法治,倡导爱国、敬业、诚信、友善,积极培育和践行社会主义核心价值观。富强、民主、文明、和谐是国家层面的价值目标,自由、平等、公正、法治是社会层面的价值取向,爱国、敬业、诚信、友善是公民个人层面的价值准则,这 24 个字是社会主义核心价值观的基本内容。

《关于深化教育体制机制改革的意见》指出,要健全立德树人系统化落实机制。强调要构建以社会主义核心价值观为引领的大中小幼一体化德育体系。针对不同年龄段学生,科学定位德育目标,合理设计德育内容、途径、方法,使德育层层深入、有机衔接,推进社会主义核心价值观内化于心、外化于行。深入开展理想信念教育,引导学生坚定拥护中国共产党领导,树立中国特色社会主义共同理想,增强中国特色社会主义道路自信、理论自信、制度自信、文化自信。深入开展以爱国主义为核心的民族精神和以改革创新为核心的时代精神教育、道德教育、社会责任教育、法治教育,加强中华优秀传统文化和革命文化、社会主义先进文化教育。健全全员育人、全过程育人、全方位育人的体制机制,充分发掘各门课程中的德育内涵,加强德育课程、思政课程。创新思想政治教育方式方法,注重理论与实践相结合、育德与育心相结合、课内与课外相结合、线上与线下相结合、解决思想问题与解决实际问题相结合,不断增强亲和力和针对性。用好自然资源、红色资源、文化资源、体育资源、科技资源、国防资源和企事业单位资源的育人功能,发挥英雄模范人物、名师大家、学术带头人等的示范引领作用,挖掘校史校风校训校歌的教育作用,充分发挥学校党、共青团、少先队组织的育人功能。加强学校教育、家庭教育、社会教育的有机结合,构建各级党政机关、社会团体、企事业单位及街道、社区、镇村、家庭共同育人的格局。

教育强则国家强,人才兴则民族兴。习近平主席讲话中指出,"要坚持把立德树人作为中心环节,把思想政治工作贯穿教育教学全过程,实现全程育人、全方位育人";"核心价值观,承载着一个民族、一个国家的精神追求,体现着一个社会评判是非曲直的价值标准。"他强调,国无德不兴,人无德不立。确立反映全国各族人民共同认同的价值观"最大公约数",关乎国家前途命运,关乎人民幸福安康。教育工作者应牢固树立立德树人、育人为本、德育为先的理念,不断提高德育工作的针对性、实效性,引导学生树立正确的世界观、人生观、价值观,努力培养德智体美全面发展的社会主义建设者和接班人。

在党的十九大报告中明确要求,广泛开展理想信念教育,深化中国特色社会主义和中国梦宣传教育,弘扬民族精神和时代精神,加强爱国主义、集体主义、社会主义教育,引导人们树立正确的历史观、民族观、国家观、文化观。以社会主义核心价值观为引领,以提升思想政治工作质量为目标,以实施素质教育为抓手,着力培养德智体美全面发展的社会主义建设者和接班人。要积极培育和践行社会主义核心价值观,加快构建以社会主义核心价值观为引领的大中小幼一体化德育体系,以培养担当民族复兴大任的时代新人为着眼点,强化教育引导、实践养成、制度保障,开展"我的中国梦"系列主题教育、"永远跟党走"百万师生主题社会实践,把社会主义核心价值观转化为师生的情感认同和行为习惯。

站在中国特色社会主义进入新时代的新起点上,如何引导青少年从小培育道德定力,让青少年更有信仰更有力量,是摆在各学段学校面前的重要课题。树人必先立德,相信在十九大报告的指引下,越来越多美德的种子将根植于青少年心间,越来越多德智体美全面发展的社会主义建设者和接班人会竞相涌现,为实现"两个一百年"奋斗目标和中华民族伟大复兴中国梦提供人才保障。

教育的根本任务是坚持立德树人,对受教育者加强社会主义核心价值观教育,把社会主义核心价值观融入国民教育全过程,引导学生形成正确的世界观、人生观、价值观。具体是:加强理想信念教育,坚定学生对中国共产党领导、社会主义制度的信念和信心;加强民族精神和时代精神教育,增强学生爱国情感和改革创新精神;加强社会主义荣辱观教育,培养学生团结互助、诚实守信、遵纪守法、艰苦奋斗的良好品质;加强公民意识教育,树立社会主义民主法治、自由平等、公平正义理念,培养社会主义合格公民。

社会责任感是培养学生创新精神和实践能力的动力之源,学生创新精神和实践能力是履行其社会责任的前提和保证。培养学生社会责任感、创新精神和实践能力则是教育的历史责任与神圣使命。

2. 教育的方向性原则

《教育法》第 3 条规定："国家坚持以马克思列宁主义、毛泽东思想和建设有中国特色社会主义理论为指导,遵循宪法确定的基本原则,发展社会主义的教育事业。"这一规定既表明了我国教育的指导思想、基本原则和性质,又指明了我国教育应当坚持的社会主义方向。

坚持教育的社会主义方向,包含着依法约束人们在教育活动中继承和弘扬中华民族优秀的历史文化传统,以及吸收人类文明发展的一切优秀成果。《教育法》第 7 条规定："教育应当继承和弘扬中华民族优秀的历史文化传统,吸收人类文明发展的一切优秀成果。"这一规定体现了教育法在坚持教育的方向性原则时,对中华民族优秀的历史文化传统和人类文明发展的一切优秀成果的高度重视。

3. 教育的公共性原则

(1) 教育公共性的含义

《教育法》第 8 条第 1 款规定："教育活动必须符合国家和社会公共利益。"这一规定明确了我国教育的公共性原则。教育的公共性原则,具体可以从以下几个方面进行理解:

第一,教育事业是国家、民族乃至全世界的共同事业。从教育的本体功能和社会功能来看,教育不仅能促进人的身心发展,还能对社会的政治、经济、文化、人口素质等方面起到重要的作用。因而,教育事业的发展不仅是个体发展的需要,也是全社会、全人类发展的共同需要。

第二,个体发展的活动必然影响社会的发展。教育活动作用于每一个受教育者,每一个受教育者又将自己的行为反作用于社会。因而,每一个受教育者的个体活动也就不再是个人的事情,而成为整个社会活动的必不可少的一部分,并影响着社会的发展。

第三,教育工作本身就是为社会发展做贡献。教育工作是培养个体的具体行为,它虽然对于个体而言是谋生的手段,但对于整个教育事业来说是社会的重要组成部分。

(2) 教育公共性原则的体现

教育的公共性原则主要表现为以下几个方面:

第一,为我国民办学校分类管理改革提供法律依据。《教育法》第 26 条规定："国家制定教育发展规划,并举办学校及其他教育机构。国家鼓励企业事业组织、社会团体、其他社会组织及公民个人依法举办学校及其他教育机构。国家举办学校及其他教育机构,应当坚持勤俭节约的原则。以财政性经费、捐赠资产举办或者参与举办的学校及其他教育机构不得设立为营利性组织。"这一规定，旨在对营利性学校的设立进行规范，明确营利性学校中不得含有政府的财政性经费和捐赠资产。这里的"捐赠"是指公益事业捐赠法中所规定的面向非营利事项的捐赠。根据规定，接受捐赠的学校应当为依法成立的、从事公益事业的、不以营利为目的的教育机构。符合这一规定的捐赠财产，依照法律、行政法规的规定享受企业所得税方面的优惠。这里应当指出的是，营利性学校虽然不得接受上述规定的捐赠资产，但是可以接受《民法》意义上的"赠予财产"，公民、法人可以将自己的财产赠予给营利性学校，但是所赠财产不享受公益事业捐赠法所规定的税收等优惠。实行非营利性和营利性民办学校分类管理，目的是为了落实财政补贴、基金奖励、捐资激励、土地、税收等方面的扶持政策措施，同时也可以创新办学体制和教育发展方式，吸引不同类型的社会资金进入教育领域。

【读一读】

2002年《民办教育促进法》（以下简称《民促法》）颁布以来，我国民办教育快速发展，已经成为我国教育事业的重要组成部分。民办教育的发展，有效增加了教育服务供给，不断满足了人民群众多样化教育需求，培养了大批合格人才，为创新教育体制机制、推动教育现代化、促进经济社会发展做出了积极贡献。

2016年11月7日，第十二届全国人民代表大会常务委员会第二十四次会议审议通过了《关于修改〈中华人民共和国民办教育促进法〉的决定》，为深化教育领域综合改革、促进民办教育健康发展提供了法律保障，是民办教育改革发展新的里程碑。本次修改对于全面促进教育事业发展、深化教育领域综合改革、构建公办民办教育共同发展的办学格局，加快推进教育现代化，满足人民群众日益增长的多样化教育需求和经济社会发展需要，具有重要而深远的意义。

本次《民促法》修改的主要内容包括以下六个方面：

一是确立分类管理的法律依据；二是进一步保障举办者权益；三是进一步完善师生权益保障机制；四是进一步完善国家扶持政策；五是进一步健全民办学校治理机制；六是保障实现平稳过渡。

2017年1月，国务院印发《关于鼓励社会力量兴办教育促进民办教育健康发展的若干意见》对民办教育改革发展做出全面部署。2017年9月1日起，《民促法》正式施行。

十九大报告又一次强调促进民办教育健康发展，建立分类管理制度，实行差别化扶持政策，支持和规范社会力量兴办教育。

第二，《教育法》第8条第2款规定："国家实行教育与宗教相分离。任何组织和个人不得利用宗教进行妨碍国家教育制度的活动。"在国民教育和公共教育中，不允许宗教团体和个人办学进行宗教教育，不允许利用宗教进行妨碍国家教育制度的活动。教师在学校有权进行辩证唯物主义和无神论教育和宣传，但不得强迫学生不信仰宗教，也不得歧视信仰宗教的学生。这一规定要求教育要对国家、人民和社会公共利益负责，保证教育制度的正常运转。

第三，《教育法》第12条规定："国家通用语言文字为学校及其他教育机构的基本教育教学语言文字，学校及其他教育机构应当使用国家通用语言文字进行教育教学。民族自治地方以少数民族学生为主的学校及其他教育机构，从实际出发，使用国家通用语言文字和本民族或者当地民族通用的语言文字实施双语教育。国家采取措施，为少数民族学生为主的学校及其他教育机构实施双语教育提供条件和支持。"学校及其他教育机构进行教学，应当推广使用全国通用的普通话和规范字。汉语言文字是我国普遍通用的官方语言文字之一，也是国际认定的联合国工作语言文字之一。因而，将汉语言文字规定为我国学校及其他教育机构的基本教学语言文字，能够满足我国大多数人和地区的教学需要，也有利于教育的普及和教育事业的发展。同时，允许少数民族学生为主的学校及其他教育机构，可以使用本民族或者当地通用的语言文字进行教学，这既是对少数民族的尊重，又给予其发展自己语言文字的自由。因此，在教学语言文字上的法律规定，体现了我国教育的公共性原则。而新修订的《教育法》进一步强调少数民族学生对国家通用语言文字的学习，有利于从教育规律出发，发挥母语的启智作用，逐步过渡到掌握国家通用语言文字，使这些学生掌握科学文化知识，提高交往交流交融能力，维护民族团结和社会和谐，加快民族教育事业发展。

4. 教育的公平性原则

教育的公平性是社会主义的本质要求，要发展社会主义，逐步实现人民共同富裕，教育公平是基础。《教育法》第11条第2款规定："国家采取措施促进教育公平，推动教育均衡发展。"在教育法这一基本法中，明确规定"促进教育公平"的原则，有利于推进教育，特别是义务教育的均衡发展，使教育的发展成果惠及广大人民群众，从而促进社会和谐稳定，推进教育事业的持续健康发展。教育公平的内涵主要包括两个方面：

(1) 教育机会公平

《教育法》第9条规定："中华人民共和国公民有受教育的权利和义务。公民不分民族、种族、性别、职业、财产状况、宗教信仰等，依法享有平等的受教育机会。"教育是提高国民素质、促进人的全面发展的根本途径。公民只有接受良好的教育，才能使自己拥有知识，增加智慧，提高思想道德水平；才能获得良好的就业机会,才能丰富和完善自己,为社会创造更多的财富。因此,受教育是公民的基本权利。作为公民来说,不分民族、种族、性别、职业、财产状况、宗教信仰等,都依法享有平等的受教育机会,这体现了教育的公平性原则。

受教育机会公平一般包括受教育起点上的机会公平、受教育过程上的机会公平和受教育结果上的机公平等三个层面。

受教育起点上的机会公平是指每个公民在入学机会上享有平等的权利。《宪法》第 46 条第 1 款规定:"中华人民共和国公民有受教育的权利和义务。"这一规定,以国家大法的形式明确了公民受教育起点上机会的平等性。《教育法》第 37 条第 1 款中也规定:"受教育者在入学、升学、就业等方面依法享有平等权利。"

受教育过程上的机会公平是指公民在接受教育的过程中,有获得教育条件、教育待遇等方面平等的权利。《教育法》第 43 条第 1 款规定,受教育者享有"参加教育教学计划安排的各种活动,使用教育教学设施、设备、图书资料"的权利。

受教育结果上的机会公平是指公民在接受教育后,有公平平等获得学校和社会公正评价的权利。这种公平平等主要体现为学业成绩和品行评价上的平等、进一步求学机会上的平等、就业机会上的平等。《教育法》第 37 条第 1 款规定:"受教育者在入学、升学、就业等方面依法享有平等权利。"第 43 条第 3 款规定,受教育者享有"在学业成绩和品行上获得公正评价,完成规定的学业后获得相应的学业证书、学位证书"的权利。

(2)国家在教育资源配置方面的公平

《教育法》第 10 条规定:"国家根据各少数民族的特点和需要,帮助各少数民族地区发展教育事业。国家扶持边远贫困地区发展教育事业。国家扶持和发展残疾人教育事业。"第 38 条规定:"国家、社会对符合入学条件、家庭经济困难的儿童、少年、青年,提供各种形式的资助。"我国地域辽阔,民族众多,地区发展很不平衡,教育的基础也有很大差别。尤其是在少数民族地区和边远贫困地区,教育条件更为艰苦,教育水平也相对较低。这些地区的教育,不仅关系到我国整体教育事业的发展,而且关系到民族团结和社会安定。为了提高这些地区的教育发展水平,促进各民族、各地区共同繁荣,国家应依据公平性的原则,合理配置教育资源,注意向农村地区、边远贫困地区和民族地区倾斜,加快缩小教育差距,促进教育均衡发展。

残疾人作为我国公民的一个组成部分,与正常人一样享有学习权、发展权。同时,我国《宪法》第 45 条第 3 款规定:"国家和社会帮助安排盲、聋、哑和其他有残疾的公民的劳动、生活和教育。"《教育法》第 39 条规定:"国家、社会、学校及其他教育机构应当根据残疾人身心特性和需要实施教育,并为其提供帮助和便利。"因此，必须对残疾人教育采取特殊扶植和帮助的政策，以保护弱势群体的受教育权。

此外，家庭经济困难学生、随迁子女、留守儿童、有违法犯罪行为的未成年人等特殊群体，也应享有平等的受教育权。如《教育法》第40条规定："国家、社会、家庭、学校及其他教育机构应当为有违法犯罪行为的未成年人接受教育创造条件。"

【读一读】

2013年3月17日，习近平主席在第十二届全国人民代表大会第一次会议上的讲话中强调："生活在我们伟大祖国和伟大时代的中国人民，共同享有人生出彩的机会，共同享有梦想成真的机会，共同享有同祖国和时代一起成长与进步的机会。"机会的提供与获得来源于社会公平，而教育公平又是社会公平的重要基础。十八大以来，我国坚持"一个都不能少"原则，加强对农村贫困地区、少数民族地区的投入。五年来，没有一个孩子因家庭困难而辍学的目标基本实现。90%以上的残疾儿童享有了受教育的机会。农民工随迁子女，现在80%以上的孩子在流入地公办学校就学，还可以在流入地参加高考。这五年，建立起了从幼儿园到大学，覆盖各学段的资助体系。家庭困难的孩子，可以通过资助体系进入学校上学。

而伴随我国经济稳健发展，在硬件方面推进教育公平成效显著。中国目前拥有世界最大规模的教育体系，截至2016年底，有51.2万所学校，2.65亿名在校学生；学前三年毛入园率77.4%，取得跨越式发展；小学净入学率99.9%，初中毛入学率达到104%，已全面普及九年义务教育；高中毛入学率达到87.5%，基本普及高中教育；高等教育毛入学率42.7%，接近高等教育普及化水平。

在十九大报告中，习近平总书记再一次把发展教育事业放在提高保障和改善民生水平的优先位置上，提出"建设教育强国是中华民族伟大复兴的基础工程，必须把教育事业放在优先位置，加快教育现代化，办好人民满意的教育。要全面贯彻党的教育方针，落实立德树人根本任务，发展素质教育，推进教育公平，培养德智体美全面发展的社会主义建设者和接班人。"

"发展素质教育，推进教育公平"就是要通过统筹城乡教育资源把教育的质量提高上去，同时加大对农村义务教育的投入，提高教师队伍的整体素质和水平，努力让每个孩子都能享有公平而有质量的教育，让人民群众共享改革发展成果，是中国特色社会主义的本质要求，也是社会主义制度优越性的集中体现，也充分体现出十八届五中全会提出的五大发展理念之一，即共享发展。

公平的教育不只是教育机会的提供,更是基于"人民获得感、幸福感、安全感"的主观感受和"不断促进人的全面发展"的实现。公平需要在政府"供给"机会的基础上,转向实现个体"需求"的满足。公平的教育需要国家教育体系中学校类别丰富多样,需要建立适合于每个个体的教育与学习体系。在学校层面同样需要更加丰富多元的课程与教学,实现学生个别化学习和个性化发展,从而改变千校一面、千人一面的教育教学状况。

党和国家高度教育公平问题,十八届三中全会明确提出:"大力促进教育公平,健全家庭经济困难学生资助体系,构建利用信息化手段扩大优质教育资源覆盖面的有效机制,逐步缩小区域、城乡、校际差距。"《规划纲要》也明确规定,保障公民依法享有受教育的权利,重点是促进义务教育均衡发展和扶持困难群体。《国家教育事业发展"十三五"规划》确定:"推进教育公平。推动义务教育东中西部均衡发展,尤其要提高义务教育巩固率。增加中西部、贫困地区、革命老区、民族和边疆地区教育投入。继续提高重点高校招收贫困地区学生比例。实施教育扶贫结对帮扶,实现每一所贫困地区学校都有对口支援学校。保障残疾少儿、家庭经济困难学生、随迁子女、留守儿童等特殊群体平等受教育权利。"促进教育公平是一个系统工程,政府要承担主体责任,但全社会各方面都要积极行动起来,共同致力于促进教育公平原则的实现。

5. 教育的终身性原则

现代科技的迅猛发展和社会生活的变革加剧,导致教育需求的不断增长,传统的学校教育已经不能完全满足社会变革的需要,终身教育应运而生。终身教育思想已经成为国际教育改革的重要指导方针,建立与完善终身教育体系已成为国际教育体系改革与发展的共同目标。为实现终身教育,要对传统教育进行改革,促进各级各类教育的协调发展。这些教育既包括或多或少有组织、有计划的正式教育,也包括任何场合中的、自发性的非正式教育;既包括胎教、幼教、普教、高教,也包括职教、成教及继续教育和回归教育;既包括就业、生计教育,也包括老年、闲暇教育等。只有不断地建立和发展各级各类教育,促进它们的相互沟通和衔接,才能不断完善终身教育体系,进而保证终身教育的顺利实现。

《教育法》第11条第1款规定:"国家适应社会主义市场经济发展和社会进步的需要,推进教育改革,推动各级各类教育协调发展、衔接融通,完善现代国民教育体系,健全终身教育体系,提高教育现代化水平。"第20条第3款规定:"国家鼓励发展多种形式的继续教育,使公民接受适当形式的政治、经济、文化、科学、技术、业务等方面的教育,促进不同类型学习成果的互认和衔接,推动全民终身学习。"第42条规定:"国家鼓励学校及其他教育机构、社会组织采取措施,为公民接受终身教育创造条件。"

【读一读】

"终身教育"(lifelong education)这一术语是 1965 年在联合国教科文组织主持召开的成人教育促进国际会议期间,由联合国教科文组织成人教育局局长法国的保罗·朗格朗(Paul Lengrand)正式提出的,他指出:"终身教育所意味的,并不是指一个具体的实体,而是泛指某种思想或原则,或者说是指某种一系列的关系与研究方法。概括而言,也即指人的一生的教育与个人及社会生活全体的教育的总和。"

终身教育的基本内涵是指"与生命有共同外延并已扩展到社会各个方面的这种连续性教育"。关于终身教育概念的这一最新界定,是由雅克·德洛尔先生任主席的 21 世纪教育委员会向联合国教科文组织递交的报告书《教育——财富蕴藏其中》提出来的。终身教育思想自 20 世纪 60 年代兴起至 90 年代的 30 余年间,经历了由一般的国际教育思潮升华到理论化高度并进一步发展到理论成熟的历程。《终身教育引论》(1970)、《学会生存》(1972)、《回归教育——终身学习的战略》(1973)3 部著作是国际上公认的 20 世纪 70 年代关于终身教育理论的代表作。《教育——财富蕴藏其中》(1996)中关于终身教育概念的界定是迄今为止最具抽象高度、最具概括广度的界定,充分表达了当代人对终身教育思想的深刻认识。该书提出了可供世界各国高层决策者作为 21 世纪革新行动依据的建议,书中特别明确指出,"终身教育是进入 21 世纪的关键所在","是进入 21 世纪的一把钥匙"。这里需要强调的是,终身教育既不是一个教育体系,也不是现有各种教育形式的简单拼凑,而是建立一个从婴幼儿教育到高等教育到老年教育(O2Oedu),从家庭教育、学校教育到社会教育的一体化教育框架结构的指导思想和原则。也就是说,终身教育是所有教育的一种组织原则。各级各类教育都应在终身教育思想的原则指导下完成自身这一部分的工作,并随时随地地为每个人的一生提供最适合的学习条件。按照终身教育的概念,教育应当是伴随人生到终点的过程,而不是一生中某个阶段的结果。

终身学习的概念是由 1972 年联合国教科文组织出版的《学会生存》一书首先提出来的。该书指出:"我们再也不能刻苦地一劳永逸地获取知识了,而需要终身学习如何建立一个不断演进的知识体系——学会生存。"该书还指出,"人是一个未完成的动物,并且只有通过经常地学习,才能完善他自己。"人的生存"是一个无止境的完善过程和学习过程"。20 世纪 70 年代以后,终身学习开始成为与终身教育并列的国际教育思潮。20 世纪 90 年代中期在意大利罗马举行的"首届世界终身学习会议"明确提出,没有终身学习的意识和能力就难以在

21 世纪生存,终身学习是 21 世纪的生存理念。其实,终身教育和终身学习都是 21 世纪的生存理念,都是通向知识社会的重要环节。终身学习着重从学习的主体角度出发,强调个人在一生中的学习主体性和主动性,使自己在一生中不断获得满足和发展;终身教育则着眼于教育客体,即着眼于为学习者提供终身学习的指导思想原则、创造学习条件,以保障学习者一生中学习需求的实现。终身教育与终身学习密切交织在一起,互依互动,因而是并列的但又是缺一不可的概念。一个人没有终身学习的需求,也就根本谈不上终身教育;同样地,没有终身教育,也就根本不可能实现终身学习。

我们提出的"构建终身教育体系"、"建立终身学习体系",实质就是创建一个有利于实现终身教育与终身学习理念的教育体制和教育制度。

推进教育改革发展,实现更高质量、更加公平、更有效率、更可持续的发展,完成国家赋予的历史使命和战略任务,还必须遵循确保教育的战略地位;建立和完善终身教育体系、鼓励教育科学研究;遵循教育发展的客观规律;教育的改革和发展、教育经费支出的事权和财权相统一;奖励突出贡献等原则。

二、我国的教育基本制度

教育制度是一个国家各级各类教育机构与组织体系有机构成的总体及其正常运行所需的种种规范、规则或规定的总和。它包含学前教育机构、学校教育机构、业余教育机构、社会教育机构等,还包括各机构间的组织关系、各机构的任务、组织管理等,它的设立主体是国家,是国家教育方针制度化的体现。教育制度是一个社会赖以传授知识和文化遗产以及影响个人社会活动和智力增长的正式机构和组织的总格局,是社会制度中的一种,与政治、经济、文化、宗教、家庭制度并存于社会结构之中。

《教育法》第二章(17~25 条)对我国的教育基本制度做了明确规定。

(一) 国家实行学校教育制度

《教育法》第 17 条规定了我国现行学校教育制度:"国家实行学前教育、初等教育、中等教育、高等教育的学校教育制度。国家建立科学的学制系统。学制系统内的学校和其他教育机构的设置、教育形式、修业年限、招生对象、培养目标等,由国务院或者由国务院授权教育行政部门规定。"

学校教育制度是教育制度的主体,处于核心地位。学校教育制度简称学制,是指一个国家各级各类的学校系统,具体规定着学校的性质、任务、入学条件、修业年限及彼此之间的关系。学制的建立为实施正规的学校教育提供了基本的制度保障。我国现行学制,是依据受教育者的身心发展规律而系统实施的,具体包括学前教育、初等教育、中等教育、高等教育等四个阶段。由于我国学制系统存在复杂性和多样性,为了保证教育质量,培养合格人才,国家必须制定相应的规范和标准。各级各类学校及其他教育机构的设置要件、审批机构、审批办法、变更程序、教育形式的种类及确认、招生的指向和范围、修业年限、培养目标和质量标准,只有国务院或其授权的教育行政部门才有权规定。

【做一做】

单项选择:按照《中华人民共和国教育法》的规定,国家实行(   )的学校教育制度。

A. 学前教育、小学教育、中学教育、大学教育
B. 学前教育、初等教育、中等教育、职业教育
C. 学前教育、基础教育、高等教育、成人教育
D. 学前教育、初等教育、中等教育、高等教育

答案:D。

(二)国家加快普及学前教育制度

学前教育是国民教育体系的重要组成部分。《教育法》第18条规定:"国家制定学前教育标准,加快普及学前教育,构建覆盖城乡,特别是农村的学前教育公共服务体系。各级人民政府应当采取措施,为适龄儿童接受学前教育提供条件和支持。"学前教育公共服务体系是教育公共服务体系的重要组成部分,是由政府主导提供,旨在保障所有适龄儿童接受基本的、有质量的学前教育的一系列制度和教育服务,主要包括资源供给、成本分担和质量保障等方面。

【读一读】

我国学前教育近些年来发展很快。2010年,国务院制定了《关于当前发展学前教育的若干意见》,明确提出坚持公益性和普惠性,努力构建覆盖城乡、布局合理的学前教育公共服务体系,并围绕扩大资源、加大投入、加强师资、规范管理等方面提出了一系列强有力的政策措施。在财政投入方面,中央财政已投入847亿元,带动地方投入超过3 000亿元。全国财政性学前教育经费占比从2010年1.7%提高到2013年3.5%。同时,加强幼儿园师资队伍建设,出台《幼儿园教师专业标准》《幼儿园教职工配备标准》,强化幼儿园管理,出台《幼儿园收费管理暂行办法》《托儿所幼儿园卫生保健管理规范》,修订《幼儿园工作规程》《幼儿园建设标准》《幼儿园玩教具配备目录》等一系列规范性文件。在提高提高学前教育质量方面,国家颁布《3~6岁儿童学习与发展指南》,积极研究建立幼儿园保教质量评估监管体系,加强对各类幼儿园保教工作的指导。

2015 年,全国共有幼儿园 22.4 万所,比上年增加 1.4 万所。入园幼儿 2 008.9 万人,比上年增加 21.1 万人,增长 1.1‰;在园(班)幼儿 4 264.8 万人,比上年增加 214.1 万人,增长 5.3%。其中,农村在园(班)幼儿 2 275.0 万人,比上年增长 4.9%。全国学前教育毛入园率 75.0%,比上年提高 4.5 个百分点,"入园难"问题得到很大缓解。小学招生中接收学前教育的比例为 98.0%,比上年提高 0.3 个百分点。每十万人口中学前教育人数为 3 118 人,比上年增加 141 人。

《国家教育事业发展"十三五"规划》中明确指出要"加快发展学前教育"。具体要求"继续扩大普惠性学前教育资源,基本解决'入园难'问题。以区县为单位实施学前教育行动计划及后续行动。支持企事业单位和集体办园,扩大公办学前教育资源。完善普惠性民办幼儿园扶持政策,鼓励地方通过政府购买服务、补贴租金、培训教师等方式,加快民办普惠性幼儿园发展。发展 0～3 岁婴幼儿早期教育,探索建立以幼儿园和妇幼保健机构为依托,面向社区、指导家长的公益性婴幼儿早期教育服务模式。"

"提高幼儿园保育教育质量。健全学前教育管理体制,强化省级政府的统筹责任,落实县级政府发展学前教育和幼儿园监管的主体责任。加大对贫困地区、民族地区学前教育薄弱环节的扶持力度。建立学前教育质量评估监管体系,落实《幼儿园工作规程》,加强对各类幼儿园准入、安全、师资、收费、卫生保健及质量等方面的日常指导和监管,落实信息公示制度,强化社会监督。着力提升学前教育教师、保育员素质。"

《关于深化教育体制机制改革的意见》指出,要创新学前教育普惠健康发展的体制机制。强调要鼓励多种形式办园,有效推进解决"入园难、入园贵"问题。理顺学前教育管理体制和办园体制,建立健全国务院领导、省市统筹、以县为主的学前教育管理体制。省市两级政府要加强统筹,加大对贫困地区的支持力度。落实县级政府主体责任,充分发挥乡镇政府的作用。以县域为单位制定幼儿园总体布局规划,新建、改扩建一批普惠性幼儿园。鼓励社会力量举办幼儿园,支持民办幼儿园提供面向大众、收费合理、质量合格的普惠性服务。要加强科学保教,坚决纠正"小学化"倾向。遵循幼儿身心发展规律,坚持以游戏为基本活动,合理安排幼儿生活作息。加强幼儿园质量监管,规范办园行为。

党的十九大报告指出,要着力扩大学前教育资源,完善政策保障体系,办好公办乡镇中心幼儿园,开展城镇小区配套幼儿园专项整治,鼓励社会力量办幼儿园,提高学前教育毛入园率,增加普惠性资源供给,解决"入园难""入园贵""小学化"等问题,不断在幼有所育、学有所教上取得新进展。

（三）国家实行九年制义务教育制度

《教育法》第 19 条规定："国家实行九年制义务教育制度。各级人民政府采取各种措施保障适龄儿童、少年就学。适龄儿童、少年的父母或者其他监护人以及有关社会组织和个人有义务使适龄儿童、少年接受并完成规定年限的义务教育。"

义务教育是国家统一实施的所有适龄儿童、少年必须接受的教育，是国家必须予以保障的公益性事业。实施义务教育，不收学费、杂费。国家建立义务教育经费保障机制，保证义务教育制度实施。

新中国成立以来，我国中小学教育有了很大发展，但是，总的来看，我国基础教育还远远不能满足社会主义现代化建设的新需求。为了加快基础教育的发展，1986 年国家颁布《义务教育法》，再一次对义务教育制度给予确定。为了保证义务教育的实施，各级人民政府在国务院的领导下，对本地区的义务教育全面负责，保障适龄儿童、少年就近入学，对残疾和弱智儿童、少年要实施特殊教育。实施义务教育所需的事业费和基本建设投资，由国务院和地方各级人民政府负责筹措，予以保证。社会各界都应支持和积极促进义务教育的发展。学校是实施义务教育的主体，必须贯彻国家的教育方针，努力提高教育质量，使儿童、少年在德、智、体、美等方面全面发展。父母或其他监护人必须保证子女或被监护人接受规定年限的义务教育，否则将被视为违法行为，应当承担相应的法律责任，接受有关方面的批评教育，并由当地人民政府责令其送子女或者被监护人上学。义务教育制度的实施，必然大大促进我国基础教育的发展，使全民的素质有一个较大的提高。

【读一读】

2015 年，全国九年义务教育巩固率 93.0%，比上年提高 0.4 个百分点。每十万人口中小学在校生人数为 7 086 人，比上年增加 140 人；每十万人口中初中阶段在校生人数为 3 152 人，比上年减少 70 人；小学学龄儿童净入学率达 99.88%，男童和女童小学净入学率均为 99.88%，绝大多数省份已经消除男女童入学率性别差异。全国初中普及程度继续保持高位。全国初中阶段毛入学率达 104.0%，比上年提高 0.5 个百分点。全国小学毕业生升学率为 98.2%，比上年提高 0.2 个百分点。初中毕业生升学率（含职业初中）为 94.1%。全国义务教育阶段在校生中，农村留守儿童 2 019.2 万人，比上年减少 56.2 万人。其中，在小学就读的农村留守儿童 1 383.7 万人，比上年减少 25.9 万人，下降 1.8%，占农村小学在校生总数的比例为 20.9%；在初中就读的农村留守儿童

635.6 万人,比上年减少 30.3 万人,下降 4.6%,占农村初中在校生比例为 22.1%。从区域分布看,约半数农村留守儿童集中在中部地区,小学有 49.4%,初中有 47.2%。

《国家教育事业发展"十三五"规划》中明确指出要"促进义务教育均衡优质发展"。具体要求"推动县域内均衡发展。加快推进县域内城乡义务教育学校建设标准统一、教师编制标准统一、生均公用经费基准定额统一、基本装备配置标准统一和"两免一补"政策城乡全覆盖,基本实现县域校际资源均衡配置。完善校长教师轮岗交流机制和保障机制,推进城乡校长教师交流轮岗制度化、常态化。推广集团化办学、强校带弱校、委托管理、学区制管理、学校联盟、九年一贯制学校等办学形式,加速扩大优质教育资源覆盖面,大力提升乡村及薄弱地区义务教育质量。在确保 2020 年全国基本实现县域内义务教育均衡发展的基础上,推动有条件的地区实现市域内均衡发展。"

"缩小区域差距。省级政府加强统筹,缩小省域内义务教育发展水平差距。各地要因地制宜建立完善义务教育学校建设基本标准,科学推进城乡义务教育公办学校标准化建设,改善薄弱学校和寄宿制学校办学条件。严禁利用财政资金建设超标准豪华学校,杜绝政绩工程、形象工程。推动东中西部义务教育发展更加均衡,提高中西部地区义务教育质量和保障水平,缩小与东部发达地区的差距。"

"巩固提高普及水平。着力提升辍学现象比较集中的农村、边远、贫困和民族地区教育质量。建立义务教育巩固率监测系统,全面落实控辍保学责任制,建立行政督促复学机制,推动政府、学校、家庭、福利机构、共青团组织和社区联保联控。建立帮扶学习困难学生的责任制度,因地制宜促进农村初中普职教育融合,提供多种成长通道,妥善解决农村学生上学远和寄宿生家校往返交通问题。加大对贫困生帮扶力度,努力不让一个孩子掉队。加快实现义务教育学校管理标准化,整体提升义务教育质量。"

党的十九大报告指出,推动城乡义务教育一体化发展,高度重视农村义务教育……努力让每个孩子都能享有公平而有质量的教育。要加大义务教育力度,坚持均衡发展、标准化发展、一体化发展,着力化解"择校热""大班额"等热点问题。

(四) 国家实行职业教育制度和继续教育制度

《教育法》第 20 条规定:"国家实行职业教育制度和继续教育制度。各级人民政府、有关行政部门和行业组织以及企业事业组织应当采取措施,发展并保障公民接受职业学校教育或者各种形式的职业培训。国家鼓励发展多种形式的继续教育,使公民接受适当形式的政治、经济、文化、科学、技术、业务等方面的教育,促进不同类型学习成果的互认和衔接,推动全民终身学习。"第41条规定:"从业人员有依法接受职业培训和继续教育的权利和义务。国家机关、企业事业组织和其他社会组织,应当为本单位职工的学习和培训提供条件和便利。"

近年来,国家高度重视推进职业教育和继续教育的发展。党的十九大报告提出,办好继续教育,构建终身教育体系,加快推动学习型社会建设,大力提高国民素质;完善职业教育和培训体系,深化产教融合、校企合作,健全德技并修、工学结合的职业教育育人机制。

【读一读】

职业教育作为教育协调发展的重要部分和促进就业的重要途径,十九大报告明确提出,要"完善职业教育和培训体系,深化产教融合、校企合作",并提出要"大规模开展职业技能培训,注重解决结构性就业矛盾,鼓励创业带动就业"。加快发展现代职业教育,目标就是要让每个孩子都能成为有用之才。它主要有两层含义:一是"加快"。这是针对当前我国职业教育现状提出的要求,既肯定了职业教育改革发展取得的成绩,也指出了职业教育发展与经济社会需求相比还有较大差距,必须加快发展步伐。二是"现代职业教育"。这是要求发展职业教育必须树立全面发展、人人成才、多样化人才、终身学习、系统培养的新理念,从服务五位一体建设总布局出发,深化重点领域改革,建立科学规范、系统完备的制度体系和统筹协调、运行有效的体制机制,推动职业教育更加科学地发展,并使其成为工业化、信息化、城镇化和农业现代化同步推进的重要支撑。

积极发展继续教育,目标就是要进一步完善终身教育体系、建设学习型社会,在实现全体人民学有所教上持续取得新进展。为此,必须加强继续教育的顶层设计,促进继续教育各类资源整合,深化继续教育体制机制的改革创新,立足经济发展、社会进步和人民群众的迫切需求,进一步提高全民受教育年限,解决好教育领域中人民最关心的持续发展问题,努力让人民过上更好的生活。十九大报告提出,"办好网络教育"、"办好继续教育,加快建设学习型社会",突出彰显了网络教育、继续教育在建设学习型社会进程中的重要地位,也为中国教育事业发展指明了前进的方向。

(五)国家实行国家教育考试制度

《教育法》第21条规定:"国家实行国家教育考试制度。国家教育考试由国务院教育行政部门确定种类,并由国家批准的实施教育考试的机构承办。"

国家教育考试制度是国家教育管理制度的重要组成部分。国家教育考试是指由国家批准实施教育考试的机构根据一定的考试目的,按照国务院教育行政部门所确定的考试内容、考试原则、考试程序,对受教育者的知识和能力进行的测定和评价,是检验受教育者是否达到国家规定的教育标准的重要手段。我国教育考试主要包括:一是入学考试,如高考、中考、研究生入学考试等;二是水平考试,如高中会考、汉语水平考试、外语水平考试等;三是学历认证考试,如自学考试、学历文凭考试等。

实行国家教育考试制度对于实现教育机会均等、保护受教育者的合法权益具有十分重要的意义。《教育法》规定,只有国务院教育行政部门有权确定考试的种类,国家批准的国务院教育行政部门和省级教育行政部门及部分高等教育机构设立的考试机构有权负责组织和实施国家教育考试。这就从根本上保证了国家考试的权威性、科学性和公正性。

【做一做】
单项选择:下列不属于我国现行国家教育考试类型的是_____。
A. 小升初考试
B. 统一入学考试
C. 学历认证考试
D. TOEFL 考试
答案:D。

(六)国家实行学业证书和学位制度

《教育法》第 22 条规定:"国家实行学业证书制度。经国家批准设立或者认可的学校及其他教育机构按照国家有关规定,颁发学历证书或者其他学业证书。"学业证书是指学校及其他教育机构颁发的,证明学生完成学业情况的凭证。它是用人单位衡量持有者知识水平的依据。学业证书的发放是一种国家特许的权力,只有经过国家批准认可的教育机构或教育考试机构才有资格颁发学业证书。这是对学业证书的权威性、严肃性和有效性的法律保证。学业证书制度是保证教育活动有序进行、保证教育质量稳定发展、维系国家人事管理制度和教育管理制度的重要制度,是国家教育制度有序化、正常化、规范化的重要表现。我国的学业证书制度包括两大类:学历证书和非学历证书。

《教育法》第 23 条规定:"国家实行学位制度。学位授予单位依法对达到一定学术水平或者专业技术水平的人员授予相应的学位,颁发学位证书。"学位制度是国家或高等学校以学术水平为衡量标准,通过授予一定称号来表明专门人才知识能力等级的制度。学位是评价学术水平的一种尺度。

(七)国家开展扫除文盲的教育工作制度

扫除文盲是一项群众性的工作,党和政府动员各方面力量参与这项工作。

《教育法》第24条规定:"各级人民政府、基层群众性自治组织和企业事业组织应当采取各种措施,开展扫除文盲的教育工作。按照国家规定具有接受扫除文盲教育能力的公民,应当接受扫除文盲的教育。"该项规定设置了四类法律义务主体:一是各级人民政府;二是基层群众性自治组织;三是企事业单位;四是特定公民。扫除文盲是全社会的一项重要任务,是提高全民族素质的一个方面,它直接影响着国家的社会主义现代化建设。

【读一读】

改革开放以来,我国进入新的历史时期,扫除文盲工作进入规范化、法制化的轨道,扫盲与普及义务教育一同被列为教育工作的"重中之重"。1988年,国务院颁布《扫除文盲工作条例》,对扫盲对象、标准、规划目标、政策措施做了具体规定。1993年,中共中央、国务院印发《中国教育改革和发展纲要》,提出在20世纪末,全国基本扫除青壮年文盲,使青壮年文盲率降到5%以下。我国一直把扫除文盲与消除贫富差距和地区发展不平衡纳为一体,把扫除文盲看作提高国家竞争力的必备条件,强化基础教育改革。到2010年,全国实现高质量的全面基本普及九年义务教育,普及九年义务教育人口覆盖率达到98%以上,扫除15岁至24岁文盲,全国青壮年文盲率降到2%以下,成人文盲率降到5%以下。我国全面实现了《中国全民教育国家报告》提出的在21世纪前20年我国全民教育发展的战略目标。

在终身学习背景下,21世纪的扫盲已经是一种终身学习,并且将在2015后可持续发展议程中日益主流化。不论发达国家还是发展中国家都已将其列入常规的发展规划与教育政策中,并且每年拨付相应的常规经费支持成人基本文化教育的开展与实施。

当前,我们对世界的认识越来越依赖于文字,数字化的世界或知识社会是围绕着文字而运行的,阅读、书写和使用数字的能力成为积极参与社会的基本要求。同时,在特定时间获得的文化技能是会丧失的,所以基本文化技能的学习是一个与年龄无关的、持续的活动。此外,每代人之间的教育政策不同,年长者接受的教育低于年轻人,这也是许多国家包括发达国家将基本文化教育作为重点的原因。

在实施2015后议程中,基本文化教育将发挥重要作用,特别是对实施可持续发展议程,将发挥主流化的作用。它体现出一些与过去不同的新特征:扫盲是生活全覆盖的学习过程;扫盲需要建设丰富的充满活力的分布在各行各业中的文化环境;扫盲是功能性的多领域的基本文化技能学习;扫盲与实际技能、健康、人权、公民责任、增收、环保、家长责任联系在一起；扫盲是一种社会实践活动；扫盲不是教育部门一家的任务，而是通过多部门合作、实现跨部门改革的一项事业，从而成为国家发展战略的一部分，有助于建立新型的社会关系。

世界各国包括发达国家，都把扫盲作为终身学习基础和教育事业组成部分。扫盲应该也必须在我国的教育事业中占据相应的地位。21世纪的中国扫盲，应该具有全新的面貌，与时俱进，从行动着手。当前，应重新拟定扫盲概念，将"文盲"从过去专指没有上过学、不识字的人，转变为低文化技能人群。低文化技能的人主要指，没有掌握读写技能、无法理解日常生活的简单文字，遇到新的信息（交流）技术无法应对，因此被排斥在新出现的知识经济之外的人。在此基础上，将传统的作为一个层级的扫盲，转变为"精准扫盲"——持续实施各种计划，如"留守妇女学习计划"、去产能企业的"职工转岗培训"等。

（八）国家实行教育督导制度和学校及其他教育机构教育评估制度

《教育法》第25条规定："国家实行教育督导制度和学校及其他教育机构教育评估制度。"

教育督导是根据本国的有关教育方针、政策、法规和制度对教育行政部门和各级各类学校进行监督、检查、评估、指导和帮助。教育督导制度是县以上各级人民政府，授权给所属的教育部门，对下级人民政府及其教育部门的教育工作进行监督、指导的制度。通过该项制度，可加强国家对教育事业发展的全面管理，以保障教育方针和政策的贯彻执行，提高教育质量，促进教育事业的健康发展。

教育评估的主要职能是根据一定的教育目标和标准通过系统地收集学校及其他教育机构的各方面的信息，准确地了解教育活动的实际情况，对学校办学水平和教育质量进行评价，为学校开展教育改革和教育管理部门改善宏观管理提供可靠的依据。教育评估制度是依据一定的教育目标和标准，对学校的办学水平和教育质量等方面进行评价和估量，以保证办学基本质量的一项制度。教育评估是以科学的调查和分析方法为基础，评估的准则、内容、指标体系、方法及实施细则等都经过一定的论证。因此，评估结果具有较高的真实度、可信度和有效度，是政府进行教育决策的重要依据之一，同时也推动着学校及其他教育机构进行改革，提高教育质量和办学水平。

三、关于学校、教师和受教育者的规定

（一）学校及其他教育机构

学校及其他教育机构是指经国家主管机关批准设立或者依法登记注册设立的教育教学活动的社会组织。它是有计划、有组织、有系统地进行教育教学活动

的重要场所。《教育法》对学校及其他教育机构设立的基本条件、权利、义务做了明确的规定。

1. 设立的基本条件

《教育法》第27条规定："设立学校及其他教育机构，必须具备下列基本条件：(一)有组织机构和章程；(二)有合格的教师；(三)有符合规定标准的教学场所及设施、设备等；(四)有必备的办学资金和稳定的经费来源。"以上四项基本条件，缺一不可。

(1) 有组织机构和章程

举办学校及其他教育机构，必须有权责分工明确的管理机构和管理人员形成的组织机构和由机构名称、办学宗旨、教育教学任务、内部管理体制、财务、人事、民主管理、办学者的权利和责任、章程修改程序等内容组成的章程。这是建立现代学校教育制度，加强对学校的监督管理，实行依法治校，建立自主发展和自我约束运行机制的重要保证。

(2) 有合格的教师

教师是履行教育教学职责的专业人员，承担着教书育人、提高民族素质的使命。举办学校及其他教育机构，必须有一支数量与质量都合格的教师队伍。教师应当具有法定的教师资格，并且具有相应的教师资格证书。为了提高教师素质，加强教师队伍建设，依据《中华人民共和国教师法》，国务院制定了《教师资格条例》。

(3) 有符合规定标准的教学场所及设施、设备等

教学场所及设施、设备等，这是办学必备的物质条件，是从事教育教学活动的物质基础。这些物质条件必须符合"规定标准"，即指各级各类学校校舍规划面积定额、教室和课桌椅的具体要求、每班学生的最高名额限制、学生活动场所等要符合国家规定的标准。

(4) 有必备的办学资金和稳定的经费来源

学校及其他教育机构的设立，除了固定资产的投入外，还必须具备开办费、教职员工的薪金和福利费、教学设备和设施消耗、更新费等，才能确保教育教学活动的正常运转。

2. 学校及其他教育机构的权利

《教育法》第29条规定："学校及其他教育机构行使下列权利：(一)按照章程自主管理；(二)组织实施教育教学活动；(三)招收学生或者其他受教育者；(四)对受教育者进行学籍管理，实施奖励或者处分；(五)对受教育者颁发相应的学业证书；(六)聘任教师及其他职工，实施奖励或者处分；(七)管理、使用本

单位的设施和经费；（八）拒绝任何组织和个人对教育教学活动的非法干涉；（九）法律、法规规定的其他权利。国家保护学校及其他教育机构的合法权益不受侵犯。"教育法规定的学校及其他教育机构的权利，一般称为办学自主权，是学校及其他教育机构在法律上享有的，为实现其办学宗旨，独立自主地进行教育教学管理，实施教育活动的资格和能力。办学自主权是学校及其他教育机构专有的权利，是教育机构成为教育法律关系主体的前提。办学自主权本质上是一种公共权利，学校及其他教育机构在行使这一权利时，必须符合国家和社会的公共利益，必须贯彻国家的教育方针，遵守相关的法律、法规与政策。

（1）按照章程自主管理

学校及其他教育机构一经批准设立或登记注册，其章程对本机构的活动便具有确定的规范性，学校及其他教育机构按照自己的章程自主管理机构内部活动的权利即为法律所确认。学校及其他教育机构可以根据章程确立的办学宗旨、管理体制及各项重大原则，制定具体的管理规章和发展规划，自主地做出管理决策，并建立和完善自己的管理系统，组织实施管理活动。规定这一权利，有助于学校及其他教育机构自主办学，自我约束。

（2）组织实施教育教学活动

教育教学活动是学校及其他教育机构的最基本的、最主要的活动。学校及其他教育机构根据自己的办学宗旨和任务，依据国家主管部门有关教育计划、课程、专业设置等方面的规定，有权决定和实施自己的教学计划，决定具体课程、专业发展，决定选用何种教材，决定具体的课时和教学进度，组织教学活动、生产劳动、科技活动、义务劳动等。

（3）招收学生或者其他受教育者

学校及其他教育机构在符合国家招生规定的情况下，有权根据自己的办学宗旨、培养目标、规格、任务及办学条件和能力，制定本学校或机构具体的招生办法，发布招生公告，决定招生的具体数量，决定录取或不录取等。

（4）对受教育者进行学籍管理，实施奖励或者处分

学校及其他教育机构有权对受教育者进行学籍管理，实施奖励或处分。实施学籍管理，主要是根据主管部门的学籍管理规定，针对受教育者的不同层次和类别，制定有关入学与报名注册、考试与成绩、纪律与考勤、休学与复学、转学、退学等管理办法。同时学校及其他教育机构有权根据国家有关学生奖励和处分的规定，结合本校的实际，制定具体的奖励与处分办法，并对受教育者实施奖励与处分等。

（5）对受教育者颁发相应的学业证书

学校及其他教育机构根据受教育者完成学业的情况，按照学业证书管理规

定,有权对经考核成绩合格的受教育者,按其类别颁发毕业证书、结业证书或肄业证书。

(6) 聘任教师及其他职工,实施奖励或者处分

学校及其他教育机构根据国家有关教师和其他教职工管理的法律法规和主管部门的规定,有权从本校的办学条件与能力和实际编制情况出发,自主决定聘任、解聘教师和其他职工;有权制定本机构教师和其他人员聘任办法,签订和依约解除聘任合同;有权对成绩优异者,给予表彰或奖励,不胜任者或玩忽职守者,给予批评或处分。

(7) 管理、使用本单位的设施和经费

学校及其他教育机构对其占有的场地、教室、宿舍、教学设备、设施等和办学经费以及其他有关财产享有管理权和使用权,是学校开展教学活动的基本物质保障,学校及其他教育机构有权自主管理和使用。

(8) 拒绝任何组织和个人对教育教学活动的非法干涉

学校及其他教育机构有权拒绝任何组织和个人在招生和分配等方面的非法干涉;有权拒绝任何组织和个人的乱摊派、乱收费、乱罚款。

(9) 法律、法规规定的其他权利

学校及其他教育机构的合法权益受法律保护,任何组织或个人侵犯学校及其他教育机构的合法权益,造成损失、损害时,将承担相应的法律责任。

3. 学校及其他教育机构的义务

《教育法》第30条规定:"学校及其他教育机构应当履行下列义务:(一)遵守法律、法规;(二)贯彻国家的教育方针,执行国家教育教学标准,保证教育教学质量;(三)维护受教育者、教师及其他职工的合法权益;(四)以适当方式为受教育者及其监护人了解受教育者的学业成绩及其他有关情况提供便利;(五)遵照国家有关规定收取费用并公开收费项目;(六)依法接受监督。"这六方面的义务,是与办学自主权相对的,在贯彻办学宗旨,进行内部管理和组织教育活动中必须履行的,而不是作为社会组织的学校及其他教育机构的全部义务。

(1) 遵守法律、法规

遵守国家法律、法规是一切国家机关、社会团体、企事业单位和个人的法律义务。学校及其他教育机构不仅应当履行一般法律法规诸如宪法、法律、行政法规等规定的义务,还应当履行教育法律法规为学校及其他教育机构规定的特定意义上的义务。

(2) 贯彻国家的教育方针,执行国家教育教学标准,保证教育教学质量

学校必须贯彻国家的教育方针,执行国家的教育教学标准,完成教育教学任务。国家的教育方针和教育标准,有着法律效力,对学校和其他教育机构具有普

遍的约束力和强制作用。不执行教育方针和教育标准,主管部门要追究其法律责任。学校和其他教育机构,要努力工作,以保证教育质量。

(3) 维护受教育者、教师及其他职工的合法权益

学校及其他教育机构作为社会组织,在行使行政管理权时,要尊重教育者、教师及其他职工的合法权益,尽量为教育者和教职工提供良好的工作条件和创造良好的工作环境;对外作为一级组织,也应维护教育者和教职工的利益。当本机构以外的其他社会组织和个人侵犯了本机构的受教育者、教师及其他职工的合法权益时,学校及其他教育机构有义务以合法方式,积极协助有关单位查处违法行为人,维护本机构成员的合法权益。

(4) 以适当方式为受教育者及其监护人了解受教育者的学业成绩及其他有关情况提供便利

学校及其他教育机构有义务以适当方式为受教育者及其监护人了解受教育者的学业成绩及其他有关情况提供便利,不得拒绝受教育者及其监护人了解受教育者的学业成绩及其他有关情况等的请求。但是要注意,在管理和提供受教育者的学习成绩及其他个人资料时,必须使用适当的方式,不得侵犯受教育者的隐私权、名誉权,不得损害受教育者的身心健康等。

(5) 遵照国家有关规定收取费用并公开收费项目

学校及其他教育机构应当按照中央和地方各级政府及其有关部门的收费规定,确定收取学杂费的具体标准,不得乱收费,也不能擅自提高收费标准。同时,收费项目应向社会公开,自觉接受社会监督。

(6) 依法接受监督

为了保证教育事业的社会主义方向,贯彻国家教育方针,执行国家统一的教育教学标准,学校及其他教育机构应当依法接受国家行政机关、教育行政部门的监督,还要接受财政、审计、工商、物价、卫生和体育等部门的监督。

【做一做】

单项选择:_____是学校及其他教育机构的一项基本活动,是学校及其他教育机构最基本、最主要的活动。

A. 因材施教　　　　　　　　B. 教育教学

C. 招收学生　　　　　　　　D. 颁发毕业证书

答案:B。

(二) 教师和其他教育工作者

《教育法》第 35 条明确规定:"国家实行教师资格、职务、聘任制度,通过考核、奖励、培养和培训,提高教师素质,加强教师队伍建设。"在《教育法》第四章,

对教师和其他教育工作者的权利和义务进行了规定,以便更好地维护教育者的合法权益,确保教育活动顺利开展。《教育法》第 33 条规定:"教师享有法律规定的权利,履行法律规定的义务,忠诚于人民的教育事业。"第 34 条规定:"国家保护教师的合法权益,改善教师的工作条件和生活条件,提高教师的社会地位。教师的工资报酬、福利待遇,依照法律、法规的规定办理。"在《教育法》的"子法"《教师法》中,对教师的权利和义务做了更明确具体的规定,本书第六章将系统解读。

(三)受教育者

在教育过程中以学为职责的人被称为受教育者,是在各种教育活动中接受影响、从事学习的人。广义的教育中,所有为提高自身素质而处于学习状态的人都是受教育者;在狭义的教育中,受教育者特指教师"教"的对象——学生。随着世界范围内终身教育和全民教育的实行,教育对象的范围已经扩展到一个人从生命形成(胎教)到死亡的整个一生和全社会不分种族、性别、宗教、民族和阶级的所有人。其中学校里的学生是受教育者的主体和代表。《教育法》对受教育者的权利和义务进行了规定,以便维护受教育者的合法权益,更好地促进受教育者的发展。

1. 受教育者的权利

受教育者的权利是指法律赋予受教育者的在教育活动中享有的权利。《教育法》第 43 条规定:"受教育者享有下列权利:(一)参加教育教学计划安排的各种活动,使用教育教学设施、设备、图书资料;(二)按照国家有关规定获得奖学金、贷学金、助学金;(三)在学业成绩和品行上获得公正评价,完成规定的学业后获得相应的学业证书、学位证书;(四)对学校给予的处分不服向有关部门提出申诉,对学校、教师侵犯其人身权、财产权等合法权益,提出申诉或者依法提起诉讼;(五)法律、法规规定的其他权利。"

(1)参加教育教学计划安排的各种活动,使用教育教学设施、设备、图书资料

这项权利,可以简称为"接受、享用教育的权利"。这是保障学生参加学习、接受教育、享有实质性的受教育权的前提和基础,也是学生受教育权的具体体现。它规定学生有权"参加教育教学计划安排的各种活动",其前提是要求教育机构的教育教学计划对本机构的学生公开,使学生了解教育计划。学生有权按照教育教学计划的安排参加相应的活动。

活动的开展离不开物质条件。学生既然有权参加教育教学计划所安排的各种活动,自然享有教育教学活动所必需的教育设施、教学设备、图书资料的权利。随着科技进步和社会发展,教育教学设施和设备将会不断更新、完善和现代化,

图书资料将会不断增添而多样化,学生使用教育教学设施、设备、图书资料的权利的具体内容也将随之扩大和增多。

(2) 按照国家有关规定获得奖学金、贷学金、助学金

这项权利可简称为"获取物质保障的权利"或"获取各种学金资助的权利"。它体现国家政府对为学生提供完成学业的物质保障的重视,也是学生的一项实质性权利。

➤扫描本章首二维码,阅读奖学金、贷学金和助学金制度。

(3) 在学业成绩和品行上获得公正评价,完成规定的学业后获得相应的学业证书、学位证书

这项权利可简称为"获得公正评价与相应证书的权利"。具体可分为:一是有获得公正评价的权利;二是有获得学业、学位证书的权利。

在学业成绩和品行上获公正评价是学生的一项基本权利,是教育机构必尽的义务。学业成绩的评价是教育机构对学生在受教育的某一阶段(时期)的学习情况和知识结构、能力水平的概括性鉴定,包括课程考试成绩记录,平时学习情况和总评等。品行评价是教育机构对学生的思想品德和行为表现做出鉴定,包括对学生政治觉悟、道德品质、劳动态度等的评定。学生有权要求获得学业成绩评价和品行评价,而且有权要求评价实事求是,体现公平、公正。

从本质上看,学业证书、学位证书是对学生某一阶段受教育时期的学业成绩、学术水平和品行的终结性评定,它对学生的升学、就业和今后的发展具有重要的作用。学生在思想品德等方面合格的前提下,学完或提前学完教育教学计划所规定的全部课程,经考核(考查、考试)及格或修满学分,在该教育阶段结束时均有获得相应学业证书以及学位证书的权利。

(4) 对学校给予的处分不服向有关部门提出申诉,对学校、教师侵犯其人身权、财产权等合法权益,提出申诉或者依法提起诉讼

这项权利可简称为"维护自身权益的权利"或"申请法律救济的权利"。它是公民申诉权和诉讼权在学生身上的具体体现。

【读一读】

诉讼权是公民的一项基本权利,包括民事诉讼权、刑事诉讼权和行政诉讼权。本项规定的学生对学校、教师侵犯其人身权、财产权等合法权益提起诉讼的权利,主要属于民事诉讼的范畴。根据《民事诉讼法》的规定,学生享有的诉讼权利可分以下几种情况:① 学生对学校或教师侵犯其受教育权可以提起申诉或诉讼,如学校或教师对学习差、品格有缺陷的学生迫使其退学或转学的行为,学生有权提起诉讼。② 学生对学校侵犯其合法财产权可以提起诉讼,例

如：对学校违反《义务教育法实施细则》和地方性法规的规定向学生乱收费，包括利用补办学历证件，违法设定"辍学保证金"等罚款项目，强制推行校服、运动服装，收取不合理费用等，学生有权起诉。③学生对学校侵犯其人身权利可以提起诉讼，例如学生对学校在校园管理过程中处理不当而侵害了其名誉权，有权提起诉讼。④学生对教师侵犯其合法财产权利可以提起诉讼，例如教师强迫学生购买与教学无关的物品；教师故意不完成教学任务而给学生补课时自行收费，或在规定时间内不完成教学任务，而为个别有困难的学生辅导时高额收费；学生均有权提起诉讼。⑤学生对教师侵犯其人身权利的可以提起诉讼。例如：教师私拆学生信件造成其身心伤害，污辱学生人格、情节恶劣，体罚学生造成严重后果等，学生均有权提起诉讼。⑥学生对学校或教师侵犯其知识产权可以提起诉讼，例如：教师窃学生的著作权、发现权、发明权或其他成果权，学校强行占有学生的知识产权等，学生有权提起诉讼。但学生对学校按照学生管理规定给予的处分不服，不能向司法机关提起诉讼，只可就不当处分中侵犯人身权、财产权等合法权益的部分提起诉讼。

除诉讼权外，学生还享有申诉权。申诉分为诉讼上的司法申诉和非诉讼上的行政申诉。前者向司法部门提出，后者向主管行政部门提出。本项申诉属于非诉讼诉上的行政申诉。这是学生维护自身合法权益的一项权利，学生对前述的学校、教师侵犯其合法权益的那些行为在不提起诉讼的前提下，均可提出申诉。对学校给予的处分不服，认为所受处分过重或不该受处分，也可提出申诉。目前，我国申诉制度尚未完备，国家将逐步健全学生申诉制度，对受理学生申诉的机关、职权、受案范围等予以规范。随着学生申诉制度的逐步确立、完善，学生对学校给予的处分不服以及对学校、教师侵犯其人身权、财产权等合法权益，可根据《教育法》的配套法规或规章提出申诉，以维护自身的合法权益。

(5) 法律、法规规定的其他权利

这项权利可简称为"法定的其他权利"。《教育法》规定学生除享有上述权利外，还享有法律、法规所规定的其他权利。此处"法律、法规"主要是指有关教育的法律、法规以及依据其他法律、法规制定的有关教育的规章。例如《未成年人保护法》规定："学校不得在危及未成年学生人身安全、健康的校舍和其他教育教学设施、场所中进行教育教学活动。"换言之，未成年的学生有拒绝在危及人身安全、健康的校舍和其他教育教学设施中参加教育教学活动的权利。

【做一做】

多项选择:张某作为一名受教育者,依法享有的权利有(   )。

A. 参加教育教学计划安排的各种活动

B. 使用教育教学设施、设备、图书资料

C. 成绩进步时受到老师的表扬和奖励

D. 成绩优异时获得奖学金、贷学金、助学金

答案:ABCD。

2. 受教育者的义务

受教育者的义务是指受教育者依照教育法及其他有关法律、法规,在参加教育活动中必须履行的义务。《教育法》第44条规定,"受教育者应当履行下列义务:(一) 遵守法律、法规;(二) 遵守学生行为规范,尊敬师长,养成良好的思想品德和行为习惯;(三) 努力学习,完成规定的学习任务;(四) 遵守所在学校或者其他教育机构的管理制度。"

(1) 遵守法律、法规

这项义务可简称为"遵守法律法规的义务"。受教育者作为国家公民,遵守法律、法规是一项基本要求。宪法是我国的根本大法,是反映全国各族人民意志和根本利益的国家总章程。依据《宪法》制定的法律和依据法律制定的法规及相应的各部门规章,也是国家意志的体现,符合国家和人民的共同利益,是国家社会组织和公民一切活动的基本行为准则。我国《宪法》第33条规定:"任何公民享有宪法和法律规定的权利,同时必须履行宪法和法律规定的义务。""中华人民共和国公民在法律面前一律平等",任何公民都必须遵守法律、法规。"有法必依","违法必究"。遵守法律、法规是宪法赋予每个社会公民的义务,是合格公民的基本素养。受教育者作为公民,履行遵守法律、法规的义务是义不容辞的。作为受教育者,在遵守国家的法律、法规的同时,还应遵守教育法律、法规的规定。

(2) 遵守学生行为规范,尊敬师长,养成良好的思想品德和行为习惯

这项义务可简称为"遵规尊师养德修行的义务"。学生行为规范指的是国家教育行政管理机关制定、颁发的关于学生行为准则的统一规定,集中体现了国家对受教育者不同阶段政治、思想、品德等方面的基本要求,各级各类学校的学生应当遵守相应的行为规范。其他教育机构学生应参照这些行为规范,自觉养成良好的思想品德和行为习惯。

尊敬师长是遵守学生行为规范的具体要求,是良好的思想品德和行为修养的具体体现。在教育教学活动中,教师是文化知识的传播者,承担着教书育人、

培养社会主义事业建设者和接班人、提高民族素质的使命,理应受到学生和全社会的尊重。尊敬师长是我国的传统美德,也是社会文明进步的重要标志,学生要养成良好的思想品德和行为习惯,提高自身素养,就应当继承发扬这一美德。除此之外,诸如热爱祖国、遵纪守法、尊老爱幼、礼貌待人、团结友爱、诚实守信、谦虚谨慎、自尊自立、爱岗敬业、个人利益服从国家和集体的利益等公民的基本道德准则也应是受教育者必须履行的。

(3)努力学习,完成规定的学习任务

这项义务可简称为"努力完成学业的义务"。学习科学文化知识,完成规定的学习任务,使自身成为德智体美等方面全面发展的社会主义事业的建设者和接班人,是受教育者的首要任务,也是受教育者区别于其他公民的一项主要义务。

对于义务教育阶段的学生来说,这种义务具有强制性;对于非义务教育阶段的学生来说,这是自愿入学在享有受教育权的同时应承担的义务。履行完成学业的义务是受教育者享有获得学业证书及学位证书的权利的前提。受教育者应当明确学习目的,刻苦认真学习;遵守课堂纪律;上课专心听讲,敢于发表自己的见解;认真复习,按时独立完成各科作业;遵守考试纪律;完成各个阶段的必修课程,努力取得优良成绩等。该项义务有利于促进受教育者自身的不断发展和进步。

(4)遵守所在学校或者其他教育机构的管理制度

这项义务可简称为"遵守管理制度的义务"。学校及其他教育机构的管理制度,也是国家教育管理制度的重要组成部分,是确保学校及其他教育机构教育教学活动正常有序进行的基本措施,也是国家为实现教育权利而赋权于学校及其他教育机构制定的必要的纪律。从广义上说,它是国家法律法规的具体化,遵守学校或其他教育机构的管理制度与遵守国家的法律法规,在实质上是一致的,学生作为广泛的教育活动主体之一,有义务加以遵守和服从。

【做一做】

单项选择:我国《教育法》规定的学生的义务不包括(　　　)。

A. 遵守法律、法规的义务

B. 遵守学生行为规范,尊敬师长,养成良好的思想品德和行为

C. 努力学习,完成规定的学习任务

D. 完成学校布置的各项任务

答案:D。

四、国家保障教育事业优先发展的重大举措

《国家教育事业发展"十三五"规划》指出："人是国家发展的核心要素。要坚持把教育摆在优先发展的战略地位,充分发挥教育的基础性、先导性、全局性作用,更加注重教育和人力资源开发,加大投资于人的力度,面向现代化,面向世界,面向未来,超前规划,优先发展,加速人力资本积累,为国家和民族的未来奠基。"这强调了要坚持教育优先发展的原则。

十八大以来的五年,是民生工程取得明显改善和重要发展的五年,这五年,人民获得感显著增强。回顾教育事业这五年,习近平总书记在十九大报告中指出,"教育事业全面发展,中西部和农村教育明显加强。"展望未来,习近平总书记再次强调,"优先发展教育事业。建设教育强国是中华民族伟大复兴的基础工程,必须把教育事业放在优先位置,加快教育现代化,办好人民满意的教育"。①

《教育法》第4条第1、2款规定:"教育是社会主义现代化建设的基础,国家保障教育事业优先发展。全社会应当关心和支持教育事业的发展。"教育事业是一个国家经济和社会发展的重要组成部分。为了保障教育事业的优先发展,《教育法》对教育投入与条件保障通过法律的形式进行了规定。

(一)我国教育经费筹措的体制

《国家中长期教育改革和发展规划纲要(2010—2020年)》中提出:"把教育摆在优先发展的战略地位。教育优先发展是党和国家提出并长期坚持的一项重大方针。各级党委和政府要把优先发展教育作为贯彻落实科学发展观的一项基本要求,切实保证经济社会发展规划优先安排教育发展,财政资金优先保障教育投入,公共资源优先满足教育和人力资源开发需要。充分调动全社会关心支持教育的积极性,共同担负起培育下一代的责任,为青少年健康成长创造良好环境。完善体制和政策,鼓励社会力量兴办教育,不断扩大社会资源对教育的投入。"

《教育法》第54条第1款规定:"国家建立以财政拨款为主、其他多种渠道筹措教育经费为辅的体制,逐步增加对教育的投入,保证国家举办的学校教育经费的稳定来源。"这项规定构建了我国筹措教育经费的新体制。

1. 国家财政性教育经费支出

《教育法》第55条规定:"国家财政性教育经费支出占国民生产总值的比例

---

① 李川. 教育优先 以"办好人民满意的教育"增强人民获得感[EB/OL]. http://news.youth.cn/tbxw/201711/t20171102_10954320.htm. 2017－11－02.

应当随着国民经济的发展和财政收入的增长逐步提高。具体比例和实施步骤由国务院规定。全国各级财政支出总额中教育经费所占比例应当随着国民经济的发展逐步提高。"各级人民政府要做到"财政支出总额中教育经费所占比例应当随着国民经济的发展逐步提高",这就必须遵循以下原则:《教育法》第 56 条第 2 款规定:"各级人民政府教育财政拨款的增长应当高于财政经常性收入的增长,并使按在校学生人数平均的教育费用逐步增长,保证教师工资和学生人均公用经费逐步增长。"遵循这三个增长的原则,才能从根本上保证教育投入的绝对量和相对量的增加。

【读一读】

1993 年的《中国教育改革和发展纲要》中提出了财政性教育经费占 GDP 总量的 4%(以下简称 4%)的目标。2006 年国务院发布的《国民经济和社会发展第十一个五年规划纲要》再次重申了这一目标。在"十一五"规划收官之年,国务院审议并通过《国家中长期教育改革和发展规划纲要(2010—2020 年)》(以下简称《教育规划纲要》),其中明确了实现 4% 的时间表,即到 2012 年实现国家财政性教育经费支出占国内生产总值比例达到 4% 的目标。目的是为确保按期实现上述目标,促进教育优先发展。

2012 年全国教育经费执行情况统计公告显示,2012 年国家财政性教育经费为 22 236.23 亿元,占 GDP 比例为 4.28%,比上年的 3.93% 增加了 0.35 个百分点。如期实现了教育规划纲要提出的 4% 目标,成为中国教育发展史上重要的里程碑。

实现 4% 是中央和地方政府共同努力的结果。2011 年 6 月国务院出台了《关于进一步加大财政教育投入的意见》,提出了一系列加大财政教育投入、拓宽经费来源渠道的政策措施,主要包括:统一征收教育费附加,全面开征地方教育附加,从土地出让收益中计提教育资金。这是我国教育投入政策的一系列重大突破,对确保如期实现 4% 目标具有决定性作用。

根据教育部、国家统计局、财政部共同发布的 2015 年全国教育经费执行情况统计公告,2015 年全国教育经费总投入较上年的 32 806.46 亿元增长 10.13%。国家财政性教育经费为 29 221.45 亿元,比上年的 26 420.58 亿元增长 10.60%,占 GDP 比例为 4.26%,比上年的 4.10% 增加了 0.16 个百分点。这是 2012 年实现 4% 目标以来,连续第 4 年超过 4%。全国公共财政教育支出为 25 861.87 亿元,比上年增长 14.55%,同口径增长 9.41%,占公共财政支出比例为 14.70%。

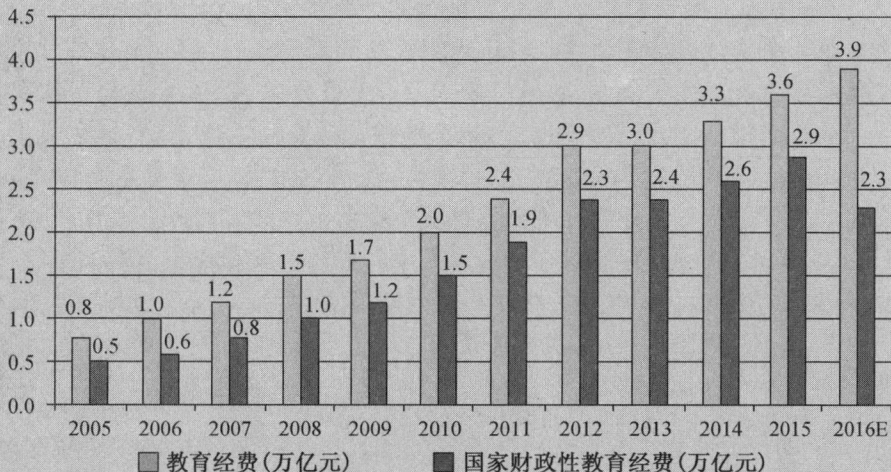

图 4-1　2005—2016 年中国教育经费支出及国家财政性教育经费支出

《关于深化教育体制机制改革的意见》指出,要健全教育投入机制。强调要完善财政投入机制。合理划分教育领域财政事权和支出责任,明确支出责任分担方式,依法落实各级政府教育支出责任,健全各级教育预算拨款制度和投入机制,合理确定并适时提高相关拨款标准和投入水平,保证国家财政性教育经费支出占国内生产总值比例一般不低于 4%,确保一般公共预算教育支出逐年只增不减,确保按在校学生人数平均的一般公共预算教育支出逐年只增不减。各地应结合实际制定出台公办幼儿园、普通高中生均拨款或生均公用经费标准,逐步健全各级各类教育经费投入机制。国家财政性教育经费使用,坚持向老少边穷岛地区倾斜,向家庭经济困难学生倾斜,向薄弱环节、关键领域倾斜。

2. 设立教育专项资金

《教育法》第 57 条规定:"国务院及县级以上地方各级人民政府应当设立教育专项资金,重点扶持边远贫困地区、少数民族地区实施义务教育。"规定中的"教育专项资金"主要是指扶持边远、贫困地区、少数民族地区实施义务教育的专项资金。实践已经证明,设立教育专项资金,不仅推动了贫困地区基础教育的发展,而且引导和提升了地方政府和人民群众的办学积极性。

【读一读】

2010年，国家启动实施了农村义务教育薄弱学校改造计划。到2013年，中央财政4年累计安排薄弱学校改造计划补助资金656.6亿元，支持农村义务教育薄弱学校改善办学条件，取得明显成效。为贯彻落实《国家中长期教育改革和发展规划纲要（2010—2020年）》，进一步缩小城乡和区域差距，推动义务教育均衡发展，2013年，经国务院批准，教育部、发展改革委、财政部联合印发《关于全面改善贫困地区义务教育薄弱学校基本办学条件的意见》，决定自2014年起，聚焦贫困地区和薄弱学校，中央通过完善农村义务教育经费保障机制、适当调整薄弱学校改造计划、继续实施初中改造工程等措施，加大项目统筹与经费投入力度，按照"缺什么补什么"的原则，通过3～5年的努力，支持地方全面改善基本办学条件。为此，2014年，中央财政调整完善了农村义务教育薄弱学校改造计划有关政策，在原来支持内容的基础上，将信息化建设和农村小学必要的运动场、学生宿舍、食堂、饮水设施、厕所、澡堂等教学和生活设施纳入支持范围。

3. 发展校办产业

《教育法》第59条规定："国家采取优惠措施，鼓励和扶持学校在不影响正常教育教学的前提下开展勤工俭学和社会服务，兴办校办产业。"学校开展勤工俭学，兴办校办产业，是贯彻落实《教育法》及《中国教育改革与发展纲要》，实施科教兴国战略，逐步建立和完善适应社会主义市场体制要求的教育投入体制的重大举措，是国家依据我国国情促进教育改革与发展的重大、长远的政策措施，是发展教育事业的长期方针。

校办产业是具有中国特色的社会主义教育体系的重要组成部分，大力开展勤工俭学，兴办校办产业，可以为学生提供生产实践教育基地，有利于加强学校德育教育，培养学生集体主义和爱国主义精神，有利于贯彻实施素质教育与生产劳动相结合，培养学生热爱劳动的习惯和实践能力，有利于使德育、智育、体育、美育、劳动技术教育和社会实践等方面的教育相互渗透，协调发展，促进学生全面发展。

大力发展校办产业是增加教育投入的有效渠道，也是在新形势下农村中小学实施素质教育的重要物质基础。校办产业是沟通教育和地方经济建设的桥梁，是发挥教育科技，人才优势，促进为经济建设服务的重要途径，是地方经济建设的组成部分。为此，既要通过兴办产业为教育的发展提供物质保障，又要深刻认识校办产业在全面实施素质教育中的地位和作用，持续稳定健康发展。

4. 征收教育费附加和捐资助学

《教育法》第58条规定："税务机关依法足额征收教育费附加,由教育行政部门统筹管理,主要用于实施义务教育。省、自治区、直辖市人民政府根据国务院的有关规定,可以决定开征用于教育的地方附加费,专款专用。"教育费附加是国家为扶持教育事业发展,计征用于教育的政府性基金,是对缴纳增值税、消费税、营业税的单位和个人征收的一种附加费。为贯彻落实《中共中央关于教育体制改革的决定》,加快发展地方教育事业,扩大地方教育经费的资金来源,1986年4月28日国务院发布《征收教育费附加的暂行规定》。1990年6月7日根据《国务院关于修改〈征收教育费附加的暂行规定〉的决定》第一次修订;2005年8月20日根据《国务院关于修改〈征收教育费附加的暂行规定〉的决定》进行了第二次修订;2011年1月8日依据《国务院关于废止和修改部分行政法规的决定》做了第三次修订。

➢扫描本章首二维码,阅读《征收教育费附加的暂行规定》。

《教育法》第60条规定："国家鼓励境内、境外社会组织和个人捐资助学。"捐资是属于具有高度主动性与自觉性的行为,捐资助学必须遵循自愿的原则,对捐赠的内容、数额、用途应充分尊重捐赠者的意愿,但同时也必须注意,捐赠的内容和方式必须符合中国的法律、法规和政策,不得妨碍教育事业的发展。

【读一读】

邵逸夫——捐资助学第一人

邵逸夫(1907—2014),原名邵仁楞,生于浙江省宁波市镇海镇,祖籍浙江宁波。香港电视广播有限公司荣誉主席,邵氏兄弟电影公司的创办人之一,香港上海商会成员,香港著名的电影制作者。多年来,邵逸夫捐助数以百亿计款项,为内地、香港两地建设教育、医疗设施等。1974年获英女王颁发CBE勋衔,1977年获英女王册封为爵士。

据新华社报道,自1985年开始,邵逸夫在中国内地持续捐资办学。迄今赠款金额近47.5亿港元,建设各类项目6 013个。包括50所内地大学,很多重点高校和中学都有以邵逸夫命名的建筑物。中国科学院在1990年,特地将他们发现的2899号小行星命名为"邵逸夫星",以示彰表。

邵逸夫的捐献并不局限于香港、台湾、中国大陆及新马一带,邵逸夫设立了奖学金计划,资助亚洲学生攻读欧美大学,例如美国的哈佛大学、英国的剑桥大学等。在旧金山亦开办了以他首任妻子命名的老人中心。旧金山政府为嘉许他对该地的慈善贡献,在1988年宣布每年的9月8日命名为"邵逸夫日"。1994年捐赠300万英镑给牛津大学,成立了中国研究所。

2008 年 5 月 15 日,也就是四川汶川 8.0 级大地震三天之后,捐款 1 亿港元(折合人民币约 9 000 万元),用于重建学校。

2003 年创立邵逸夫奖,第一届于 2004 年举行,每年选出世界上在数学、生命科学与医学及天文学三方面有成就的科学家,各颁授 100 万美元奖金以作表扬,而这些领域是诺贝尔奖所未涵括的。

征收教育费附加、鼓励捐资助学,不断扩大社会资源对教育的投入对保障我国教育优先发展起到了积极的推动作用。

5. 运用金融信贷手段

《教育法》第 62 条规定:"国家鼓励运用金融、信贷手段,支持教育事业的发展。"运用金融、信贷手段,融通教育资金,支持校办产业、勤工俭学的发展,开办教育储蓄和信贷业务,是社会主义市场经济条件下开发支持教育事业优先发展有效手段的新探索。

运用金融手段融资,通常是设立教育银行、教育投资公司等教育金融机构,开展以为筹措教育积累资金为目的的存取、信贷、投资等多种业务,所得利润除用于自身发展外,应用于教育事业。信贷融资,如贫困生贷学金制度,既减少了教育经费中用于贫困生的开支,还可保证贫困生正常的学习、生活。

我国在高等教育阶段建立起了国家奖学金、国家励志奖学金、国家助学金、国家助学贷款(包括校园地国家助学贷款和生源地信用助学贷款)、师范生免费教育、退役士兵教育资助、学费补偿助学贷款代偿、勤工助学、学费减免等多种形式有机结合的学生资助政策体系。

国家助学贷款是由政府主导,财政贴息,金融机构向高校家庭经济困难学生提供的旨在帮助高校家庭经济困难学生解决学费与住宿费的信用助学贷款。自1999 年启动以来,国家助学贷款工作不断向前推进,体制机制不断完善,覆盖面不断扩大,资助学生人数不断增加,对保证高校家庭经济困难学生顺利入学和完成学业发挥了重要作用。

【读一读】

2016 年,河南某高校学生欠下巨额校园网贷跳楼自杀和高校女大学生"裸贷"事件让名目繁多的"校园网贷"平台暴露在公众视野。校园贷诈骗案暴露出被害人法律风险防范意识不强。社会及校园不断加强金融和法律知识宣传,作为学生,自身也要加强金融与法律知识学习,谨防上当受骗。

2016 年 4 月,教育部联合银监会发布《关于加强校园不良网络借贷风险防范和教育引导工作的通知》,其中就"加大不良网贷监管力度、加强宣传教育、普及金融知识、学生信贷体系建设"等方面做出规范。2017年，银监会又再次发出通知，要求各金融机构禁止向未满十八周岁的在校大学生提供网贷服务。

校园贷在校园内得以滋生和大学生盲目创业或急于证明自己实现"经济独立"的心态有一定关联。目前商业银行针对校园提供的信贷服务主要是政策框架下的助学类贷款，面向大学生群体的商业化消费、创业等信贷服务较为欠缺。我国已加快网络借贷市场主体准入资格审核的立法脚步，同时工商行政管理部门也在对各类借贷形式严格把关。

（二）教育经费的管理与监督

《教育法》第56条第1款规定："各级人民政府的教育经费支出，按照事权和财权相统一的原则，在财政预算中单独列项。"教育经费，是指中央和地方财政部门的财政预算中实际用于教育的费用。教育经费包括教育事业费（即各级各类的学校的人员经费和公用经费）和教育基本建投资（建筑校舍和购置大型教学设备的费用）等。教育经费是以货币的形式支付的教育费用，是办学必不可少的财力条件。《教育法》第63条规定："各级人民政府及其教育行政部门应当加强对学校及其他教育机构教育经费的监督管理，提高教育投资效益。"加强监管是规范经费管理的重要内容，是教育部门的重要职责。教育主管部门要采取巡视、财务监测和评价、内部审计、专项检查等多种方式和手段，加强对所属学校、事业单位的监管，充分发挥指导和监督作用。

《教育法》第61条规定："国家财政性教育经费、社会组织和个人对教育的捐赠，必须用于教育，不得挪用、克扣。"第71条规定："违反国家有关规定，不按照预算核拨教育经费的，由同级人民政府限期核拨；情节严重的，对直接负责的主管人员和其他直接责任人员，依法给予处分。违反国家财政制度、财务制度，挪用、克扣教育经费的，由上级机关责令限期归还被挪用、克扣的经费，并对直接负责的主管人员和其他直接责任人员，依法给予处分；构成犯罪的，依法追究刑事责任。"

（三）教育条件保障

教育条件保障是一种物化的有形的保障，且是教育发展不可缺少的最基本的条件保障。它主要指学校基本建设条件保障、教材和教育装备条件保障、教育信息化以及现代化教学手段保障等。

学校的基本建设是教育发展的先决条件。改革开放以来，学校的基本建设取得了一定的成就，办学规模不断扩大，办学条件不断改善。但由于各方面因素的制约，我国的学校基本建设方面还存在着不少问题，如：由于近年来的入学人口正值高峰期，学校基本建设远未能满足普及九年制义务教育的需要；由于历史和现实的原因,中小学危房得不到及时的改造,新的校舍建设由于教育经费、用地等因素而不能及时适应需要。为此,《教育法》第64条规定:"地方各级人民政府及其有关行政部门必须把学校的基本建设纳入城乡建设规划,统筹安排学校的基本建设用地及所需物资,按照国家有关规定实行优先、优惠政策。"这一规定为加快学校基本建设,保障学校的权益提供了法律依据。

教科书、教学用图书资料、仪器设备是教育的重要条件保障。《教育法》第65条规定:"各级人民政府对教科书及教学用图书资料的出版发行,对教学仪器、设备的生产和供应,对用于学校教育教学和科学研究的图书资料、教学仪器、设备的进口,按照国家有关规定实行优先、优惠政策。"

教育信息化是指在教育领域全面深入地利用信息技术,开发利用信息资源,促进信息交流和知识共享,促进教育现代化的历史进程。教育信息化具有数字化、网络化、智能化、多媒体化等技术特点和开放性、共享性、交互性、协作性等教育特征,独特的信息传递优势、信息质量优势、信息成本优势和信息交流优势,使之成为促进教育公平,提高教育质量,推动教育改革,促进教育均衡发展的有力抓手和有效手段。现代化的多媒体教学手段,集声音、图像、视频和文字等媒体为一体,具有形象性、多样性、新颖性、趣味性、直观性、丰富性等特点。它可以根据教学目的、要求和教学内容,创设了形象逼真的教学环境、声像同步的教学情景、动静结合的教学图像、生动活泼的教学气氛。《教育法》第66条规定:"国家推进教育信息化,加快教育信息基础设施建设,利用信息技术促进优质教育资源普及共享,提高教育教学水平和教育管理水平。县级以上人民政府及其有关部门应当发展教育信息技术和其他现代化教学方式,有关行政部门应当优先安排,给予扶持。国家鼓励学校及其他教育机构推广运用现代化教学方式。"

【读一读】

2016年6月,教育部为深入贯彻党的十八大和十八届三中、四中、五中全会精神,落实中央有关教育信息化的战略部署和第二次全国教育信息化工作会议精神,完成《国家中长期教育改革和发展规划纲要(2010—2020年)》以下简称《规划纲要》和《教育信息化十年发展规划(2011—2020年)》确定的教育信息化目标任务,全面深入推进"十三五"教育信息化工作,制定了《教育信息化"十三五"规划》(以下简称《规划》)。

《规划》中指出:"云计算、大数据、物联网、移动计算等新技术逐步广泛应用,经济社会各行业信息化步伐不断加快,社会整体信息化程度不断加深,信息技术对教育的革命性影响日趋明显。党的十八大以来,特别是中央网络安全和信息化领导小组成立后,党中央、国务院对网络安全和信息化工作的重视程度前所未有,'互联网＋'行动计划、促进大数据发展行动纲要等有关政策密集出台,信息化已成为国家战略,教育信息化正迎来重大历史发展机遇。习近平主席在致首届国际教育信息化大会的贺信中'积极推动信息技术与教育融合创新发展','坚持不懈推进教育信息化,努力以信息化为手段扩大优质教育资源覆盖面','通过教育信息化,逐步缩小区域、城乡数字差距,大力促进教育公平,让亿万孩子同在蓝天下共享优质教育、通过知识改变命运'的论述指明了教育信息化今后工作的目标、方向和途径。'十三五'期间,全面提升教育质量、在更高层次上促进教育公平、加快推进教育现代化进程等重要任务对教育信息化提出了更高要求,也为教育信息化提供了更为广阔的发展空间。"

(四) 开展对外交流与合作,培养国际化人才

教育对外交流与合作主要有中外合作办学、来华留学和出国留学、境外办学等形式。《规划纲要》提出,强化国际交流与合作,坚持以开放促改革、促发展,开展多层次、宽领域的教育交流与合作。为贯彻这一要求,《教育法》第 67 条规定:"国家鼓励开展教育对外交流与合作,支持学校及其他教育机构引进优质教育资源,依法开展中外合作办学,发展国际教育服务,培养国际化人才",这一规定对于借鉴先进的教育理念和教育经验,促进我国教育改革发展,提升我国教育的国际地位、影响力和竞争力,适应国家经济社会对外开放的要求,培养大批具有国际视野、通晓国际规则、能够参与国际事务与国际竞争的国际化人才具有重要意义。

【读一读】

2016 年 4 月,中共中央办公厅、国务院办公厅印发了《关于做好新时期教育对外开放工作的若干意见》(以下简称《意见》),并发出通知,要求各地区各部门结合实际认真贯彻执行。《意见》强调,要全面贯彻党的十八大和十八届三中、四中、五中全会精神,以邓小平理论、"三个代表"重要思想、科学发展观为指导,深入贯彻习近平总书记系列重要讲话精神,坚持"四个全面"战略布局,全面贯彻党的教育方针,以服务党和国家工作大局为宗旨,统筹国内国际两个大局、发展安全两件大事,坚持扩大开放,做强中国教育,推进人文交流,不断提升我国教育质量、国家软实力和国际影响力,为实现"两个一百年"奋斗目标和中华民族伟大复兴的中国梦提供有力支撑。《意见》提出,要坚持"围绕中心、服务大局,以我为主、兼容并蓄,提升水平、内涵发展,平等合作、保障安全"的工作原则。工作目标是:到 2020 年,我国出国留学服务体系基本健全,来华留学质量

显著提高,涉外办学效益明显提升,双边多边教育合作广度和深度有效拓展,参与教育领域国际规则制定能力大幅提升,教育对外开放规范化、法治化水平显著提高,更好满足人民群众多样化、高质量教育需求,更好服务经济社会发展全局。

同年7月,为贯彻落实中办、国办《关于做好新时期教育对外开放工作的若干意见》和国家发展改革委、外交部、商务部经国务院授权发布的《推动共建丝绸之路经济带和21世纪海上丝绸之路的愿景与行动》,教育部牵头制订了《推进共建"一带一路"教育行动》,并已经由国家教育体制改革领导小组会议审议通过。

党的十九大报告再次强调,"统筹推进世界一流大学和一流学科建设,制订面向2030年的高校哲学社会科学战略行动计划,积极创建绿色学校,着力振兴中西部高等教育,全面加强'一带一路'沿线国家教育合作","要求各地各校要研究出台加快推进教育现代化的具体举措和配套文件,不断提升我国教育综合实力和国际竞争力"。

五、关于法律责任的规定

一部法律总是通过规定人们必须或应当遵守的行为模式,以及违反法定行为模式的责任和受制裁的方法及程序,来实现法律对社会关系的指引和调整的。因此,法律责任是法律运行中不可缺少的保障机制,是制止违法、保障权利的重要环节。教育法律责任是教育法律关系主体因实施了违反教育法的行为,依照有关法律、法规的规定应当承担的否定性的法律后果。从法律意义上理解教育法律责任,应当注意:① 教育法的法律责任与违法行为紧密相连。存在违反教育法律、法规的行为,是教育法的法律责任的前提。② 法律后果的承担者,是遵守教育法律、法规义务的特定教育法律关系主体。③ 教育法的法律责任与法律制裁紧密相连,表现为一种否定性的法律后果,是国家对违反教育法律、法规行为的不赞许态度。

教育法律责任主体是指承担教育法律责任对象。根据教育法的规定,可能成为教育法律责任主体的有:① 教育行政机关和其他国家行政机关;② 教育行政机关和其他行政机关的工作人员;③ 实施教育教学活动的学校、校长;④ 教师;⑤ 就学学生;⑥ 义务教育阶段的适龄儿童、少年的父母或其他监护人;⑦ 其他负有遵守教育法义务的公民和法人。根据违法主体的法律地位和违法行为的性质,教育法规定了承担法律责任的三种主要方式,即行政法律责任、民事法律责任和刑事法律责任。

➤扫描本章首二维码,阅读行政法律责任、民事法律责任和刑事法律责任。

教育法律责任的构成要件是指行为人承担教育法律责任须具备的标准或必要条件。教育法律关系主体只有具备教育法律责任的归责要件,才被认定为教育法律责任主体,承担相应法律后果。教育法律责任的构成要件包括:① 有损害事实。即有侵害教育管理、教学秩序及从事教育教学活动的公民,法人和其他组织的合法权益的客观事实存在。这是构成教育法律责任的基本前提条件。② 损害行为必须违反教育法。即责任人实施了违反教育法律法规规定的行为。这是构成教育法律责任的前提条件。③ 行为人主观上有过错。这里的过错是就行为人造成他人损害时的心理状态。它是构成教育法律责任的主观要件。过错分为故意和过失两种。④ 违法行为与损害事实之间具有因果关系。违法行为是导致损害事实发生的原因,损害事实是违法行为造成的必然结果,二者之间存在着必然的因果联系。前者决定后者的发生,后者是前者的必然结果。

在教育法中设立法律责任条款,能使教育者更加明确自身的责任,从而有效地保证教育的实施,有效维护受教育者的权利,使教育方针得到真正的落实。

(一)关于教育经费法律责任的认定及处理办法

1. 不按照预算核拨教育经费的法律责任认定及处理办法

《教育法》第71条第1款规定:"违反国家有关规定,不按照预算核拨教育经费的,由同级人民政府限期核拨;情节严重的,对直接负责的主管人员和其他直接责任人员,依法给予处分。"

教育经费是教育事业发展的前提条件,是学校及其他教育机构进行正常教育教学活动的基本保障,教育经费的各项财政预算内拨款,是教育经费来源的主要渠道。违反《教育法》和《中华人民共和国预算法》等法律的规定,不按照预算核拨教育经费的行为,会严重影响和阻碍教育事业的发展。因此,有关部门和责任人应承担法律责任,承担法律责任的实现方式是:限期核拨,行政处分。

2. 挪用、克扣教育经费的法律责任认定及处理办法

《教育法》第71条第2款规定:"违反国家财政制度、财务制度,挪用、克扣教育经费的,由上级机关责令限期归还被挪用、克扣的经费,并对直接负责的主管人员和其他直接责任人员,依法给予处分;构成犯罪的,依法追究刑事责任。"

【做一做】

单项选择:某市教育局长王某挪用教育经费,建造教育局办公大楼,对于王某,应当依法( )。

A. 给予行政处分   B. 给予行政拘留
C. 责令其限期悔过   D. 责令其赔礼道歉
答案:A。

（二）关于教育秩序与学校财产的法律责任认定及处理办法

1. 扰乱教育秩序与破坏学校财产的法律责任认定及处理办法

《教育法》第72条第1款规定："结伙斗殴、寻衅滋事，扰乱学校及其他教育机构教育教学秩序或者破坏校舍、场地及其他财产的，由公安机关给予治安管理处罚；构成犯罪的，依法追究刑事责任。"

【读一读】

瓦房店市某小学六年一班13岁的学生小明（化名）与该校六年级二班14岁的学生小刚（化名），在放学途中打了起来，后被同学拉开，小明、小刚各自回家。第二天一早，小刚把与小明打架的事跟父亲曹某说了，曹某听了后非常生气，告诉小刚先上学，而后他自己跟着小刚后面来到了学校。上午7时40分，曹某来到学校找到儿子小刚，并让儿子小刚指认小明。小明的班主任见状只好停下讲课，问明情况，并劝曹某找老师和校长解决，让曹某离开教室。但曹某大吵大闹，将小明往外拽，该校校长见状立即打电话报警，曹某离开了学校。9时30分，曹某再次来到校长室继续吵闹。校长又一次报警，曹某再次离开。经多方查找，岗店派出所民警当天将曹某带到了派出所。曹某承认了自己扰乱学校正常教学秩序的事实。

上例中的曹某，因为自己读小学的儿子与同学打架吃了亏，第二天便来到正在上课的课堂，拽住与其儿子打架的同学吓唬他，并与班主任、校长吵闹，扰乱了学校正常教学秩序。警方依照《教育法》第72条第1款的规定，对其治安拘留14天处罚。治安管理处罚的种类主要有：警告、罚款、拘留等。

2. 侵占校舍、场地及其他财产的法律责任认定及处理办法

《教育法》第72条第2款规定："侵占学校及其他教育机构的校舍、场地及其他财产的，依法承担民事责任。"

（三）关于校舍与设施的法律责任认定及处理办法

《教育法》第73条规定："明知校舍或者教育教学设施有危险，而不采取措施，造成人员伤亡或者重大财产损失的，对直接负责的主管人员和其他直接责任人员，依法追究刑事责任。"学校或其他教育机构中供学生、教师及其他员工学习、教学、居住、锻炼的校舍、场地、教具、体育设施等，在结构、功能上，具有潜在的不安全因素，不能确保使用安全等，这些均属于教学设施有危险。

《教育法》第73条中规定的"明知校舍或者教育教学设施有危险，而不采取措施，造成人员伤亡或者重大财产损失"的情形主要有：① 负责房屋维修及教育教学设施购买、保管、维护的单位和个人，不认真履行职责，发现隐患不及时报告

或者通知有关人员。② 设计、建筑校舍及设计、生产教育教学设施的单位和个人，在设计、建筑、生产过程中因设计失误、粗制滥造及偷工减料造成不安全的隐患，已发现、察觉有危险而不及时采取补救措施或者故意隐瞒真相、欺骗学校及有关人员。③ 学校及其他机构的负责人，教师及其他员工，已经知道或发现校舍、教育教学设施不安全，可能发生危险事故而不及时报告或采取有效措施进行预防和修缮。④ 教育及其他有关主管部门，当地人民政府的有关负责人员，在得知有关部门事故隐患或隐情报告后，推脱搪塞，久议不决或有其他玩忽职守及严重官僚主义等。以上犯罪行为影响了学校及其他教育机构的正常教育活动，侵犯了受教育者的人身权利，对公共财产、国家和人民的利益会造成重大损失。

（四）关于违法向学校和学生收费的法律责任认定及处理办法

规范教育收费、治理教育乱收费是促进教育公平公正、推动廉政建设的重要内容，是推进教育治理体系和治理能力现代化的重要保障。《教育法》第 74 条规定："违反国家有关规定，向学校或者其他教育机构收取费用的，由政府责令退还所收费用；对直接负责的主管人员和其他直接责任人员，依法给予处分。"第 78 条规定："学校及其他教育机构违反国家有关规定向受教育者收取费用的，由教育行政部门或者其他有关行政部门责令退还所收费用；对直接负责的主管人员和其他直接责任人员，依法给予处分。"

【读一读】

在 2013 年教育部通报的 6 起教育乱收费典型案件查处情况中，广东省广州市天河区渔沙坦小学违规对 2013 年入学的 44 名农民工子弟收取与入学挂钩的捐资助学款，共计 176 万元。广州市天河区教育局责令渔沙坦小学清退全部违规收费，对渔沙坦小学校长崔某给予行政记过处分，并调离该校。

河南省三门峡市第一高级中学自 2012 年 9 月起，利用早自习、晚自习和周末时间组织该校三个年级学生补课，共计收费 68.162 7 万元，其中发放教师补课补贴 43.163 9 万元，结余 24.998 8 万元。三门峡市教育局责令该校立即停止违规补课行为，全额退还已收取的学生补课费；免去三个年级主任职务，并取消本年度评先资格；对市教育局主管业务的副局长和联系该校的副局长给予通报批评；同时按程序向市纪委建议给予该校校长彭某行政记过处分，党支部书记梁某行政警告处分。

（五）关于办学、招生、颁发证书法律责任的认定及处理办法

1. 违反国家规定举办学校及其他教育机构的法律责任认定及处理办法

《教育法》第 75 条规定："违反国家有关规定，举办学校或者其他教育机构的,由教育行政部门或者其他有关行政部门予以撤销;有违法所得的,没收违法所得;对直接负责的主管人员和其他直接责任人员,依法给予处分。"《教育法》规定,设立学校或其他教育机构,必须具备应有的条件,依法办理审批或登记注册等手续,否则即为违法办学。

【读一读】

2016年10月,广州市白云区大陂村幼儿园因无证办学被白云区教育局责令停办,不少学生家长表示,该园共有150多名学生,多数家长对幼儿园的环境和师资等感到满意,而且如今正值学期中段,担心突然停办会影响孩子上学。对此,白云区教育局相关负责人表示,大陂村幼儿园自2015年9月开办以来,一直没有取得办学许可证,私自招生,区教育局多次约谈负责人并下发了整改通知。"这个幼儿园的主要问题是办学场地条件没有达到相关要求,比如幼儿园的楼上此前还是一家养生馆,消防等方面也不合格。"负责人称,该园未取得消防合格证、卫生许可证、卫生保健证和房屋安全鉴定证。2016年7月,区教育局会同街道办工作人员到幼儿园现场,要求园方利用暑假时间按相关标准完成整改。然而,根据9月份的检查结果,该园仍然远远没有达标,为了保障教育安全,只能马上启动查封程序,停止其违法办学的行为。

2. 违反国家规定招收学生的法律责任认定及处理办法

《教育法》第76条规定:"学校或者其他教育机构违反国家有关规定招收学生的,由教育行政部门或者其他有关行政部门责令退回招收的学生,退还所收费用;对学校、其他教育机构给予警告,可以处违法所得五倍以下罚款;情节严重的,责令停止相关招生资格一年以上三年以下,直至撤销招生资格、吊销办学许可证;对直接负责的主管人员和其他直接责任人员,依法给予处分;构成犯罪的,依法追究刑事责任。"

【读一读】

湖南省株洲市外国语学校(民办)于2012年12月12日违规在学校网站上提前发布了招生信息以及报名志愿填报系统,计划2013年招收艺体特长生200人,并接受现场报名。截至2013年1月底已提前招收26人,其中有21人一次性缴纳建校费4 500元、学费200元。株洲市教育局责成株洲市外国语学校立即停止招生,撤销有关招生广告,清退已收费用,责成学校向省、市教育行政部门写出检讨,对株洲市外国语学校及校长、招办主任进行通报批评。

3. 违反国家规定颁发学位证书、学业证书的法律责任认定及处理办法

《教育法》第22、23条规定了我国"实行学业证书制度"和"实行学位制度"。

学业证书的发放是一种国家特许的权力,只有经过国家批准认可的教育机构或教育考试机构才有资格颁发学业证书。这是对学业证书的权威性、严肃性和有效性的法律保证。学业证书制度是保证教育活动有序进行、保证教育质量稳定发展、维系国家人事管理制度和教育管理制度的重要制度,是国家教育制度有序化、正常化、规范化的重要表现。

《教育法》第82条规定:"学校或者其他教育机构违反本法规定,颁发学位证书、学历证书或者其他学业证书的,由教育行政部门或者其他有关行政部门宣布证书无效,责令收回或者予以没收;有违法所得的,没收违法所得;情节严重的,责令停止相关招生资格一年以上三年以下,直至撤销招生资格、颁发证书资格;对直接负责的主管人员和其他直接责任人员,依法给予处分。前款规定以外的任何组织或者个人制造、销售、颁发假冒学位证书、学历证书或者其他学业证书,构成违反治安管理行为的,由公安机关依法给予治安管理处罚;构成犯罪的,依法追究刑事责任。以作弊、剽窃、抄袭等欺诈行为或者其他不正当手段获得学位证书、学历证书或者其他学业证书的,由颁发机构撤销相关证书。购买、使用假冒学位证书、学历证书或者其他学业证书,构成违反治安管理行为的,由公安机关依法给予治安管理处罚。"

(六)关于招生考试舞弊、作弊法律责任的认定及处理办法

随着国家教育考试活动受到社会愈来愈高的关注,该领域出现了一些新情况新问题,特别是考试安全问题日益突出,考试作弊的手段、方式不断更新,考试作弊日益呈现舞弊手段高科技化、舞弊行为组织化甚至产业化等特点,严重干扰了考试秩序,损害了考试公平,对社会稳定和公正造成了严重影响。《教育法》明确规定,考生作弊可以取消考试成绩、停止参加考试1年至3年;对组织、帮助作弊者给予罚款、治安管理处罚;对疏于管理的教育行政部门、考试机构负责人员给予处分,直至追究刑事责任等,对于保障考试安全、维护考试公正、回应社会关切、打击和遏制考试违法行为、维护考试公平具有重要意义。

1. 招生工作中徇私舞弊的法律责任认定及处理办法

《教育法》第77条规定:"在招收学生工作中徇私舞弊的,由教育行政部门或者其他有关行政部门责令退回招收的人员;对直接负责的主管人员和其他直接责任人员,依法给予处分;构成犯罪的,依法追究刑事责任。"

【读一读】

2013 年 11 月 27 日,一条内容为"中国人民大学招生就业处处长蔡荣生持假护照从广东深圳闯关被截"的消息迅速在网络传开,引发舆论关注。消息称,中国人民大学招生就业处处长蔡荣生欲潜逃至加拿大,在持假护照从深圳闯关时被截获,其涉案金额数亿元,出逃前还留书一封讲述了校方其他领导干部的违法事实。消息中还爆料,学校原校长纪宝成也被牵涉案中。此外,中国人民大学教育学院执行院长胡娟亦在协助调查。

2013 年 11 月 28 日,教育部确认蔡荣生正接受调查,并要求人大配合核查。蔡荣生的个人升迁背景随之被还原,有媒体报道称,3 年前,网上即有大量举报材料指向蔡荣生招生腐败,称其利用自主招生、提前录取等机会收受贿赂。消息称,蔡荣生先后任至少 7 家公司独董,更被外界称为"政商学"各界通吃,被媒体称为"左手拿先进,右手拿现金"。

2014 年 5 月 30 日,中新网发文称,南京市人民检察院公开宣布:以涉嫌受贿罪决定对中国人民大学招生就业处原处长蔡荣生予以逮捕。报道称,2005年至 2013 年期间,蔡荣生利用职务便利,在学校特殊类型招生过程中为考生提供帮助,非法收受财物共计折合人民币 2 330 万余元。公诉机关认为,蔡荣生身为国家工作人员,利用职务上的便利,非法收受他人财物,为他人谋取利益,以及利用本人职权或地位形成的便利条件,通过其他国家工作人员的行为,为请托人谋取不正当利益,其行为已构成受贿罪。

2. 国家教育考试中考生作弊法律责任的认定及处理办法

国家教育考试是指普通和成人高等学校招生考试、全国硕士研究生招生考试、高等教育自学考试等,由国务院教育行政部门确定实施,由经批准的实施教育考试的机构承办,面向社会公开、统一举行,其结果作为招收学历教育学生或者取得国家承认学历、学位证书依据的测试活动。《教育法》第 79 条明确规定:"考生在国家教育考试中有下列行为之一的,由组织考试的教育考试机构工作人员在考试现场采取必要措施予以制止并终止其继续参加考试;组织考试的教育考试机构可以取消其相关考试资格或者考试成绩;情节严重的,由教育行政部门责令停止参加相关国家教育考试一年以上三年以下;构成违反治安管理行为的,由公安机关依法给予治安管理处罚;构成犯罪的,依法追究刑事责任:(一)非法获取考试试题或者答案的;(二)携带或者使用考试作弊器材、资料的;(三)抄袭他人答案的;(四)让他人代替自己参加考试的;(五)其他以不正当手段获得考试成绩的作弊行为。"

3. 国家教育考试中组织、帮助作弊法律责任的认定及处理办法

《教育法》第 80 条规定:"任何组织或者个人在国家教育考试中有下列行为之一,有违法所得的,由公安机关没收违法所得,并处违法所得一倍以上五倍以下罚款;情节严重的,处五日以上十五日以下拘留;构成犯罪的,依法追究刑事责任;属于国家机关工作人员的,还应当依法给予处分:(一)组织作弊的;(二)通过提供考试作弊器材等方式为作弊提供帮助或者便利的;(三)代替他人参加考试的;(四)在考试结束前泄露、传播考试试题或者答案的;(五)其他扰乱考试秩序的行为。"

4. 国家教育考试中疏于管理法律责任的认定及处理办法

《教育法》第 81 条规定:"举办国家教育考试,教育行政部门、教育考试机构疏于管理,造成考场秩序混乱、作弊情况严重的,对直接负责的主管人员和其他直接责任人员,依法给予处分;构成犯罪的,依法追究刑事责任。"

【读一读】

2017 年高考前夕,公安部和教育部多次召开专门会议,部署高考安全保卫工作,要求各地公安机关和教育部门密切配合,集中开展打击组织考试作弊、打击销售作弊器材、打击替考作弊和净化考点周边环境等多个专项行动,对涉考犯罪活动,坚决一查到底,严厉打击。

各地公安机关根据统一部署,重拳出击,成功破获了一批涉考违法犯罪案件。重庆警方对网上组织考试作弊线索深入侦查,成功打掉一个利用手机 APP 软件组织考生作弊团伙,抓获犯罪嫌疑人 9 名。四川警方加大网上巡查和社会面排查,多次赶赴贵州、江西、云南、吉林等地开展调查取证和侦察扩线,破获了一个成员遍布全国 10 省的组织考试作弊团伙,抓获犯罪嫌疑人 14 名。广东警方根据教育部门通报,迅速侦破了一个利用虚假网站针对考生实施诈骗的罪犯团伙,抓捕犯罪嫌疑人 21 名,查处涉案网站 87 个,获取诈骗受害人信息 8 000 余条。河北警方根据群众举报,历经三个月缜密侦查,辗转黑龙江、吉林、甘肃、甘肃等地,成功破获一起非法提供试题、答案的案件,抓获犯罪嫌疑人 8 名,捣毁组织作弊窝点 3 处。公安机关和教育部门对涉考犯罪活动保持高压打击态势,对涉考犯罪嫌疑人依照《刑法修正案(九)》有关规定严肃处理,依法追究当事人及相关人员刑事责任。对通过各种方式参与高考作弊的考生,一经发现,将依据《教育法》和《国家教育考试违规处理办法》(教育部令 33 号),取消其当年高考报名资格或录取资格,视情节严重给予暂停参加各种国家教育考试 1 至 3 年的处理;构成犯罪的,交由公安机关依法严肃查处。

➤扫描本章首二维码,阅读《国家教育考试违规处理办法》。

（七）关于教师、学生、学校民事权益法律责任的认定及处理办法

《教育法》第83条规定："违反本法规定，侵犯教师、受教育者、学校或者其他教育机构的合法权益，造成损失、损害的，应当依法承担民事责任。"侵犯教师、受教育者、学校或者其他教育机构合法权益的行为主要有：① 侵犯教师、受教育者的生命健康权和人格权，包括姓名权、肖像权、名誉权和荣誉权；② 侵犯学校或者其他教育机构的名称权、名誉权、荣誉权；③ 侵占学校或其他教育机构的校舍、场地，损害学校或者其他教育机构、教师、受教育者的财产所有权；④ 侵犯教师、受教育者、学校或其他教育机构的著作权、专利权、商标专用权、发现权、发明权和其他科技成果权等。

本章小结

《教育法》是中国教育工作的根本大法，是依法治教的根本大法。内容共分为十章，即总则、教育基本制度、学校及其他教育机构、教师和其他教育工作者、受教育者、教育与社会、教育投入与条件保障、教育对外交流与合作、法律责任、附则。

课后练习

（一）简答题

1. 根据《教育法》的相关规定，简述教育的管理部门是如何分工的。

2. 简述《教育法》作为教育基本法的重要地位。

3. 简述我国教育的基本制度。

4. 教育公平体现在哪些方面？

5.《教育法》规定，社会应当怎样支持教育事业？

（二）案例分析题

1. 小学四年级的小涛爱淘气，经常在课堂上说话、做小动作，有时还不完成作业。一天，他又在课上说话、做鬼脸，被班主任老师发现了。老师非常生气，对小涛说："你不要上课了，回家把家长找来，什么时候你爸爸来了，你再来上课。"小涛不敢回家，只好在教室外面站着。这时，正好校长路过，问清了原因后，把小涛送回教室。事后，校长把小涛和小涛的班主任老师找去，提出了批评。请回答：你认为校长批评的对吗？班主任和小涛同学应该怎样做呢？

2. 某市一所小学在市举办的文化节期间，利用学校地处市中心的位置，将操场改为临时停车场，并停止了校内一切体育活动。学校还组织教师和部分高年级学生轮流疏导和看管车辆。该校校长认为这种做法既为学校增加了经济收入，又为学生提供了勤工助学的机会，一举两得。请问这所学校做法是否正确？为什么？

第五章 教育专项法律解读

法规条文阅读
配套答案解析

章首语

　　《宪法》是教育法最重要的法律渊源，《中华人民共和国教育法》是教育基本法，除二者外，还有很多与教育相关的法律法规。本章内容主要介绍三大教育专项法律：《义务教育法》《教师法》《职业教育法》。《义务教育法》主要是针对义务教育阶段的学生、教师和学校等的权利与义务，是保证国家基础教育顺利实施的重要保障。《教师法》则是所有教师必须要掌握的法律，它统筹规定了所有教育阶段的教师的权利与义务，师范类学生必须学习的一项法律法规。《职业教育法》主要针对义务教育阶段之后的教育，保障公民能够接受继续教育和参加劳动的权利，对我国教育事业和经济发展都有重要作用。

知识点思维导图

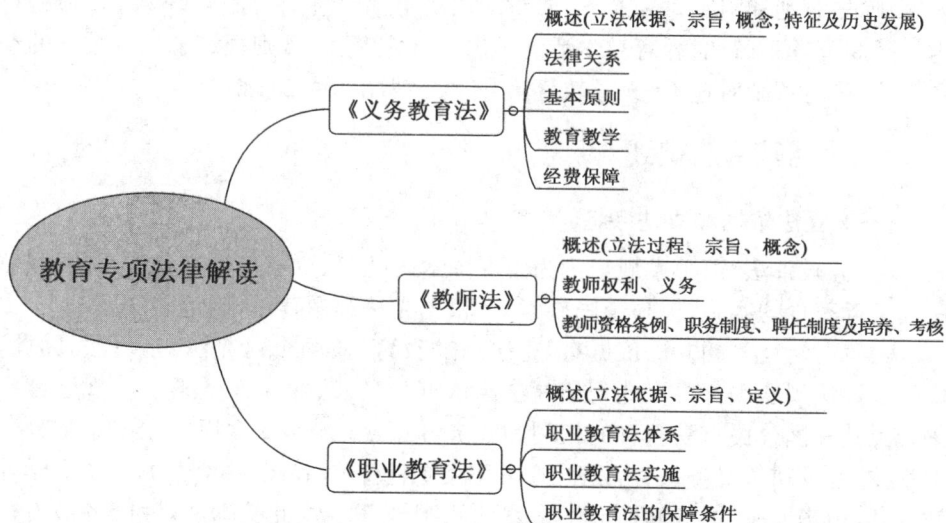

教育专项法律解读

- 《义务教育法》
  - 概述(立法依据、宗旨，概念，特征及历史发展)
  - 法律关系
  - 基本原则
  - 教育教学
  - 经费保障
- 《教师法》
  - 概述(立法过程、宗旨、概念)
  - 教师权利、义务
  - 教师资格条例、职务制度、聘任制度及培养、考核
- 《职业教育法》
  - 概述(立法依据、宗旨、定义)
  - 职业教育法体系
  - 职业教育法实施
  - 职业教育法的保障条件

世界教育创新峰会 WISE 的执行董事 Elyas Felfoul 先生,在接受采访时表示,哪里有教育,哪里就有希望。他特别指出,中国由于教育的进步,发生了翻天覆地的变化。当今世界,竞争更加激烈,各个国家对教育更加重视。中国也要加入这一轮新的竞争中。教育是解决世界许多难题的关键所在。现在,必须采取共同行动了。

第一节 义务教育法

义务教育是国家予以保障的公益性的事业,《中华人民共和国义务教育法》是保障和实施义务教育的重要法律。《义务教育法》于 1986 年 4 月 12 日第六届全国人大第四次会议通过,2006 年 6 月 29 日第十届全国人大常委会第二十二此次会议修订,修订后的《义务教育法》自 2006 年 9 月 1 日起实施。2015 年 4 月 24 日第十二届全国人民代表大会常务委员会第十四次会议决定,对《义务教育法》做出修改,将第四十条修改为:"教科书价格由省、自治区、直辖市人民政府价格行政部门会同同级出版行政部门按照微利原则确定。"《义务教育法》共八章内容,除去总则和附则,第二、三、四章对义务教育的主体:学生、学校、教师的行为做了规范,第五章对教育教学活动做出了规定,第六章则规定了义务教育的经费保障,第七章则对违反《义务教育法》的行为做出了罚则规定。

一、义务教育法概述

(一) 立法依据和立法宗旨

《义务教育法》第 1 条规定:"为了保障适龄儿童、少年接受义务教育的权利,保证义务教育的实施,提高全民族素质,根据宪法和教育法,制定本法。"

《义务教育法》的立法依据有《宪法》和《教育法》两个,《宪法》是母法,因此,任何法律法规必须都要以此为最高法律依据。《宪法》第 46 条第 1 款规定:"中华人民共和国公民有受教育的权利和义务。"第 19 条第 2 款规定:"国家举办各种学校,普及初等义务教育,发展中等教育、职业教育和高等教育,并且发展学前教育。"《中华人民共和国教育法》是发展我国教育事业的基本法,我国各级各类的教育都适用该法。《教育法》第 9 条规定:"中华人民共和国公民有受教育的权利和义务。公民不分民族、种族、性别、职业、财产状况、宗教信仰等,依法享有平等的受教育机会。"

《义务教育法》的立法宗旨有三：一是保障适龄儿童、少年接受义务教育的权利。这一立法宗旨在 2006 年修订《义务教育法》之前是没有的，可见国家对于少年儿童教育问题的重视。就目前来看，我国的基础教育仍然是比较薄弱的，九年制义务教育在少数偏远地区仍未全面覆盖，教育设施、师资力量等还存在不完善之处。因此这一立法宗旨也体现了我国立法的以人为本、重视权利保护的精神。二是保障义务教育的实施。义务教育是国家保障实施的，是免费教育，因此国家专门制定此法来保障义务教育的推行和发展。城市和农村义务教育还存在不平衡的状况，进城务工人员子女的义务教育问题等都是当前急需解决的问题，因此，为保障义务教育的实施，《义务教育法》明确规定义务教育经费等问题是各级政府共同的责任，需要全社会共同努力，才能推进义务教育又快又好的发展。三是提高全民族素质。义务教育在整个教育体制和人才培养中处于基础性地位，在提高全民族素质过程中，义务教育起到非常关键的作用。而全民族素质的提高又与国家的综合国力、国家整体教育事业等息息相关，因此用法律的形式来规定义务教育的实施和发展，意义重大。

（二）义务教育的概念和特征

2006 年新修订的《义务教育法》首次对"义务教育"进行了明确界定，《义务教育法》第 2 条规定："义务教育是国家统一实施的所有适龄儿童、少年必须接受的教育，是国家必须予以保障的公益性事业。"此概念强调，义务教育是国家保障实施的，免费性质的公益性事业，并且所有适龄儿童、少年必须接受的国民教育。义务教育作为一种公共服务，是一种政府行为。它具有以下五个特征。

第一，强制性。义务教育的"义务"一词，从法律角度来理解，是一种责任，并且是不能转让、放弃的责任，所以国家、社会、学校、家庭都要承担此项责任。而这种责任的承担是靠国家强制力来实施的，不管出于什么原因，任何达到一定年龄的儿童、少年必须接受这种教育，任何单位和个人不得阻挠或妨碍，因而义务教育是一种强制性的教育。

第二，普及性。《义务教育法》强调义务教育是国家统一实行的，在全国范围内制定统一的义务教育阶段教科书设置标准、教学标准、经费标准、建设标准、学生公用经费的标准等。《义务教育法》第 4 条规定："凡具有中华人民共和国国籍的适龄儿童、少年，不分性别、民族、种族、家庭财产状况、宗教信仰等，依法享有平等接受义务教育的权利，并履行接受义务教育的义务。"义务教育面向社会全体适龄儿童、少年，符合义务教育的全体性精神和全面性原则。

第三，权利性。我国《宪法》将受教育列为公民的基本权利和义务，《义务教育法》的立法宗旨也体现在保障适龄儿童、少年接受义务教育的权利。凡是具有中国国籍的适龄儿童,不管民族、种族、宗教信仰等,都享有接受义务教育的权利。任何侵犯此项权利的行为,都将承担相应的法律责任。

第四,免费性。《义务教育法》第2条明确规定:"实施义务教育,不收学费、杂费。"此项规定对我国义务教育发展具有重大意义,可见,我国对义务教育的重视程度日益加深。为了深入贯彻义务教育的免费性,2015年,国务院印发了《关于进一步完善城乡义务教育经费保障机制的通知》,保障义务教育得以顺利健康发展。

第五,均衡性。2012年,国务院发布《关于深入推进义务教育均衡发展的意见》,指出各级政府要加大义务教育投入,完善各项政策措施,改善学校办学条件,保障农村和少数民族地区义务教育的发展,推动优质教育资源共享,均衡城乡办学资源,合理配置师资力量,保障特殊群体平等接受义务教育。2017年5月,教育部又印发了《县域义务教育均衡发展督导评估暂行办法》,为新时期推进义务教育均衡发展提供了新指南。

【读一读】 拓展资料

1.《关于进一步完善城乡义务教育经费保障机制的通知》
2.《关于深入推进义务教育均衡发展的意见》
3.《县域义务教育均衡发展督导评估暂行办法》
➤扫描本章首二维码阅读。

(三)《义务教育法》的概念和历史发展

《义务教育法》是我国教育法的重要渊源,也是我国教育法律体系的重要组成部分,它是国家为了强制推行九年制义务教育而制定的法律规范,它所调整和规范的是在实施义务教育过程中的行为关系。

我国的义务教育制度开始于20世纪初期,1906年清王朝颁布的《强迫教育章程》。此后二十几年,由于战乱频繁,义务教育制度名存实亡。直到20世纪三四十年代,共产党领导下的革命根据地和解放区对义务教育又开始重新重视,先后颁布相关法令,1931年《中华苏维埃共和国宪法大纲》中规定"中华苏维埃政权以保证工农劳苦民众受教育的权利为目的,在进行战争许可的范围内,开始施行完全免费的普及教育。"1934年《中华苏维埃共和国小学制度条例》中规定:"小学教育的目的,要针对一切儿童,不分性别和成分差别,皆施以免费的义务教育。"

新中国建立后,我国开始高度重视义务教育问题。1985年,《中共中央关于教育体制改革的决定》第一次明确提出要普及九年制义务教育。1986年,第六届全国人大第四次会议通过了《中华人民共和国义务教育法》,这标志着我国义务教育开始走上了法制的轨道,同时也标志着我国第一部关于教育的专门法律诞生了。此后,我国义务教育开始加速发展。2006年,第十届全国人大常委会第二十二次会议对《义务教育法》进行了修订,总结了《义务教育法》自1986年以来的经验和教训,从原来的18条修改至63条。2015年,第十二届全国人大常委会第十四次会议决定,对《义务教育法》做出修改,将第40条修改为:"教科书价格由省、自治区、直辖市人民政府价格行政部门会同同级出版行政部门按照微利原则确定。"由此可见,我国《义务教育法》也是在不断地修改和完善。

二、义务教育法律关系

法律关系是在法律规范调整社会关系的过程中形成的一定社会关系的总称。义务教育法律关系则是在《义务教育法》调整下形成的国家、社会、家庭、个人之间的权利义务关系,其要素包括主体、客体和内容。

(一)义务教育法律关系主体

义务教育法律关系主体是指依据《义务教育法》规定的享有相应法律权利和承担相应法律义务的国家、社会、学校、家庭和个人。

国家是一个整体概念,其作为义务教育法律关系的主体,主要是通过经国家授权的机关、部门或其他人员等来承担和履行义务教育的权利和义务。社会作为义务教育法律关系的另一主体,是指社会组织、社会团体或公民个人。家庭,是适龄儿童、少年成长和生活的地方,对少年儿童的发展具有重要的基础作用。家庭作为义务教育法律关系的主体主要指的是家庭中的成员,如父母、兄弟姐妹或其他监护人。对于另外两个义务教育法律关系主体,学校和个人,《义务教育法》则专门进行了规定。

学校,是指由国家或者地方政府设置的,以完成一定教学任务,培养德智体等全面发展的人才为目标的事业组织。我国义务教育阶段的学校包括地方政府设置或批准设置的全日制小学、初中、九年一贯制学校、初级中等职业技术学校、特殊教育学校以及工读学校等实施初等教育和初级中等教育的教育机构等。《义务教育法》对学校的设置和建设标准、学校的均衡发展、学校的安全管理与教育及其他方面做了规定。

《义务教育法》第15条规定:"县级以上地方人民政府根据本行政区域内居住的适龄儿童、少年的数量和分布状况等因素,按照国家有关规定,制定、调整学校设置规划。新建居民区需要设置学校的,应当与居民区的建设同步进行。"可见,义务教育学校的设置标准是满足适龄儿童、少年就近入学的需要,符合办学标准,确保安全。需要注意的是,这里的"居住"概念,不仅仅是指户籍人口,还包括长期居住此地的人口,因此就需要政府能够及时了解情况,及时更新相关数据统计,以更好地满足适龄儿童、少年入学需求。"新建居民区需要设置学校的,应当与居民区的建设同步进行",则是针对我国城市化加速问题专门进行的规定,以防在城市快速建设发展过程中教育出现滞后。

《义务教育法》第16条规定:"学校建设,应当符合国家规定的办学标准,适应教育教学需要;应当符合国家规定的选址要求和建设标准,确保学生和教职工安全。"这是《义务教育法》的一个突出性规定。办学标准,是指一个学校在与教育活动相关的学校设施、校园建设、教育装备、师资力量、经费保障等方面的基本标准。2015年,江苏省政府办公厅印发了《江苏省义务教育学校办学标准(试行)》,从学校设置、校园建设、教育装备、教师队伍、教育教学、学校管理、质量评价、经费保障等方面明确规定了江苏省义务教育学校的办学标准。另外,学校的选址必要首先要考虑安全问题。根据国家有关规定,学校应建设在阳光充足、空气流动、场地干燥、排水通畅、地势较高的宜建地段,校内应有布置运动场地和提供设置基础市政设施的条件。学校的选址不应设在靠近污染源、地震断列带、山丘滑坡段、低洼地带等不安全地带,还应避开殡仪馆、传染病医院、娱乐场所、垃圾场等场所。《义务教育法》第52条对"学校建设不符合国家规定的办学标准、选址要求和建设标准的""未定期对学校校舍安全进行检查,并及时维修、改造的"等行为做出了处罚规定:"由上级人民政府责令限期改正;情节严重的,对直接负责的主管人员和其他直接责任人员依法给予行政处分"。

《义务教育法》第17~21条则对几种特殊的学校设置做出了相关规定。《义务教育法》第17条和《江苏省义务教育法实施办法》第24条都规定了县级人民政府应当根据实际需要设置寄宿制学校,并进行完善和管理。《义务教育法》第18条规定:"国务院教育行政部门和省、自治区、直辖市人民政府根据需要,在经济发达地区设置接收少数民族适龄儿童、少年的学校(班)。"《义务教育法》第19条和《江苏省义务教育法实施办法》第25条则对残疾儿童、少年的义务教育进行了规定,县级以上地方政府应该根据需要,使视力残疾、听力语言残疾、智力残疾的适龄儿童、少年接受义务教育。《义务教育法》第20条和21条的规定则是为有严重不良行为的适龄少年设置的,政府应当设置专门的学校,并且所需经费均由政府予以保障。"县级以上地方人民政府根据需要,为具有预防未成年人犯罪法规定的严重不良行为的适龄少年设置专门的学校实施义务教育。""对未完成义务教育的未成年犯和被采取强制性教育措施的未成年人应当进行义务教育,所需经费由人民政府予以保障。"

2006年新修订的《义务教育法》将学校的均衡发展作为一个突出亮点提出来。《义务教育法》第22条规定:"县级以上人民政府及其教育行政部门应当促进学校均衡发展,缩小学校之间办学条件的差距,不得将学校分为重点学校和非重点学校。学校不得分设重点班和非重点班。"学校均衡发展主要是教育资源的均衡,政府要对所有学校一视同仁,不受区域、民族等因素的影响,学校也要对每个班级一视同仁,不得区别对待,以此保障所有适龄儿童、少年享有平等的受教育权。《义务教育法》第53条对将学校分为重点学校和非重点学校的行为,做了处罚规定,"由上级人民政府或者其教育行政部门责令限期改正、通报批评;情节严重的,对直接负责的主管人员和其他直接责任人员依法给予行政处分"。2017年5月,教育部印发《县域义务教育优质均衡发展督导评估办法》,促进义务教育从"基本均衡"走向"优质均衡",对进一步缩小义务教育差距、促进教育公平、提高教育质量、推进义务教育持续、健康发展起到关键作用。当前,我们已经进入全面建设小康社会的决胜阶段,推进义务教育均衡发展也面临着新的要求。督导部门要建立科学的教育督导评估制度,促成优质学校的形成;校长是学校发展的核心,教师是学校发展的主体,要高度重视校长的管理水平和教师的教学能力培养;要特别关注薄弱学校的改进,注重新理念的学习。

　　由于义务教育阶段的学生年龄偏小、认知水平较低,因此,学校的安全工作显得更为重要。《义务教育法》第23条、24条对学校的安全管理进行了规定,而《江苏省义务教育法实施办法》对此做了更为具体的规定,在此不做赘述。

　　另外,《义务教育法》还对学校的收费、管理体制和学生管理工作做了相关规定。"学校不得违反国家规定收取费用,不得以向学生推销或者变相推销商品、服务等方式谋取利益。""学校实行校长负责制。校长应当符合国家规定的任职条件。校长由县级人民政府教育行政部门依法聘任。""对违反学校管理制度的学生,学校应当予以批评教育,不得开除。"

【读一读】　拓展资料
1.《江苏省义务教育学校办学标准(试行)》
2.《江苏省义务教育法实施办法》
➤扫描本章首二维码阅读。

　　个人作为义务教育法律关系的主体,《义务教育法》专门阐述了教师和学生两个主体。

　　学生既是义务教育法律关系的主体,也是义务教育服务的对象。《义务教育法》第11条规定:"凡年满六周岁的儿童,其父母或者其他法定监护人应当送其入学接受并完成义务教育;条件不具备的地区的儿童,可以推迟到七周岁。"国家规定的"适龄"儿童、少年入学年龄为六周岁,"条件不具备的地区"指的是受地理环境、经济发展水平等因素影响的地区,如偏远落后的少数民族地区、戈壁荒漠地区等,"可以"推迟到七周岁,也不是必须七周岁。据统计,在世界范围内实施义务教育的国家和地区,有110多个国家和地区均规定入学年龄为六周岁。儿童六岁入学既符合儿童身心发展规律,也适应国际义务教育发展趋势。如适龄儿童、少年因身体情况等原因影响正常入学的,可以根据规定延缓入学或休学。那么,到了法定年龄的儿童、少年该到何处入学?《义务教育法》第12条做出了规定:"适龄儿童、少年免试入学。地方各级人民政府应当保障适龄儿童、少年在户籍所在地学校就近入学。"义务教育阶段的学生入学方式就是免试就近入学,所谓免试,就是不需要参加任何考试直接入学,小学入学和小学升初中均不需要考试。就近入学,就是到户籍所在地的学校入学,这就需要政府根据所管辖区域实际情况划定学区,根据所划学区入学。当然,除此之外,我们更应该关注进城务工人员子女的入学问题。随着我国城市化进程的加快,农村剩余劳动力大量向城市转移,进城务工人员子女的义务教育问题也日益严峻,成为当前我国教育发展过程中的突出问题。为有效解决流动人口子女接受义务教育的问题,保障他们受教育的权利的顺利实现,《义务教育法》第12条第2款明确规定:"父母或者其他法定监护人在非户籍所在地工作或者居住的适龄儿童、少年,在其父母或者其他法定监护人工作或者居住地接受义务教育的,当地人民政府应当为其提供平等接受义务教育的条件。具体办法由省、自治区、直辖市规定。"

【读一读】 案例链接

"月薪3万还撑不起孩子一个暑假",2017年暑假,这篇微信文刷爆朋友圈。近年来"择校热"高烧不退,一些知名中小学校更是受人追捧,门庭若市,出现报名难的现象。为了解常州中小学生家长对"在义务教育阶段择校问题"的相关看法,近期国家统计局常州调查队随机对120位学生家长开展了调查。

调查发现,近两年来,尽管择校的家长依然存在,但综合考虑人力、财力、距离等因素,对择校趋于慎重务实态度的家长日益增多也是事实,择校不占主流。

政府大力推进义务教育均衡化建设取得一定成绩,家门口的优质教育资源日益增多,不少家庭在家门口就能享受到优质教育。调查显示,在义务教育阶段,为孩子择过校的占37.5%,未择过校的占62.5%,超六成以上家长选择让孩子就近入学。

而对那些择校的家长来说,考虑择校也更趋理性。家长和学生对学校的选择和考量不再"唯名校是从",而是更趋务实和理性,性价比高的家门口学校越来越吸引更多家长做出理性选择。在被问到"严格实行就近入学,禁止择校公平吗",52.5%的受访者认为是公平的,认为不公平的占26.7%,20.8%的受访者表示"说不清"。

尽管超五成家长认为"禁止择校、就近入学"是公平的,但当问及"如果有可能,您会为您的子女择校吗",70%的受访家长表示"会",回答"不会"的占12.5%,"不一定"的占17.5%。

"在义务教育阶段,对于中小学择校的态度如何?"调查数据显示,完全支持的占38.3%,较为支持的占25.8%,完全不支持的占15.8%,20%的受访者认为无所谓,超六成家长认同中小学择校。但无论如何,家长择校让孩子在满意的学校里接受更好的教育,也充分说明了家长对孩子教育的重视程度,"有学上,还要上好学",这是现在家长对孩子教育的主要诉求和期待。

调查发现,家长希望通过考试公平择校。对于"在义务教育阶段,赞同怎样的择校方式"上,选择缴纳一定择校费的占13.3%,愿意购买学区房的占5%,77.5%的受访者希望通过考试、面试的形式竞争入学,选择"其他"的占4.2%。

(来源:《中国教育报》,2017-07-20)

➤扫描本章首二维码,阅读文章:李克强主持召开国务院常务会议,确定防控义务教育学生失学辍学的措施,确保实现"十三五"义务教育巩固率目标。

教师是履行教育教学职责的专业人员,因此,教师在义务教育中的重要作用不言而喻。《义务教育法》对教师的职业要求、教师资格及职务制度、工资待遇、培训等方面做了细致的规定。《义务教育法》第28条规定:"教师享有法律规定的权利,履行法律规定的义务,应当为人师表,忠诚于人民的教育事业。全社会应当尊重教师。"第29条规定:"教师在教育教学中应当平等对待学生,关注学生的个体差异,因材施教,促进学生的充分发展。教师应当尊重学生的人格,不得歧视学生,不得对学生实施体罚、变相体罚或者其他侮辱人格尊严的行为,不得侵犯学生合法权益。"这两条内容着重强调了教师的职业道德,要为人师表、尊重学生人格。根据相关数据统计,截至2015年底,全国共有各级各类教师1 539万人,其中义务教育阶段918万人。教师数量的增多,对教师的要求也相应提高,同时,国家和社会对教师的尊重也不断提高,将尊重教师提升到法律的高度。因此,教师的责任更大了,义务教育阶段是学生学习成长的重要起点,学生受到公正、平等的对待尤为重要。每个学生的家庭环境、智力水平、身体条件、学习能力、性格爱好等都存在差异,教师在教育教学活动中要能做到一视同仁,保障每个学生平等参与的机会,并给予公正的评价。"教师应当尊重学生的人格"是学生身心健康成长的重要条件,也是学生的合法权益和教师的法定职责。《义务教育法》第29条特地用了三个"不得"对此做了禁止性的规定,可见国家的重视程度之高。

《义务教育法》第30条第2款规定:"国家建立统一的义务教育教师职务制度。教师职务分为初级职务、中级职务和高级职务。"这一规定改变了以往小学和初中教师实行不同的职务制度,并将由过去的评审制改为评聘制,根据教育的实际需要和所在学校的教师职务比例评聘符合规定条件的教师担任相应的职务。中小学教师职务制度的改革有利于在教师队伍中引进竞争机制,调动广大中小学教师的积极性,吸引高学历人才,促进教师的合理流动,提高中小学教师队伍的整体素质。另外,在教师的工资待遇方面,《义务教育法》也明确提出:"教师的平均工资水平应当不低于当地公务员的平均工资水平。"这一规定对于保障义务教育阶段教师工资水平有着重要意义,同时也吸引了更多优秀人才投身教师队伍,当然,这一规定也体现了国家对人才和教育事业的重视。

(二) 义务教育法律关系内容

义务教育法律关系的内容是义务教育法律关系主体依法所享有的权利和所承担的义务,主体不同,所享有的权利和所承担的义务也不同。国家、社会、学校、家庭和个人所享有的权利和承担的义务就是义务教育法律关系的内容,具体的相关权利和义务在对义务教育法律关系主体的介绍中已做过分析。

(三) 义务教育法律关系客体

义务教育法律关系的客体是指义务教育法律关系主体的权利和义务所指向的对象。因为义务教育法律关系的主体很多,因而权利和义务也很多,但法律所赋予他们的权利、所需要他们承担的义务都是为了促进义务教育的发展,因此,义务教育就是义务教育法律关系的客体。

三、义务教育的基本原则

义务教育的基本原则是贯穿于整个义务教育立法和实践过程中,体现义务教育基本价值的准则。了解义务教育的基本原则,可以帮助我们更好地了解义务教育法的内容,更深刻的把握义务教育法的精神实质,还可以对义务教育实践起到一定的指导作用。总体来说,《义务教育法》有以下几项基本原则。

第一,以人为本原则。一部法律制定的根本价值目标之一,就是要有效地解决问题,《义务教育法》的制定就是要解决义务教育相关问题,促进每个适龄儿童、少年接受教育,完善自身发展。《义务教育法》中一个最基本的思想就是以学生为本,真正给予学生发展的空间。不仅将保障每个适龄儿童、少年接受义务教育的权利作为立法宗旨,还专门将素质教育写进法律,促进学生全面发展,更是规定"对违反学校管理制度的学生",学校也不得开除。另外,《义务教育法》中有四处提到特殊教育,充分体现了党和国家的人文关怀和对弱势群体的法律保障。

第二,均衡发展原则。促进义务教育均衡发展是《义务教育法》的一大特点,有着强烈的现实针对性。我国义务教育虽然有着长足发展,但城乡之间、地区之间、学校之间仍然存在教育不均衡现象,严重影响了义务教育快速发展的劲头,也成为当前基础教育急需解决的问题之一。义务教育均衡发展既是义务教育事业的重要内容,也是社会主义现代化建设的重要内容和实现途径。《义务教育法》中"更加均衡地配置义务教育资源"这一基本理念始终贯穿,第 6 条规定:"国务院和县级以上地方人民政府应当合理配置教育资源,促进义务教育均衡发展,改善薄弱学校的办学条件,并采取措施,保障农村地区、民族地区实施义务教育,保障家庭经济困难的和残疾的适龄儿童、少年接受义务教育。"

➤扫描本章首二维码,阅读:"义务教育均衡发展相关数据"。

第三,公平公正原则。教育的公平公正是社会公平公正的基础。义务教育的公平公正不仅会影响整个国民素质和国家发展前途,还会影响学生个人的一生发展。《义务教育法》的公平公正原则主要通过起点公平和过程公正来体现。所谓起点公平,就是不分性别、民族、种族、家庭财产状况、宗教信仰,所有适龄儿童、少年均有平等接受义务教育的权利。过程公正,主要是指教育者在教育教学活动总对每个受教育者公平对待,每个受教育者所享受的教育资源是平等公正的。

➤扫描本章首二维码,阅读:南京发布义务教育招生"六不"要求。

四、教育教学

教育教学是学校工作的根本,也是实施义务教育的主要途径。《义务教育法》第 34 条规定:"教育教学工作应当符合教育规律和学生身心发展特点,面向全体学生,教书育人,将德育、智育、体育、美育等有机统一在教育教学活动中,注重培养学生独立思考能力、创新能力和实践能力,促进学生全面发展。"这一规定明确了教育教学工作的总体要求。《义务教育法》第 3 条也规定:"义务教育必须贯彻国家的教育方针,实施素质教育,提高教育质量,使适龄儿童、少年在品德、智力、体质等方面全面发展,为培养有理想、有道德、有文化、有纪律的社会主义建设者和接班人奠定基础。"教育教学工作要符合教育规律和学生身心发展特点,教育规律主要包括教育的一般规律和义务教育的特殊规律两大类,教育的一般规律是教育事业与社会发展、个人身心发展之间的关系,而义务教育的特殊规律与学生身心发展相结合,是开展义务教育活动的主要依据。

《义务教育法》第 35～41 条对教育教学工作中的具体问题做了规定。

第一,实施素质教育,采用启发式教育教学方法。《义务教育法》第 35 条规定:"国务院教育行政部门根据适龄儿童、少年身心发展的状况和实际情况,确定教学制度、教育教学内容和课程设置,改革考试制度,并改进高级中等学校招生办法,推进实施素质教育。""国家鼓励学校和教师采用启发式教育等教育教学方法,提高教育教学质量。"素质教育是德、智、体、美、劳全面发展的教育,在教育教学实践中,应试教育大行其道,一些学校重智轻体美,偏离了素质教育的发展要求。要保证义务教育达到国家规定的质量要求,仅仅传授知识、培养技能是远远不够的,更为重要的是要进行世界观、人生观、价值观教育,培养学生的爱国主义情怀、社会主义共产主义远大理想,培养学生创新能力、独立思考能力和实践能力等。推进素质教育,方式方法很重要,"启发式"教育方法首次写进法律。实施启发式、探究式教育教学方法,以问题讨论为主要特征,注重学生自主学习,激发学生主动发现问题、提出问题、解决问题,从而培养他们解决问题分析问题和获取新知识的能力。

第二,德育首位。《义务教育法》明确规定"学校应当把德育放在首位",德育关系到学生世界观、人生观、价值观的正确养成,关系到学生思想道德修养的提升,关系到学生社会主义核心价值观的养成,对培养合格的社会主义事业建设者和接班人有着极其重要的作用。教育部发布的《中小学德育工作规程》对中小学的德育工作做了专门细致的规定,其中,第 2 条就指出:"德育即对学生进行政治、思想、道德和心理品质教育,是中小学素质教育的重要组成部分,对青少年学生健康成长和学校工作起着导向、动力、保证作用。"《义务教育法》对德育的方式方法也进行了强调,要将德育寓于教育教学之中,要开展一些与学生年龄相适应的社会实践活动,要形成学校、家庭、社会三者合一的立体德育教育方式。

➢扫描本章首二维码,阅读"第二届中小学新德育 G20 高峰论坛在南京开幕"和《中小学德育工作规程》。

第三,教科书的编写、出版、定价和审定等相关规定。教科书的编写更加严格,更加注重质量,"内容力求精简","经济实用,保证质量","未经审定的教科书,不得出版、选用"。教科书是学生掌握基础知识最主要的来源,在选用、审定方面,国家坚持公平公正、规范有序。另外,在国家免除了义务教育的学费、杂费之后,教科书的费用也是一个热点问题。《义务教育法》第 40 条规定:"教科书价格由省、自治区、直辖市人民政府价格行政部门会同同级出版行政部门按照微利原则确定。"第 41 条规定:"国家鼓励教科书循环使用。"实行微利原则,可以减轻学生和家长的负担,还可以鼓励社会采取多种方式循环利用教科书,节约资源利用,推进节约型社会建设。

➢扫描本章首二维码,阅读《教育部、财政部部署全面实施城乡义务教育教科书免费提供和做好部分免费教科书循环使用工作》。

五、经费保障

完善的经费保障体系是确保义务教育顺利实施的物质基础,《义务教育法》对义务教育的经费专门做了规定,明确了义务教育经费的主体责任,对经费来源、管理等都进行了详细阐述。《义务教育法》第 42 条规定："国家将义务教育全面纳入财政保障范围，义务教育经费由国务院和地方各级人民政府依照本法规定予以保障。"而且，还规定了"国务院和地方各级人民政府将义务教育经费纳入财政预算"，第 45 条规定："地方各级人民政府在财政预算中将义务教育经费单列。"这就为义务教育的经费添加了双重保障，而且也增强了义务教育经费由国家财政拨款的透明度，既有利于教育部门同意安排预算开支，也有利于各级权力机关的监督、审查。

我国农村义务教育是义务教育中的短板，一直以来都是党和国家关注的重点问题。《义务教育法》第 47 条规定："国务院和县级以上地方人民政府根据实际需要，设立专项资金，扶持农村地区、民族地区实施义务教育。"2015 年 11 月，国务院印发了《关于进一步完善城乡义务教育经费保障机制的通知》，继续加大对农村义务教育的投入，继续实施农村义务教育薄弱学校改造计划、中小学教师国家级培训计划、乡村教师支持计划等，重点向革命老区、民族地区、边疆地区、贫困地区倾斜，全力解决农村义务教育发展中存在的突出问题和薄弱环节。

《义务教育法》第 49 条和 50 条，则对义务教育经费的使用和审计监督进行了规定，"义务教育经费严格按照预算规定用于义务教育；任何组织和个人不得侵占、挪用义务教育经费，不得向学校非法收取或者摊派费用。""县级以上人民政府建立健全义务教育经费的审计监督和统计公告制度。"义务教育经费必须严格专款专用，不得侵占、挪用，并且建立审计监督和统计公告制度，进一步规范义务教育经费的投入和使用，从而保障义务教育的顺利实施和发展。

另外，《义务教育法》第七章（法律责任）第 51 条、52 条、54 条专门对违反《义务教育法》第六章规定的各级人民政府及其教育行政部门等有关部门，明确规定其所应承担的法律责任，如第 51 规定："国务院有关部门和地方各级人民政府违反本法第六章的规定，未履行对义务教育经费保障职责的，由国务院或者上级地方人民政府责令限期改正；情节严重的，对直接负责的主管人员和其他直接责任人员依法给予行政处分。"

第二节　教师法

十年树木，百年树人。教师，担负着立德树人的重大使命。《中华人民共和国教师法》（以下简称《教师法》）是我国教育史上第一部关于教师的法律，体现了党和国家对教师地位的重视，切实保障了教师的合法权益。《教师法》于 1993 年

10月31日经第八届全国人民代表大会常务委员会第四次会议通过,1994年1月1日起施行。《教师法》共九章,四十三条,除去总则、罚则(法律责任)、附则外,第二章明确了教师的权利和义务,第三章阐述教师的资格和任用,第四章规定了教师的培养与培训,第五章至第七章则对教师的考核、待遇、奖励分别进行了规定。

一、教师法概述

(一) 立法过程

1986年3月,六届全国人大四次会议和六届全国政协四次会议上,许多全国人大代表和全国政协委员,提出了关于尽快制定教师法的提案和建议。随后,国家教委成立领导小组,着手起草工作,最后形成了《教师法》草案送审稿。1990年6月10日,国务院常务会议两次对《教师法》草案送审稿进行讨论、修改,并再次报国务院常务会议讨论。国务院常务会议原则通过,形成《教师法》草案,报全国人大常务会议审议。

1991年8月,七届全国人大常委会第二十一次会议对《教师法》草案进行审议,会议对教师待遇和推行教师聘任制等有关问题提出了一些意见。1992年10月,国务院撤回教师法草案,根据常委会的审议意见进一步调查研究、征求意见,并根据《中国教育改革和发展纲要》中关于教师队伍建设的精神对《教师法》草案作进一步修改,提交八届全国人大常委会第四次会议审议,经此次会议全面审议、修改后,于1993年10月31日表决通过。历时八年之久,我国第一部关于教师的法律终于诞生了。《教师法》的制定和颁布,具有重大的现实意义和深远的历史意义,不仅促进了教师队伍的建设和管理,也促进了我国社会主义教育事业的发展。

(二) 立法宗旨

《教师法》第1条规定:"为了保障教师的合法权益,建设具有良好思想品德修养和业务素质的教师队伍,促进社会主义教育事业的发展,制定本法。"这一规定清晰的明确了《教师法》的立法宗旨:

第一,是为了保障教师的合法权益。尊师重教历来是一个民族兴旺发达的重要标志,然而,尊师重教不仅仅只是一种提法,也不仅仅是为了提高教师地位,更重要的是要切实维护教师的合法权益,让教师真切感受到国家的关怀。通过制定《教师法》明确规定了教师的权利义务,规定教师应享有的社会地位和物质待遇,规定政府、学校,各行各业及公民的职责,规定侵害教师合法权利的法律责任,对运用法律手段有效地保护教师的合法权益具有重要的现实针对性。

第二，是为了提高教师队伍素质。目前，全国专任教师人数超过 1 400 万，可谓是数量庞大，而如此数量庞大的教师队伍必须要进行规范化的管理，才能保证质量。教师质量的提升则取决于教师的品德修养和业务修养的提高。《教师法》将教师的资格任用、培养培训、考核等都用法律条文规定下来，使提高教师队伍整体素质的工作有章可循，有法可依。这不仅是教师队伍规范化、法制化的起点，也是我国依法治教的新起点。

第三，是为了促进我国社会主义教育事业的发展。教师是整个教育事业发展的主力军，没有教师，便没有教育事业。科教兴国战略、人才强国战略，关键都在于教师。新中国建立以来，我国教育事业的发展成果大家有目共睹，但在教育改革中也出现了不少问题。因此，我国教育事业的健康发展还有很多工作要做。《教师法》的制定有助于稳定教师队伍，规范教师队伍建设，深化教育改革，有助于落实教育优先发展的战略地位，建立中国特色的社会主义教育体系。

(三) 教师法的概念

广义的教师法是指和教师相关的所有法律规范的总和，包括宪法中的有关条款、教育法律法规中的有关规定、教育部门规章和其他规范性文件中的有关规定。狭义的教师法就是本节内容所介绍的《中华人民共和国教师法》。我们可以从以下几个方面来把握对教师法的理解。

第一，教师法的适用范围。《教师法》第 2 条规定："本法适用于在各级各类学校和其他教育机构中专门从事教育教学工作的教师。"这里所指的"各级各类学校"是指实施学前教育、小学教育、普通初中教育、普通高中教育、职业教育、普通高等教育以及特殊教育、成人教育的学校。这里所指的"其他教育机构"是特指与中小学的教育、教学工作紧密联系的少年宫、地方中小学教研室、电化教育馆等教育机构。这里所指的"教师"就是教师法适用的对象了，也是教师法规范的主体。对"教师"的解释，《教师法》第 3 条做了规定："教师是履行教育教学职责的专业人员，承担教书育人，培养社会主义事业建设者和接班人、提高民族素质的使命。"可见，教师必须是直接履行教育教学职责的专业人员，就是要能直接进行教学活动的具有相关科目专业知识的人员，学校其他行政管理人员、教学辅助人员、后勤管理人员等都不属于教师，都只能列入学校工作人员或专业技术人员行列。

第二，教师的使命和地位。《教师法》明确规定："教师应当忠诚于人民的教育事业。"捷克著名教育家夸美纽斯说："教师是太阳底下最光辉的职业。"教师职业不同于其他职业，是一个特殊的职业，不是专注于技能或技巧就可以胜任的，因其是培养其他专业人才的职业，因而最重要的是要有作为教师的责任担当和使命感，这份使命感首先就是要忠诚于人民的教育事业。

【读一读】 名人名言

1. 善之本在教,教之本在师。——北宋哲学家李觏
2. 事师之犹事父也。——《吕氏春秋劝学》
3. 国将兴,心贵师而重傅。——《荀子·大略》

《教师法》第 4 条规定:"各级人民政府应当采取措施,加强教师的思想政治教育和业务培训,改善教师的工作条件和生活条件,保障教师的合法权益,提高教师的社会地位。全社会都应当尊重教师。"这里值得一提的是,尊师重教本应只是一种社会风尚,属于道德范畴,而教师法却将其上升到法律的高度,国家对于教师地位的重视可见一斑。对提高教师地位的措施,国家规定了三种途径:加强教师思想政治教育和业务培训;改善教师工作条件和生活条件;保障教师合法权益。教师地位的提升有一个直接表现是国家规定"每年 9 月 10 日为教师节"。

第三,教师工作的管理。《教师法》第 5 条明确规定了教师工作的管理体制:"国务院教育行政部门主管全国的教师工作。国务院有关部门在各自职权范围内负责有关的教师工作。学校和其他教育机构根据国家规定,自主进行教师管理工作。"教师工作由国务院教育行政部门主管,其他部门各自实行相关职权,国务院各部门也可合作行使职权,而学校和其他教育机构则在法律法规、方针政策规定的范围内自主进行教师管理工作。

二、教师的权利和义务

教师的权利和义务是一组相对应的概念,是基于教师这一特殊的职业而形成的。教师的权利和义务是统一的,而这个权利和义务是有条件限制的,始于获得教师资格并正式任职,终于教师工作终止或教师职业结束。

(一) 教师的权利

教师的权利,是指教师在教育教学中所依法享有的权益,是国家对教师能够做出或者不做出一定行为,以及要求他人相应做出或者不做出一定行为的许可与保障。简单来说,就包括三大类:教师自由实施某种行为的权利;教师要求他人履行义务的权利;教师权利受侵害时,依法律寻求保护的权利。《教师法》第 7 条规定:"教师享有下列权利:(一) 进行教育教学活动,开展教育教学改革和实验;(二) 从事科学研究、学术交流,参加专业的学术团体,在学术活动中充分发表意见;(三) 指导学生的学习和发展,评定学生的品行和学业成绩;(四) 按时获取工资报酬,享受国家规定的福利待遇以及寒暑假期的带薪休假;(五) 对学校教育教学、管理工作和教育行政部门的工作提出意见和建议,通过教职工代表大会或者其他形式,参与学校的民主管理;(六) 参加进修或者其他方式的

培训。"

第一，教育教学权。教师的教育教学权是指教师可以自行开展与教育教学相关的活动、改革和实验、科学研究等，主要表现为教师可以根据所在地的教育主管部门和所在学校的课程标准等文件规定，制定课程计划，确定教学进度和教学内容等，可以根据教学目标组织课堂教学，可以针对不同的教育教学对象，改革教育教学的形式、方法、具体内容等。教育教学是教师最基本的权利，既然是权利，任何人不得以任何形式剥夺此项权利。但取得教师资格却尚未被聘用的，被解聘的，被取消教师资格的，这三类人不享有这一权利。

第二，科学研究权。科学研究权是教师作为专业技术人员所享有的一项基本权利，主要表现为教师进行科学研究和学术交流，参加学术团体，在学术活动中充分发表自己的意见。教师要进行科学研究必须要在完成规定的教育教学任务之后，毕竟，教育教学才是教师的本职工作。教师进行科学研究，可以著书立说、撰写论文、进行社会调查等，既有利于自身专业素养的提升，也有利于教学水平的提高，还可以促进我国教育事业的发展。

第三，管理学生权。这一权利包括指导学生的学习和发展，评定学生的品行和学业成绩。这是教师在教育教学活动中居于主导地位的基本权利。作为教师，在进行基本的教育教学过程中，要充分运用心理学、社会学、教育学等相关内容，分析学生身心发展情况和特长等，因地制宜，进行指导，要及时准确了解学生德、智、体、美、劳等方面的综合表现，给予学生客观公正的评价，要运用正确的指导思想、科学的方式、方法，通过课堂表现、期中考查、学期考试等，对学生的学业成绩做恰当合理的评价。

第四，获取报酬权。获取报酬权是保障教师基本物质生活的权利，与教师的切实利益密切相关。教师有权按时获取工资报酬，享受国家规定的福利待遇以及寒暑假期的带薪休假。这不仅是《教师法》对教师工作的物质保证，也是《宪法》所规定的公民劳动权方面的具体化表现。教师工作本身就具有公益的性质，需要教师有奉献社会的精神，因而，教师的工资待遇得到法律保障是教师工作积极性的前提和基础。这一权利主要包括教师有权要求所在学校及其主管部门根据国家法律及教师聘用合同的规定，按时足额地支付工资报酬，包括基础工资、职务工资、课时报酬、奖金、教龄津贴、班主任津贴及其他各种津贴在内的工资收入；教师有权享受国家规定的医疗、住房、退休等各种福利待遇和优惠，以及寒暑假期的带薪休假等权利。此外，对拖欠教师工资的行为，《教师法》第38条规定："地方人民政府对违反本法规定，拖欠教师工资或者侵犯教师其他合法权益的，应当责令其限期改正。"此条规定，为教师工资上了双重保障。

第五，民主管理权。民主管理权是教师有权对学校的教育教学工作和管理工作提出批评、建议,有权对教育行政部门的工作提出意见和建议,教师还可以通过教职工代表大会等形式参与学校的民主管理。这一权利其实是宪法赋予公民的民主权利在教育领域的具体表现。教师的此项权利得到充分发挥,不仅有利于教师的个人发展和教育工作积极性的提高,也有利于学校和教育行政部门工作质量的提高。另外,如果因为教师提出意见、建议而受到打击报复的,《教师法》在罚则第 36 条中规定:"对依法提出申诉、控告、检举的教师进行打击报复的,由其所在单位或者上级机关责令改正;情节严重的,可以根据具体情况给予行政处分。国家工作人员对教师打击报复构成犯罪的,依照刑法第 146 条的规定追究刑事责任。"

第六,进修培训权。教师有参加进修或者其他方式的培训的权利。这是教师享有的接受继续教育和终身教育,不断获得充实和发展的基本权利。社会在发展,教师也要不断发展,才能跟上时代潮流的步伐。学校和教育行政部门应该采取多种方式,开辟多种渠道,为教师提供培训机会,保证教师参加进修培训的权利。教师的进修培训,可以是为了提高思想政治素养的,也可以是为了提高专业技能的,还可以是为了达到高一级学历或以拓宽知识为主的继续教育培训。所有这些均不能妨碍教师在学校中的正常教育教学活动,必须保证教师本职工作保质保量地完成。

【读一读】 案例链接

杨某,30 岁,1999 年师专毕业,在某乡中学任初中物理教师。工作以来,杨某教学能力突出,很快成为学科的骨干教师。2002 年,为了提高自己的学历层次,经杨某申请,当地教委和学校批准其到某师范大学进修。杨某十分珍惜这次来之不易的进修机会,在一年的进修期间,不仅成绩优秀,还发表了数篇论文。然而,进修结束后,她才发现学校将她进修期间的工资扣了一半,并告知:进修期间,没有在学校正常工作的,一律扣发一半工资。

案例中的老师,可向学校所在地的教育行政部门提出申诉。根据《教师法》第 39 条,对校方处理决定不服,可向学校所在地的教育行政部门提出申请。教师拥有进修培训权,如果教育行政部门在 30 日内未做出决定,杨某可以其不作为为由依法向人民法院提起行政诉讼。

(二)教师的义务

教师的义务是指《教师法》等相关教育法律法规所规定的教师在教育教学活动中所要承担的一定的责任,表现为教师必须做出一定行为或不得做出一定行为。这一义务是由国家强制力保障实施的,因此,如果教师不履行义务,就会受到法律的制裁,承担相应法律责任。《教师法》第 8 条规定:"教师应当履行下列义务：(一)遵守宪法、法律和职业道德,为人师表;(二)贯彻国家的教育方针,遵守规章制度,执行学校的教学计划,履行教师聘约,完成教育教学工作任务;(三)对学生进行宪法所确定的基本原则的教育和爱国主义、民族团结的教育,法制教育以及思想品德、文化、科学技术教育,组织、带领学生开展有益的社会活动;(四)关心、爱护全体学生,尊重学生人格,促进学生在品德、智力、体质等方面全面发展;(五)制止有害于学生的行为或者其他侵犯学生合法权益的行为,批评和抵制有害于学生健康成长的现象;(六)不断提高思想政治觉悟和教育教学业务水平。"

第一,教师有遵守宪法、法律和职业道德,为人师表的义务。作为教师,首先是公民,中华人民共和国公民必须遵守宪法和法律。教师职业又是一种特殊的职业,是人类灵魂的工程师,担负着培育祖国接班人的重任,因此,教师更要以身作则,为人师表,模范遵守宪法和法律,要敬业爱业,恪守教师职业道德,以自己高尚的品质和行为在教育教学活动中对学生思想品质、道德、法律意识的形成发挥积极的影响,自觉培养学生的民主意识和法制观念,使其成为遵纪守法的公民。《中小学教师职业道德规范》中规定教师要"爱国守法、爱岗敬业、关爱学生、教书育人、为人师表、终身学习"。

➢扫描本章首二维码,阅读《中小学教师职业道德规范》。

第二,教师有贯彻国家教育方针,遵守规章制度,执行学校的教学计划,履行教师聘约,完成教育教学工作任务的义务。这是教师完成本职工作的义务。《教育法》规定,我国的教育方针是"教育必须为社会主义现代化建设服务,必须与生产劳动相结合,培养德、智、体美等方面全面发展的社会主义事业的建设者和接班人"。因此,教师在教育教学过程中不能只注重智育,"唯分数主义",要注重多方面发展。教师还应该遵守教育行政部门和学校制定的关于教育教学工作的各项制度和具体安排,履行聘任合同中约定的教育教学职责,完成职责范围内的教育教学任务。

第三,教师有对学生进行思想品德教育的义务。育人工作也是教师工作的重要任务。教师应结合自己所学专业,将对学生的思想政治教育融入学生日常的学习生活中,潜移默化地对学生进行德育教育。教师对学生进行《宪法》所确定的四项基本原则教育,包括要坚持社会主义道路、坚持人民民主专政、坚持中国共产党的领导、坚持马列主义毛泽东思想。教师要对学生进行爱国主义、民族团结及法制教育,要带领学生开展有益身心的社会活动,培养学生理论与实践相统一、个人与国家相统一、远大理想与艰苦奋斗相统一的精神,使学生成为具有良好道德素养的遵纪守法的好公民。

第四,教师有关爱学生、尊重学生人格的义务。关爱学生不仅是教师的义务,也是教师职业道德规范之一。作为教师,要关心爱护每一个学生,关注他们的成长、关心他们的生活,促进他们在品德、智力、体质等方面全面发展。教师要尊重学生人格,对犯错误、有缺点的学生,要给予特别关怀,决不能采取简单粗暴的办法,不能侮辱、歧视他们,不能泄露学生隐私,更不能体罚和变相体罚学生,要努力帮助他们,使他们健康地成长。《未成年人保护法》第 15 条规定:"学校、幼儿园的教职员应当尊重未成年人的人格尊严,不得对未成年学生和儿童实施体罚、变相体罚或者其他侮辱人格尊严的行为。"

第五,教师有保护学生合法权益,促进学生健康成长的义务。教师有义务制止有害于学生的行为或者其他侵犯学生合法权益的行为,批评和抵制有害于学生健康成长的现象。保护学生的合法权益,促进学生的身心健康成长,是全社会的共同责任。作为教师,自然更负有保护学生合法权益,促进学生的身心健康成长的义务。

第六,教师有不断提高思想政治觉悟和教育教学业务水平的义务。爱因斯坦说:"学生对教师的尊敬的唯一源泉在于教师的德和才。"因此,教师必须要不断提高自身思想觉悟和政治素养,提高自己教育教学专业水平,才能更好地教导学生,更好地适应教育教学工作。

【读一读】 名人名言

教师必须具有健康的体魄,农人的身手,科学的头脑,艺术的兴味,改革社会的精神。——陶行知

(三) 教师权利和义务的保障

《教师法》除了对教师的权利和义务做了明确规定,还规定了相应的保障措施:"为保障教师完成教育教学任务,各级人民政府、教育行政部门、有关部门、学校和其他教育机构应当履行下列职责:(一) 提供符合国家安全标准的教育教学设施和设备;(二) 提供必需的图书、资料及其他教育教学用品;(三) 对教师在教育教学、科学研究中的创造性工作给以鼓励和帮助;(四) 支持教师制止有害于学生的行为或者其他侵犯学生合法权益的行为。"

三、教师的资格和任用

(一) 教师资格制度

《教师法》第 10 条规定:"国家实行教师资格制度。"教师资格制度是国家对教师实行的一种特定的职业资格认定制度,是公民获得教师工作应具备的特定条件和身份的前提和基础。国务院颁布的《教师资格条例》和教育部颁布的《〈教师资格条例〉实施办法》都对教师资格制度做了详细规定。

只有获得教师资格,才可以担任教师并从事教师职业。教师资格一经取得,全国范围内有效,非依法律规定,任何人不得随意剥夺。《教师法》规定:"中国公民凡遵守宪法和法律,热爱教育事业,具有良好的思想品德,具备本法规定的学历或者经国家教师资格考试合格,有教育教学能力,经认定合格的,可以取得教师资格。"可见,取得教师资格有四个条件。一是国籍条件,取得教师资格必须是我国公民,有中国国籍。二是思想品德条件,教书育人是教师最重要的任务,教师自身的政治素养和道德修养是取得教师资格的重要内在条件。三是业务条件,业务能力是完成教师工作的必备条件,包括教师的教育教学能力、普通话水平、良好的心理素质和身体素质等。四是学历条件,《教师法》第 11 条做了明确规定:"取得教师资格应当具备的相应学历是:(一)取得幼儿园教师资格,应当具备幼儿师范学校毕业及其以上学历;(二)取得小学教师资格,应当具备中等师范学校毕业及其以上学历;(三)取得初级中学教师、初级职业学校文化、专业课教师资格,应当具备高等师范专科学校或者其他大学专科毕业及其以上学历;(四)取得高级中学教师资格和中等专业学校、技工学校、职业高中文化课、专业课教师资格,应当具备高等师范院校本科或者其他大学本科毕业及其以上学历;取得中等专业学校、技工学校和职业高中学生实习指导教师资格应当具备的学历,由国务院教育行政部门规定;(五)取得高等学校教师资格,应当具备研究生或者大学本科毕业学历;(六)取得成人教育教师资格,应当按照成人教育的层次、类别,分别具备高等、中等学校毕业及其以上学历。"另外,不具备本法规定的教师资格学历的公民,申请获取教师资格,必须通过国家教师资格考试。国家教师资格考试制度由国务院规定。对于教师资格考试制度,《教师资格条例》第四章进行了明确规定,包括考试内容、考务工作、考试时间等。

具备教师资格的所有条件或者通过国家教师资格考试,也不是就获得了教师资格,还必须经过法定机构的认定,《教师法》第 13 条规定:"中小学教师资格由县级以上地方人民政府教育行政部门认定。中等专业学校、技工学校的教师资格由县级以上地方人民政府教育行政部门组织有关主管部门认定。普通高等学校的教师资格由国务院或者省、自治区、直辖市教育行政部门或者由其委托的学校认定。"《教师资格条例》对申请认定教师资格程序做了专门规定,一般要经过三个环节。首先,申请者应该向有关部门提出书面申请;其次,有关部门依法进行受理审核,在受理期限终止 30 日内将审查结果通知本人;最后,如果认定合格,教育行政部门或者受委托的高校颁发国务院教育行政部门统一制作的教师资格证书。

《教师法》第 14 条对教师资格的限制和丧失也做了规定:"受到剥夺政治权利或者故意犯罪受到有期徒刑以上刑事处罚的,不能取得教师资格;已经取得教师资格的,丧失教师资格。"另外,《教师资格条例》第 19 条还规定了撤销教师资格的情形:一是弄虚作假、骗取教师资格的;二是品行不良、侮辱学生,影响恶劣的。被撤销教师资格的,自撤销之日起 5 年内不得重新申请认定教师资格,其教师资格证书由县级以上人民政府教育行政部门收缴。

> 【读一读】 拓展资料
> 1.《教师资格条例》
> 2.《〈教师资格条例〉实施办法》
> ➤扫描本章首二维码阅读。

(二) 教师职务制度

对于教师职务制度,《教师法》第 16 条只做了最简单的规定:"国家实行教师职务制度,具体办法由国务院规定。"教师职务制度是我国教师任用的重要制度,教师职务是专业技术职务。教师职务制度是指国家对教育岗位设置及各级岗位任职条件和取得该岗位的程序等内容的规定。根据国家教育部的有关规定,目前我国教师职务系列设置:高等学校教师职务设助教、讲师、副教授、教授;中等专业学校设教员、助教、讲师、高级讲师;普通中小学及幼儿园设一、二、三级教师和高级教师;技工学校文化、技术理论课教师职务设教员、助理讲师、讲师、高级讲师;生产实习课教师职务设实习指导教师、三级、二级、一级、高级。要注意的是,教师职务是随着教师岗位而存在的,一旦离开教师岗位,如退休,就不再拥有教师职务。

(三) 教师聘任制度

《教师法》第 17 条规定:"学校和其他教育机构应当逐步实行教师聘任制。"教师聘任制是学校与教师在遵循双方地位平等的原则下,自愿签订聘任合同,明确规定双方的权利、义务和责任的一种制度,它是在当前为适应社会主义市场经济发展而进行的教师任用制度改革的重要组成部分。实行教师聘任制,有利于促进人才的合理流动,改变用非所长、用非所学的人才分布和结构不合理的现象,有利于打破教师的任用制,激发教师的工作责任感,调动工作的自主性和积极性,提高教育教学质量。《教师法》明确了教师聘任制的特点:第一,聘任关系是基于双方自愿平等的原则;第二,聘任关系的表现是合同制;第三,聘任形式多样,包括招聘、续聘、解聘、辞聘等,实行双向选择和择优机制。

四、教师的培养培训、考核、待遇、奖励

除去教师的资格和任用制度,《教师法》还对教师的培养培训制度、教师的考核制度、教师的待遇制度、教师的奖励制度进行了规定。这些规定不仅体现了国

家对教师的重视程度越来越高,也增强了教师工作的积极性,促进了我国社会主义教育事业的发展。

《教师法》第18～21条对教师的培养培训进行了规定。教师的培养和培训,对于提高教师素质具有重要意义,是体现《教师法》立法宗旨的重要部分。教师的培养,侧重于通过师范院校等,对未来从事教师职业的人进行专门的教育训练。办好师范教育是各级政府教育工作的一项基本任务,也是教师培养制度的一项基本任务。《教师法》第18条规定:"各级人民政府和有关部门应当办好师范教育,并采取措施,鼓励优秀青年进入各级师范学校学习。"中小学教师的培养主要由中等师范学校教育和高等师范学校教育两个正规学历教育承担。同时,国家鼓励综合、理工、农业、林业、政法、艺术等非师范高校的毕业生,根据国家需要,到中小学或职业学校任教。教师的培训主要强调教师从事教师职业需要进行相关的专业技能培训和基本素养培训等,"各级教师进修学校承担培训中小学教师的任务。非师范学校应当承担培养和培训中小学教师的任务"。教师的培训是加强教师队伍建设的重要方面,对此,教育行政部门和学校均负有重要的责任。培训教师又是一项长期的工作,应制定规划,使培训工作具有系统性、规范性、目的性和针对性。为此,《教师法》第19条规定:"各级人民政府教育行政部门、学校主管部门和学校应当制定教师培训规划,对教师进行多种形式的思想政治、业务培训。"《教师规划纲要》中还规定,通过研修培训、学术交流等,培养教育教学骨干、"双师型"教师。

【读一读】　拓展资料

1. 教育部召开教师交流制度研讨会
2. 江苏省深入推进高校教师考核评价制度改革
➤扫描本章首二维码阅读。

《教师法》第22条规定:"学校或者其他教育机构应当对教师的政治思想、业务水平、工作态度和工作成绩进行考核。"教师的考核制度是教师规范化管理制度的一个重要组成部分。所谓的教师考核是指各级各类学校及其他教育机构,按照教师考核规章的考核内容、考核原则、考核程序,对教师进行的考察和评价。它具有导向功能,通过考核,能促使教师不断端正教育思想,调动教师的积极性和创造性,促进教师队伍建设管理的规范化。考核的内容主要包括政治思想、业务水平、工作态度、工作成绩四大项。不难看出,教师考核的内容十分广,相关程序、工作也比较繁杂,因此,《教师法》还规定"教育行政部门对教师的考核工作进行指导、监督",以此确保教师考核公平公正。当然,在考核过程中,还应该"充分听取教师本人、其他教师以及学生的意见",最后的考核结果也是教师"受聘任教、晋升工资、实施奖惩的依据"。

教师的待遇主要包括教师的工资、津贴、住房、医疗、退休等方面的内容。教师待遇的提高不仅是国家尊师重教的体现,也是不断吸引优秀人才进入教师行业的基本条件。对于教师的工资,《教师法》第25条规定:"教师的平均工资水平应当不低于或者高于国家公务员的平均工资水平,并逐步提高。建立正常晋级增薪制度,具体办法由国务院规定。"教师工资水平之所以与国家公务员相比,主要是因为国家公务员和教师都具有为国家和社会负责的公共职责。"正常晋级增薪制度"是指在一定时间内对考核合格的人员予以定期增加工资的制度。另外,教师还享受各种津贴,包括班主任津贴、特殊教育津贴、特技教师津贴、政府津贴等。《教师法》第28条对教师住房进行了规定:"地方各级人民政府和国务院有关部门,对城市教师住房的建设、租赁、出售实行优先、优惠。县、乡两级人民政府应当为农村中小学教师解决住房提供方便。"将解决教师住房问题的政策上升为法律,体现了国家要解决教师住房困难的决心,也为各级政府和主管部门提供了执行教师住房优惠方面的法律依据。

加强教师队伍建设另外一个重要方面是教师的奖励制度,《教师法》专门单独列一章内容,规定对教师的奖励。教师的奖励是按照教师的工作成绩、对教育事业的贡献大小而给予的一定精神奖励和物质奖励。《教师法》第33条规定:"教师在教育教学、培养人才、科学研究、教学改革、学校建设、社会服务、勤工俭学等方面成绩优异的,由所在学校予以表彰、奖励。国务院和地方各级人民政府及其有关部门对有突出贡献的教师,应当予以表彰、奖励。对有重大贡献的教师,依照国家有关规定授予荣誉称号。"对教师进行奖励的部门是学校、地方政府和国务院,奖励的内容包括物质奖励和精神奖励,物质奖励比如奖金、增加工资、实物、改善住房、医疗条件等,精神奖励比如进行嘉奖表扬、颁发荣誉证书等。

第三节　职业教育法

职业教育是我国教育体系中一个不可或缺的重要组成部分,其发展为我国培养了大批的高素质劳动者和高技能专门人才,在社会主义现代化建设中发挥了越来越重要的作用。《职业教育法》于1996年5月15日第八届全国人民代表大会常务委员会第十九次会议通过,自1996年9月1日起施行。《职业教育法》是我国职业教育发展史上的一座里程碑。它规定了我国职业教育的基本内涵、体系框架、运行机制和保障措施,集中反映了职业教育实践和理论探索的经验成果,进一步确立了职业教育作为国家一种基本教育制度的地位,为职业教育发展提供了基本法律保障。《职业教育法》共五章内容,除去总则和附则,剩下三章内容为职业教育体系、职业教育的实施和职业教育的保障条件。

一、职业教育法概述

(一)立法依据和立法宗旨

《职业教育法》的立法依据有三:一是《宪法》,"国家举办各种学校,普及初等义务教育,发展中等教育,职业教育和高等教育,并且发展学前教育",明确规定国家必须要发展职业教育;二是《教育法》,"国家实行职业教育制度和成人教育制度";三是《劳动法》,"国家采取各种措施,促进劳动就业,发展职业教育,制定劳动标准,调节社会收入,完善社会保险,协调劳动关系,逐步提高劳动者的生活水平",《劳动法》还专门对职业培训进行了规定。

《职业教育法》第1条规定:"为了实施科教兴国战略,发展职业教育,提高劳动者素质,促进社会主义现代化建设,根据教育法和劳动法,制定本法。"这一规定对《职业教育法》的立法宗旨做了很清晰的概括:

第一,实施科教兴国战略。众所周知,科教兴国战略和可持续发展战略是实行经济体制和经济增长方式的两个根本转变,而其中,职业教育是不可缺少的一环。职业教育能培养大量技术型、应用型人才,从而促进科技进步与科技创新,而这正是科教兴国战略的重要途径之一。

第二,发展职业教育。目前我国职业教育仍是教育领域的薄弱环节,总体发展水平与经济社会发展的需求还很不适应。在对职业教育的认识、筹资机制、师资力量、企业办学等方面,存在诸多问题,因此,需要通过制定法律,将一系列问题上升到法律的高度,明确职业教育的法律地位、体系架构、基本制度、条件保障、统筹协调等关键问题。

第三,提高劳动者素质。一个人光有知识和技能是不够的,还需要具备职业素质,才能适应社会发展。职业素质的提高,除了依靠基本教育之外,专门的职业教育、职业培训也是必不可少的。《职业教育法》的制定,保障了劳动者接受职业技能培训和思想道德教育,切实提高劳动者各方面的素质。

第四,促进社会主义现代化建设。职业教育是经济发展的一个内在因素,因此,经济发展和社会发展离不开对职业人才的培养。职业教育需要持续改革创新,加快提升现代化水平,进一步增强与经济社会和人民群众需求的契合度,坚持产教融合、校企合作,坚持工学结合、知行合一,走好中国特色职业教育发展道路,从而促进社会主义现代化建设长足发展。

（二）职业教育

职业教育是指国家通过开办或允许开办各级各类职业教育学校和各种形式的职业技能培训，使受教育者获得从事某种职业或生产劳动所必需的职业知识、职业技能、职业道德，提高劳动者素质，增加劳动者就业渠道的一种教育活动。

《职业教育法》第 2 条规定了其适用范围："本法适用于各级各类职业学校教育和各种形式的职业培训。国家机关实施的对国家机关工作人员的专门培训由法律、行政法规另行规定。"可见，《职业教育法》只适用于各级各类职业学校教育和各种形式的职业培训，不包括国家机关工作人员的专门培训。

（三）职业教育地位及原则

《职业教育法》第 3 条规定："职业教育是国家教育事业的重要组成部分，是促进经济、社会发展和劳动就业的重要途径。"职业教育的地位，通过法律的形式确定下来，体现了国家对职业教育发展的重视在不断提升。2005 年国务院印发《关于大力发展职业教育的决定》，2014 年国务院召开全国职业教育工作会议、印发《关于加快发展现代职业教育的决定》，2015 年 4 月，国务院同意将每年 5 月的第二周设为"职业教育活动周"，2015 年全国人大常委会组织开展《职业教育法》执法检查，全国政协多次就职业教育进行专题研究。在党和国家的高度重视下，初步形成了有中国特色的职业教育发展道路，改革发展各项工作实现了历史性的新跨越。

➤扫描本章首二维码，阅读《关于大力发展职业教育的决定》。

《职业教育法》第 4～11 条规定了职业教育的一些基本原则。

首先，实施职业教育必须贯彻国家教育方针。职业教育也属于国家教育体系的一个重要部分，因此，也必须遵守国家整体教育方针。在进行知识传授、技能培育的基础上，也要"进行思想政治教育和职业道德教育"，要结合职业教育特点，对受教育者进行德、智、体、美、劳全方面教育，培养符合社会主义现代建设新要求的"四有"新人。

其次，要保障公民接受职业教育的权利。《职业教育法》第 5 条明确规定："公民有依法接受职业教育的权利。"为保障公民的此项权利，各级政府应当"将发展职业教育纳入国民经济和社会发展规划"，并且要保障弱势群体接受职业教育的权利，国家要大力发展农村职业教育，扶持偏远地区和少数民族地区的职业教育发展，尤其要"帮助妇女接受职业教育，组织失业人员接受各种形式的职业教育，扶持残疾人职业教育的发展。"

最后，实施职业教育要根据实际需要。职业教育本就是在基础教育之外实施的培养人才的专业教育，因此必须要符合国家、社会发展，符合当前教育发展的实际需要，"实行学历证书、培训证书和职业资格证书制度"，并且，根据实际情况，对劳动者在就业前或上岗前进行必要的职业教育。另外，国家对于在职业教育方面做出突出贡献的个人和单位要进行奖励。

➤扫描本章首二维码，阅读"中国职业教育发展情况介绍"。

二、职业教育体系

为了促进职业教育发展，我国需要建立系统的职业教育体系，使职业教育走规范化、法制化道路。职业教育体系是整个教育体系的重要组成部分，是《职业教育法》规定的由一系列职业教育形式所组成的职业教育的整体系统。

（一）职业教育体系的建立原则

《职业教育法》第 12 条规定："国家根据不同地区的经济发展水平和教育普及程度，实施以初中后为重点的不同阶段的教育分流，建立、健全职业学校教育与职业培训并举，并与其他教育相互沟通、协调发展的职业教育体系。"根据此条规定，我国职业教育体系的建立原则包括：第一，实施有计划、有重点的教育分流原则。1999 年，教育部提出《面向 21 世纪教育振兴行动计划》，对初中后教育的分流和高中后教育的分流提出了明确的规定，而且"极少数尚未普及九年义务教育的地区，对不能升入初中的小学毕业生应实行职业技术培训"。我国职业教育的重点主要是初中毕业生，对他们进行的职业教育，其性质是高中阶段的中等职业教育。第二，职业学校教育和职业培训并举原则。职业教育体系是由职业学校教育和职业培训两大部分组成，职业学校教育一般是初中或高中毕业后的学生，进入职业学校进行继续学习获得必要技能的教育，《职业教育法》第 13 条规定："职业学校教育分为初等、中等、高等职业学校教育。初等、中等职业学校教育分别由初等、中等职业学校实施；高等职业学校教育根据需要和条件由高等职业学校实施，或者由普通高等学校实施。其他学校按照教育行政部门的统筹规划，可以实施同层次的职业学校教育。"职业培训是职业学校教育之外的必不可少的职业教育，主要针对求职和正在就业的劳动者，进行有目的性的技能或素质培训。《职业教育法》第 14 条规定："职业培训包括从业前培训、转业培训、学徒培训、在岗培训、转岗培训及其他职业性培训，可以根据实际情况分为初级、中级、高级职业培训。"职业学校教育和职业培训应当同时并举，同时发展，促进我国职业教育健康发展。第三，职业教育和其他教育相互沟通、协调发展的原则。《职业教育法》还对残疾人职业教育、普通教育中的职业教育等进行了阐述。对残疾人职业教育的关注，体现了我国教育以人为本的根本理念。除有专门的残疾人教育机构，各级各类职业学校和职业培训机构也应该接受残疾学生。《职业教育法》第 16 条规定："普通中学可以因地制宜地开设职业教育的课程，或者根据实际需要适当增加职业教育的教学内容。"2010 年,中共中央、国务院印发的《国家中长期教育改革和发展规划纲要(2010—2020 年)》也指出:"鼓励有条件的普通高中根据需要适当增加职业教育的教学内容。"

(二)职业学校教育和职业培训

根据《职业教育法》规定,我国的职业学校教育分为三个层次。一是初等职业教育学校,主要是指初级职业中学,一般招收小学毕业生,学制为 3~4 年,在农村和一些无条件的偏远地区,也应将其列入九年义务教育的实施范围之内。二是中等职业教育学校,我国主要有中等专业学校、技工学校和职业高中三类,一般招收初中毕业生和具有与初中同等学力的人员,学制基本为 3 年。三是高等职业教育学校,是在高级中等教育基础上实施的高等教育阶段的职业教育,我国主要有高等职业技术学院、职业大学、高等专科学校等。

《职业教育法》规定的职业培训则主要包括以下几个方面:一是从业前培训,即对准备就业的人员进行的专业知识和技能的培训;二是转业培训,即对转换职业的劳动者进行的培训;三是学徒培训,即对被录用为学徒或培训生的即将就业的人员进行与岗位直接相关的专业培训;四是在岗培训,即对正在岗位上的劳动者进行专门或专项的业务培训或技能培训,以更好地适应岗位需求;五是转岗培训,转岗不同于转业,转业是职业变化,而转岗,职业未曾变化,只是岗位变动,原则上也是在职培训的一种。

三、职业教育实施

(一)职业教育实施的基本原则

职业教育最根本的目的就是为促进国家经济发展培养人才,因此,《职业教育法》所体现的实施职业教育最基本的原则就是产教结合的原则,《职业教育法》第 23 条规定:"职业学校、职业培训机构实施职业教育应当实行产教结合,为本地区经济建设服务,与企业密切联系,培养实用人才和熟练劳动者。"所谓的产教结合,就是教育与实践相结合,学校与企业相合作,职业教育发展要适应国民经济发展的总体需要,在职业教育和职业培训过程中,要与政府经济部门、企业等密切联系,相互合作。职业教育是我国当前现代化教育体系和国家创新体系的重要组成部分,全社会应该充分认识到职业教育对社会发展和教育体系完善的重要性和必要性,政府应该加大统筹力度,充分调动企业参与职业教育的积极性,国务院制定了职业教育"分级管理,地方为主,政府统筹,社会参与"的管理新体制,明确指出了地方、社会、企业对发展职业教育应承担的责任。另外,学校应该加强校企合作,使企业参与到职业学校教育教学的管理中去,增强职业学校办学活力,也有利于培养符合企业、行业要求的高素质劳动者。

(二) 实施职业教育的主体及职责

《职业教育法》第 11 条规定了职业教育主体的法定职责:"国务院教育行政部门负责职业教育工作的统筹规划、综合协调、宏观管理。国务院教育行政部门、劳动行政部门和其他有关部门在国务院规定的职责范围内,分别负责有关的职业教育工作。县级以上地方各级人民政府应当加强对本行政区域内职业教育工作的领导、统筹协调和督导评估。"可见,国务院教育行政部门的职责主要就是统筹规划、综合协调、宏观管理,主要是大政方针和主要方向的把握、总体规划和相关部门的协调等。对县级以上地方人民政府的职责,《职业教育法》第 17 条规定:"县级以上地方各级人民政府应当举办发挥骨干和示范作用的职业学校、职业培训机构,对农村、企业、事业组织、社会团体、其他社会组织及公民个人依法举办的职业学校和职业培训机构给予指导和扶持。"第 18 条规定:"县级人民政府应当适应农村经济、科学技术、教育统筹发展的需要,举办多种形式的职业教育,开展实用技术的培训,促进农村职业教育的发展。"而且,这里用的都是"应当"一词,说明县级以上地方政府的职责是义务性的。

除了国务院教育行政部门和县级以上人民政府,企业也是职业教育的主体,《职业教育法》第 20 条规定:"企业应当根据本单位的实际,有计划地对本单位的职工和准备录用的人员实施职业教育。"对企业的职责,《职业教育法》则用了"可以"一词,"可以单独举办或者联合举办职业学校、职业培训机构,也可以委托学校、职业培训机构对本单位的职工和准备录用的人员实施职业教育"。

(三) 职业学校和职业培训机构的设立条件

职业学校的设立,必须符合下列条件:① 有组织机构和章程;② 有合格的教师;③ 有符合规定标准的教学场所、与职业教育相适应的设施、设备;④ 有必备的办学资金和稳定的经费来源。

职业培训机构的设立,必须符合下列基本条件:① 有组织机构和管理制度;② 有与培训任务相适应的教师和管理人员;③ 有与进行培训相适应的场所、设施、设备;④ 有相应的经费。

四、职业教育的保障条件

职业教育的保障主要是资金方面的保障,其次是师资力量、教育基地等方面的保障。

《职业教育法》第 26 条规定:"国家鼓励通过多种渠道依法筹集发展职业教育的资金。"不像义务教育是由国家筹资的,职业教育除了依靠政府,还需要依靠其他渠道,依靠社会力量筹资。国家财政拨款要纳入正常增长机制,"省、自治区、直辖市人民政府应当制定本地区职业学校学生人数平均经费标准;国务院有关部门应当会同国务院财政部门制定本部门职业学校学生人数平均经费标准。"各级政府应当根据当地经济和教育的发展水平,保证用于举办职业教育的财政拨款逐年增长,各级政府每年可安排一定数额的职业教育专款,专项用于扶持职业教育的发展。各级政府还可以"将农村科学技术开发、技术推广的经费,适当用于农村职业培训"。尤为注意的是,"任何组织和个人不得挪用、克扣职业教育的经费。"

另外,企业应当按照《职业教育法》的规定,承担一部分职业教育的经费。"企业应当承担对本单位的职工和准备录用的人员进行职业教育的费用,具体办法由国务院有关部门会同国务院财政部门或者由省、自治区、直辖市人民政府依法规定。"如果企业没有承担上述规定的教育经费,县级以上政府应该责令其改正,对于不改正的,"可以收取企业应当承担的职业教育经费,用于本地区的职业教育。"

最后,职业学校和职业培训机构,可以按照学生人均培养成本的一定比例,对"接受中等、高等职业学校教育和职业培训的学生适当收取学费",收费标准则由省、自治区、直辖市人民政府规定。"对经济困难的学生和残疾学生应当酌情减免",对成绩优异的学生,还可以提供奖学金。对于职业学校和职业培训机构举办的企业和从事社会服务的收入应当主要用于发展职业教育。

发展职业教育,足够的经费是必要条件,而师资力量也是不可缺少的因素,教师队伍的水平和能力,直接关系到职业教育的顺利开展。职业教育的教师,首先必须具备《教师法》所规定的教师任职条件,具有相应的学历和技术资格证书。《职业教育法》第36条规定:"县级以上各级人民政府和有关部门应当将职业教育教师的培养和培训工作纳入教师队伍建设规划,保证职业教育教师队伍适应职业教育发展的需要。职业学校和职业培训机构可以聘请专业技术人员、有特殊技能的人员和其他教育机构的教师担任兼职教师。有关部门和单位应当提供方便。"从培养和培训两个方面对职业教育师资力量进行了保障。

最后,职业教育不同于其他基础教育,最显著的特点是注重对学生技能的培养培训,因此,实践操作、见习实习等非常重要。因而,《职业教育法》对职业教育的实习基地的建设做了专门规定:"国务院有关部门、县级以上地方各级人民政府以及举办职业学校、职业培训机构的组织、公民个人,应当加强职业教育生产实习基地的建设。企业、事业组织应当接纳职业学校和职业培训机构的学生和教师实习;对上岗实习的,应当给予适当的劳动报酬。"可见,实习基地主要分两类,一类是职业教育学校或职业培训机构自身建设的实习基地,另一类是借助企业、事业组织的生产或工作场所为实习基地。实习基地的建设,一般包括硬件和软件建设两个方面,除了场地建设、生产仪器设备等,还应该包括实习课程的教学、科研、考试的等方面。

党的十八大以来,以习近平同志为核心的党中央高度重视职业教育,把职业教育摆在了前所未有的突出位置。习近平总书记站在党和国家发展全局的高度,多次就职业教育做出重要批示,多次深入职业院校考察,对加快发展职业教育提出明确要求,强调要"高度重视、加快发展"职业教育。全国人大常委会2015年组织开展了《职业教育法》执法检查,张德江在向十二届全国人大常委会组成人员做全国人大常委会执法检查组关于检查《中华人民共和国职业教育法》实施情况的报告中指出,职业教育法自1996年颁布施行以来,国务院和各地区各部门认真贯彻实施,健全法规制度,加大投入力度,完善体制机制,创新办学模式,取得了可喜成绩。可见,目前我国的职业教育体系日臻完善,成果显著。

本章小结

本章内容着重对《义务教育法》《教师法》《职业教育法》进行了分析,可以看出,随着社会日新月异,我国教育事业发展的步伐也在不断前进。《义务教育法》是整个教育法律体系中最基础的,国家实施九年义务教育制度,保障全国适龄儿童、少年享有接受教育的权利。教师是教育事业发展中必不可少的主体,《教师法》保障了教师最基本的权利,也规范了教师的各项义务,是教育法律体系的基本法。而《职业教育法》的出台,则保证了公民接受继续教育的权利,是义务教育发展的延续和补充。下一章内容则对将教育专项法律中的有关教育的条款进行分析。

课后练习

(一) 选择题

1. 我国《义务教育法》于(　　)年4月12日第六届全国人大第四次会议通过?

　　A. 1986　　　B. 1996　　　　C. 2006　　　　D. 2016

2. 我国《教师法》于(　　)年10月31日经第八届全国人民代表大会常务委员会第四次会议通过。

　　A. 1983　　　B. 1993　　　　C. 2003　　　　D. 2013

3. (　　)是公民获得教师工作应具备的特定条件和身份的前提基础。

A. 文化成绩优秀   B. 道德水平高尚

C. 教学水平高超   D. 获得教师资格

（二）简答题

1.《义务教育法》的基本原则有哪些？

2.《教师法》的立法宗旨是什么？

3. 职业教育体系建立的原则有哪些？

第六章　非教育专项法律中关于教育的条款

法规条文阅读
配套答案解析

章首语

　　我国青少年占全国人口的近半数，其中 18 周岁以下的未成年人约有 4 亿，占全国总人口的 1/3 以上。青少年能否健康成长，是关系到国家存亡、民族兴衰的大事。

　　制定《中华人民共和国未成年人保护法》的目的是为了保护未成年人的身心健康，保障未成年人的合法权益，促进未成年人在品德、智力、体质等方面全面发展，培养有理想、有道德、有文化、有纪律的社会主义建设者和接班人。制定《预防未成年人犯罪法》的指导思想是：结合未成年人不同年龄的生理、心理特点，加强青春期教育、心理矫治和预防犯罪对策的研究。政府有关部门、司法机关、人民团体、有关社会团体、学校、家庭、城市居民委员会、农村村民委员会等各方面共同参与，各负其责，保障未成年人的身心健康、培养未成年人良好的品行、有效地预防未成年人犯罪。教育是保护未成年人、预防未成年人犯罪的重要手段和路径，保护未成年人和预防未成年人犯罪，应当遵循尊重未成年人的人格尊严、适应未成年人身心发展的规律和特点、教育与保护相结合等原则，教育中见保护，保护中有教育，达到保护未成年人、预防未成年人犯罪的目的。

知识点思维导图

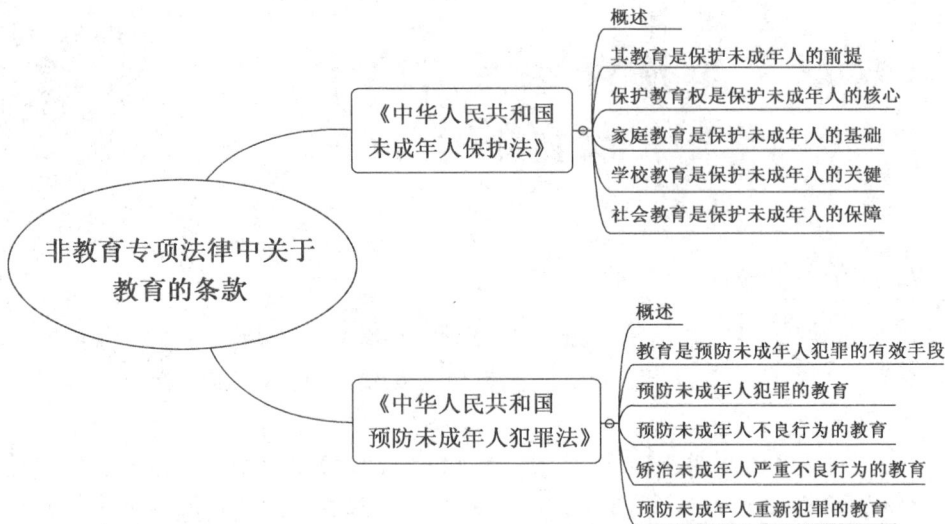

```
                                          概述
                                          其教育是保护未成年人的前提
                        《中华人民共和国        保护教育权是保护未成年人的核心
                         未成年人保护法》        家庭教育是保护未成年人的基础
                                          学校教育是保护未成年人的关键
  非教育专项法律中关于                              社会教育是保护未成年人的保障
  教育的条款
                                          概述
                                          教育是预防未成年人犯罪的有效手段
                        《中华人民共和国        预防未成年人犯罪的教育
                         预防未成年人犯罪法》      预防未成年人不良行为的教育
                                          矫治未成年人严重不良行为的教育
                                          预防未成年人重新犯罪的教育
```

以案说法

2012年11月10日下午，天刚下过雨，上海市静安区某小学某班级正在上体育课，老师安排张某在内的一组学生在塑胶球场上跳绳。当老师离开球场指导另一组同学活动时，张某用绳子去甩逗其他同学，因怕同学追赶，慌忙跑出球场，在体育室门前的瓷砖地上不慎摔倒，造成三颗牙齿脱落。老师当即送张到医务室进行止血消毒处理，后通知家长，一同将张送往医院治疗。经鉴定，张某的伤情需休息两到三个月。但损伤并没有达到伤残程度。

上海市静安区法院一审判令校方赔偿张某医疗费、营养费等420余元，对张某要求学校赔偿5000元精神损失费的诉讼请求不予支持。张某不服，提出上诉，认为学校没有尽到管理和保护的义务是张某受到伤害的主要原因。张某在学校上体育课时摔倒，而事发时体育老师不在现场，受伤后也没有及时将张某送往医院医治，校方应当对张某的损害后果承担主要责任。

二审法院认为，学校虽然理应承担对在校学生教育、管理和保护的责任，但是学校不是未成年人的监护人。在本案中，事发的起因是由于张某引逗其他同学擅自跑出塑胶场地摔倒所致。校方为学生提供的课堂教学场地是安全的，在上课时老师对上课纪律及安全事项均提出过要求，作为年满10周岁的小学生，应当具有遵守课堂纪律和对湿滑的瓷砖场地容易滑倒这一认知的能力，而张在玩闹中均未予注意，张某在这次事故中显然存有过错，对损害后果的发生应当承担主要责任。

此外,老师不在场时学生可能出现的危险行为,校方没有充分的估计和预防,也有一定的过错,应承担次要责任。而在事故发生后,学校及时采取措施,通知了家长,并陪同家长一起将张送至医院治疗。故张某认为学校延误了治疗时机的主张与事实不符。

法院还认为,学校过错的程度尚不符合赔偿精神损失费的条件,对张某提出的精神赔偿诉请不予支持。

第一节　《中华人民共和国未成年人保护法》

《中华人民共和国未成年人保护法》(以下简称《未成年人保护法》)于 1991 年 9 月 4 日经第七届全国人民代表大会常务委员会第二十一次会议通过,2006 年 12 月 29 日第十届全国人民代表大会常务委员会第二十五次会议修订,根据 2012 年 10 月 26 日第十一届全国人民代表大会常务委员会第二十九次会议《关于修改〈中华人民共和国未成年人保护法〉的决定》修正,共分为总则、家庭保护、学校保护、社会保护、司法保护、法律责任及附则等七章 72 条。

一、《中华人民共和国未成年人保护法》概述

1. 制定目的

制定《中华人民共和国未成年人保护法》的目的是为了保护未成年人的身心健康,保障未成年人的合法权益,促进未成年人在品德、智力、体质等方面全面发展,培养有理想、有道德、有文化、有纪律的社会主义建设者和接班人。

2. 未成年人及其权利

未成年人是指未满十八周岁的公民。未成年人享有生存权、发展权、受保护权、参与权等权利。国家根据未成年人身心发展特点给予特殊、优先保护,保障未成年人的合法权益不受侵犯。未成年人享有受教育权,国家、社会、学校和家庭尊重和保障未成年人的受教育权。未成年人不分性别、民族、种族、家庭财产状况、宗教信仰等,依法平等地享有权利。

3. 未成年人的教育

国家、社会、学校和家庭对未成年人进行理想教育、道德教育、文化教育、纪律和法制教育,进行爱国主义、集体主义和社会主义的教育,提倡爱祖国、爱人

民、爱劳动、爱科学、爱社会主义的公德,反对资本主义的、封建主义的和其他的腐朽思想的侵蚀。

4. 保护未成年人工作原则

保护未成年人的工作,应当遵循尊重未成年人的人格尊严、适应未成年人身心发展的规律和特点、教育与保护相结合等原则。

二、《未成年人保护法》是保护未成年人的前提

1. 保护未成年人的主体

保护未成年人,是国家机关、武装力量、政党、社会团体、企业事业组织、城乡基层群众性自治组织、未成年人的监护人和其他成年公民的共同责任。

【读一读】

　　监护是指对未成年人和精神病人的人身、财产及其他合法权益进行监督和保护的一项民事法律制度。承担这种监护任务的人叫监护人。未成年人监护人的设定有:(1) 未成年人的父母是未成年人的监护人,父母包括亲生父母以及有抚养关系的继父母及养父母。(2) 夫妻离婚后,孩子的父母仍是监护人,与子女共同生活的一方无权取消对方对孩子的监护权,但以下情况除外:未与该子女共同生活的一方有犯罪、虐待行为或者对该子女明显不利的;人民法院认为可以取消监护权的。(3) 未成年人的父母已经死亡或者没有监护能力的,有下列人员中有监护能力的人担任监护人:祖父母、外祖父母;兄、姐;关系密切的其他亲属、朋友愿意承担监护责任,经未成年人的父、母所在单位或者未成年人住所地的居委会、村委会同意的。(4) 对担任监护人有争议的,由未成年人的父、母所在单位或者未成年人住所地的居委会、村委会在近亲属中指定。对指定不服提起诉讼的,由人民法院裁决。监护人应承担的职责是:保护被监护人的身体健康、照顾被监护人的生活、管理和保护被监护人的财产、代理被监护人进行民事诉讼、对被监护人进行管理和教育、在被监护人合法权益受到侵害或者与人发生争议时代理其进行诉讼、承担因不履行监护职责致使被监护人实施侵权行为而给他人造成损害的赔偿责任。

2. 保护未成年人权益

未成年人享有生存权、发展权、受保护权、参与权、受教育权等权利。任何组织或者个人不得披露未成年人的个人隐私。

【读一读】

未成年人享有的权利主要包括：(1) 生存权。生存权是指未成年人享有其固有的生命权、健康权和获得基本生活保障的权利。(2) 发展权。发展权是指未成年人享有充分发展其全部体能和智能的权利，包括未成年人有权接受正规和非正规的教育，有权促进其身体、心理、精神、道德等多方面发展。(3) 受保护权。受保护权是指未成年人享有不受歧视、虐待和忽视的权利。失去家庭和处于困境的未成年人享有被特殊保护的权利。(4) 参与权。参与权是指未成年人参与家庭和社会生活，并就影响他们生活的事件发表意见的权利。(5) 受教育权。根据我国《义务教育法》规定，公民依法享有九年义务教育的权利，任何单位和个人不得侵害未成年人这一权利。(6) 财产权。未成年人也有接受赠予、发明专利等所得的财产。未成年人的财产由其监护人管理，但监护人不能非法侵吞或不合理使用未成年人的财产。(7) 肖像权。是指未成年人对以各种形式反映自己容貌特征的个人形象享有的专有权。(8) 名誉权。是未成年人享有名誉、人格尊严不受侵犯的权利。禁止用侮辱、诽谤等方式损害未成年人的名誉。(9) 荣誉权。是指未成年人享有接受政府、社会组织、单位对自己的表彰、嘉奖和授予荣誉称号并对荣誉加以维护的权利。(10) 隐私权。是指未成年人享有的个人生活不被公众知晓，禁止他人非法干涉的权利。(11) 受抚养权。是指未成年人出生后有权享受父母或其他监护人的抚养。抚养未成年子女是父母应尽的义务，父母不得虐待、遗弃未成年人。

3. 未成年人自我保护

国家、社会、学校和家庭应当教育和帮助未成年人维护自己的合法权益，增强自我保护的意识和能力，增强社会责任感。

三、保护受教育权是保护未成年人的核心

1. 关于受教育权

受教育权是指公民通过学校或其他教育途径，学习科学文化知识和专业技能，提高文化素质、政治素质、业务水平的权利。受教育权是我国未成年人享有的一项重要权利，对未成年人进行教育，是国家、社会、学校、家庭的共同责任。

【读一读】

未成年人享有哪些受教育的权利？(1) 未成年人根据身心发展的特点或其他情况有选择学校、专业、教育形式的权利。(2) 未成年人在就学和完成规

定学业发生困难时,有获取国家、家庭、社会、学校等方面援助的权利。(3)未成年人在教育活动中享有法律、法规及学校规章所规定的广泛的权利,如参加教育教学计划安排的各种活动,使用教育教学实施、设备、图书资料;按照国家有关规定获得奖学金、贷学金、助学金;在学业成绩和品行上获得公正评价,在完成规定的学业后获得相应的学业证书;对学校给予的处分不服向有关部门提出申诉;对学校、教师侵犯其人身权、财产权等合法权益的行为,有权提出申诉或起诉;有关法律法规规定的其他权利。

2. 关于全面教育

对未成年人进行全面的教育,包括理想教育、道德教育、文化教育、纪律和法制教育。理想教育侧重使未成年人树立远大理想,胸怀中国特色社会主义事业和中华民族的伟大复兴。道德教育侧重培养未成年人良好的道德品质,使未成年人具有高尚品德和社会公德。文化教育侧重帮助未成年人掌握基本的科学文化知识。纪律和法制教育侧重使未成年人养成纪律意识,形成法制观念,自觉遵纪守法。对未成年人进行教育要突出思想道德教育这一重点。对未成年人进行思想道德教育必须坚持正确的方向,坚持进行爱国主义、集体主义、社会主义的教育。对未成年人进行思想道德教育必须与时俱进,联系实际,注重效果。

四、家庭教育是保护未成年人不容忽视的基础

1. 关于家庭教育

家庭是孩子的第一所学校,父母是孩子的第一任老师。家庭教育是指在家庭生活中,由父母或其他监护人自觉地有意识的根据社会需求和子女身心发展特点,通过自己的言传身教和家庭生活实践对子女施以影响的社会活动。家庭教育包括德育、智育、体育、美育和劳动教育,其中德育是最重要的内容。父母或者其他监护人应当关注未成年人的生理、心理状况和行为习惯,以健康的思想、良好的品行和适当的方法教育和影响未成年人,引导未成年人进行有益身心健康的活动,预防和制止未成年人吸烟、酗酒、流浪、沉迷网络以及赌博、吸毒、卖淫等行为。

【读一读】

家庭教育的误区

未成年人家庭教育存在一些误区,主要有:(1)过分溺爱。一切以孩子为中心。有些家庭围绕孩子,有求必应,不问是否适合。无原则袒护孩子。(2)重智育轻德育。只要考试成绩好就什么都好,不介意品德心理行为习惯。

（3）包办代替。事无巨细,全部代办,衣来伸手,饭来张口。（4）家长态度不一致。家长教育孩子标准不一致,态度不一致,宽严不一致,让孩子无所适从。（5）家长不能以身作则。家长不注意自己的言行。（6）放任自流。孩子交给学校,孩子在校表现、放学后在哪、做什么都不闻不问。

2. 家庭教育指导

父母或者其他监护人应当学习家庭教育知识,正确履行监护职责,抚养教育未成年人。父母或者其他监护人应当通过电视、网络、阅读、交流等方式学习家庭教育知识,根据家庭特点和孩子实际情况,选择适合的教育方式,提高家庭教育的针对性和实效性。有关国家机关和社会组织应当为未成年人的父母或者其他监护人提供家庭教育指导。家庭教育指导应与国家教育方针和全面推进素质教育的目标一致,统筹安排,发挥社区、媒体的优势,形成重视家庭教育的氛围。

3. 家庭首先要保证未成年人受教育权

父母或者其他监护人应当尊重未成年人受教育的权利,必须使适龄未成年人依法入学接受并完成义务教育,不得使接受义务教育的未成年人辍学。保证适龄未成年人完成义务教育是父母或者其他监护人的法定义务,不得以任何理由或原因推托或拒绝。父母或者其他监护人应在免杂费、免课本费、补助寄宿生生活费之外为适龄未成年人提供提供完成义务教育所需的物质条件。父母或者其他监护人应转变"重男轻女""读书无用论"等落后思想,努力使未成年人全面发展,成为有理想、有道德、有文化、有纪律的社会主义建设者和接班人。

【议一议】

因生活所迫,父母可以让 14 岁的子女外出打工吗?

➤ 扫描本章首二维码,查看解析。

【读一读】

未成年人因家庭原因上学有困难,享有哪些救助?

根据《社会救助暂行办法》规定,国家对在义务教育阶段就学的最低生活保障家庭成员、特困供养人员,给予教育救助。对在高中教育(含中等职业教育)、普通高等教育阶段就学的最低生活保障家庭成员、特困供养人员,以及不能入学接受义务教育的残疾儿童,根据实际情况给予适当教育救助。教育救助根据不同教育阶段需求,采取减免相关费用、发放助学金、给予生活补助、安排勤工助学等方式实施,保障教育救助对象基本的学习、生活需求。

五、学校教育是保护未成年人的关键

1. 学校教育的内容与方法

学校应当全面贯彻国家的教育方针,实施素质教育,提高教育质量,注重培养未成年学生独立思考的能力、创新能力和实践能力,促进未成年学生全面发展。

【读一读】

学校侵犯未成年人的受教育权主要有:(1)违反规定乱收费用,拒绝接受交不起费用的学生就学;(2)擅自提出不合理的入学条件,以学生未满足这些条件为由拒绝其入学;(3)拒绝接受有正常学习能力的残疾孩子就学;(4)拒绝接受刑满、结束管教、解除劳动教养以及专门学校结业但应继续接受义务教育的少年入学;(5)对违纪学生处以停课的处罚;(6)违反法律和国家规定开除学生。

2. 学校教育注意点

第一,学校应当尊重未成年学生受教育的权利,关心、爱护学生,对品行有缺点、学习有困难的学生,应当耐心教育、帮助,不得歧视,不得违反法律和国家规定开除未成年学生。不得加重未成年人学业负担。学校应当与未成年学生的父母或者其他监护人互相配合,保证未成年学生的睡眠、娱乐和体育锻炼时间,不得加重其学习负担。

【议一议】

初中生玲玲比较贪玩,考试成绩经常在班级后几名。一次期中考试居然考了年级倒数第一。学校将考试成绩排公布在橱窗里,班主任李老师感觉影响了班级形象。学校公布考试成绩排名是否合法?

第二,尊重未成年人人格尊严。学校、幼儿园、托儿所的教职员工应当尊重未成年人的人格尊严,不得对未成年人实施体罚、变相体罚或者其他侮辱人格尊严的行为。

【读一读】

教师应当尊重学生的人格,不得歧视学生,不得对学生实施体罚、变相体罚或其他侮辱人格尊严的行为,不得侵害学生的合法权益。当然,教师在日常教育教学管理中,有采取适当方式对学生进行批评教育的权利。教师体罚或变相体罚学生的表现主要有:讽刺、挖苦、侮辱谩骂学生;罚站、罚跪、提重物、迟到、考试不及格罚款等；教师打学生，或让学生打学生、学生自己打自己；随意停课，如不让学生进教室听课，不准学生来校上课等。教师用暴力手段惩罚未成年学生，危害学生的身心健康，不利于未成年人健康成长。老师体罚、变相体罚学生的，应针对不同情节，给予老师不同的处罚：(1)老师偶尔轻微惩罚未成年学生，不是违法行为，由学校对老师进行批评教育。(2)老师体罚或变相体罚未成年学生，经教育仍不改正，情节严重的，由学校或县级以上人民政府的教育行政部门予以行政处分，或由公安机关予以行政处罚；造成恶劣影响的，撤销其教师资格。(3)老师体罚未成年学生造成严重后果，构成犯罪的，追究其刑事责任。(4)老师体罚未成年学生使其受到伤害的，应承担赔偿责任。老师是代表学校对学生进行教育管理的，学校应当对老师的行为承担责任。因此，对于老师体罚学生造成学生受伤害的，学校需承担赔偿责任。

第三，学校应当根据未成年学生身心发展的特点，对他们进行社会生活指导、心理健康辅导和青春期教育。

【议一议】

初中生婷婷上课玩手机，班主任李老师没收了她的手机，李老师回到办公室后并和其他老师一起翻看手机短信、qq聊天记录，了解了婷婷的秘密。李老师要求婷婷就短信和聊天内容做出解释和检讨。李老师的行为是否侵害了婷婷的隐私权呢？

➤ 扫描本章首二维码，查看解析。

第四，安全教育。学校、幼儿园、托儿所应当建立安全制度，加强对未成年人的安全教育，采取措施保障未成年人的人身安全。学校、幼儿园、托儿所不得在危及未成年人人身安全、健康的校舍和其他设施、场所中进行教育教学活动。学校、幼儿园安排未成年人参加集会、文化娱乐、社会实践等集体活动，应当有利于未成年人的健康成长，防止发生人身安全事故。教育行政等部门和学校、幼儿园、托儿所应当根据需要，制定应对各种灾害、传染性疾病、食物中毒、意外伤害等突发事件的预案，配备相应设施并进行必要的演练，增强未成年人的自我保护意识和能力。学校对未成年学生在校内或者本校组织的校外活动中发生人身伤害事故的，应当及时救护，妥善处理，并及时向有关主管部门报告。

3. 学校对有严重不良行为的未成年人进行教育

对于在学校接受教育的有严重不良行为的未成年学生，学校和父母或者其他监护人应当互相配合加以管教。无力管教或者管教无效的，可以按照有关规定将其送至专门学校继续接受教育。依法设置专门学校的地方人民政府应当保障专门学校的办学条件,教育行政部门应当加强对专门学校的管理和指导,有关部门应当给予协助和配合。专门学校应当对在校就读的未成年学生进行思想教育、文化教育、纪律和法制教育、劳动技术教育和职业教育。专门学校的教职员工应当关心、爱护、尊重学生,不得歧视、厌弃学生。

六、社会教育是保护未成年人不可或缺的环节

1. 形成社会教育氛围

全社会应当树立尊重、保护、教育未成年人的良好风尚,关心、爱护未成年人。

2. 保证受教育权利

各级人民政府应当保障未成年人受教育的权利,并采取措施保障家庭经济困难的、残疾的和流动人口中的未成年人等接受义务教育。未成年人已经完成规定年限的义务教育不再升学的,政府有关部门和社会团体、企业事业组织应当根据实际情况,对他们进行职业教育,为他们创造劳动就业条件。居民委员会、村民委员会应当协助有关部门教育和挽救违法犯罪的未成年人,预防和制止侵害未成年人合法权益的违法犯罪行为。

3. 开展社会教育活动

国家鼓励社会团体、企业事业组织以及其他组织和个人,开展多种形式的有利于未成年人健康成长的社会活动。国家鼓励科研机构和科技团体对未成年人开展科学知识普及活动。

4. 建设社会教育场所

各级人民政府应当建立和改善适合未成年人文化生活需要的活动场所和设施,鼓励社会力量兴办适合未成年人的活动场所,并加强管理。爱国主义教育基地、图书馆、青少年宫、儿童活动中心应当对未成年人免费开放;博物馆、纪念馆、科技馆、展览馆、美术馆、文化馆以及影剧院、体育场馆、动物园、公园等场所,应当按照有关规定对未成年人免费或者优惠开放。县级以上人民政府及其教育行政部门应当采取措施,鼓励和支持中小学校在节假日期间将文化体育设施对未成年人免费或者优惠开放。社区中的公益性互联网上网服务设施,应当对未成年人免费或者优惠开放,为未成年人提供安全、健康的上网服务。中小学校园周边不得设置营业性歌舞娱乐场所、互联网上网服务营业场所等不适宜未成年人活动的场所。营业性歌舞娱乐场所、互联网上网服务营业场所等不适宜未成年人活动的场所,不得允许未成年人进入,经营者应当在显著位置设置未成年人禁入标志;对难以判明是否已成年的,应当要求其出示身份证件。任何人不得在中

小学校、幼儿园、托儿所的教室、寝室、活动室和其他未成年人集中活动的场所吸烟、饮酒。公安机关应当采取有力措施,依法维护校园周边的治安和交通秩序,预防和制止侵害未成年人合法权益的违法犯罪行为。任何组织或者个人不得扰乱教学秩序,不得侵占、破坏学校、幼儿园、托儿所的场地、房屋和设施。

5. 丰富社会教育资源

国家鼓励新闻、出版、信息产业、广播、电影、电视、文艺等单位和作家、艺术家、科学家以及其他公民,创作或者提供有利于未成年人健康成长的作品。出版、制作和传播专门以未成年人为对象的内容健康的图书、报刊、音像制品、电子出版物以及网络信息等,国家给予扶持。国家鼓励研究开发有利于未成年人健康成长的网络产品,推广用于阻止未成年人沉迷网络的新技术。禁止任何组织、个人制作或者向未成年人出售、出租或者以其他方式传播淫秽、暴力、凶杀、恐怖、赌博等毒害未成年人的图书、报刊、音像制品、电子出版物以及网络信息等。

【读一读】　案例链接

某小学高年级,学生绝大部分为独生子女,娇惯成性,组织纪律性差。某周三下午,综合实践课教师王老师上课期间,学生朴某在课堂上大声说话,无理取闹,王老师制止时,又与老师蛮缠,下课后王老师将朴某叫到自己所住宿舍内批评朴某(只有两人在场),学生不服,与其争辩,王老师便给了朴某两记耳光,并说要与学生玩命,以此表示自己将学生"管好"的决心,直至下午5点50分才放学生回家,第七节英语课朴某未能去上(教师下班时间为5:30)。

探究:案例中的老师是否违背了相关法律?为什么?

➤ 扫描本章首二维码,查看解析。

第二节　《中华人民共和国预防未成年人犯罪法》

《中华人民共和国预防未成年人犯罪法》于1999年6月28日经第九届全国人民代表大会常务委员会第十次会议通过,根据2012年10月26日第十一届全国人民代表大会常务委员会第二十九次会议《关于修改〈中华人民共和国预防未成年人犯罪法〉的决定》修正,共分为总则、预防未成年人犯罪的教育、对未成年人不良行为的预防、对未成年人严重不良行为的矫治、未成年人对犯罪的自我防范、对未成年人重新犯罪的预防、法律责任及附则等八章共57条。

一、《预防未成年人犯罪法》概述

青少年犯罪,是一个世界性的严重社会问题。我国青少年占全国人口的近半数。其中18周岁以下的未成年人约有4亿,占全国总人口的1/3以上。青少年能否健康成长,是关系到国家存亡、民族兴衰的大事。

我国制定《预防未成年人犯罪法》的指导思想是:结合未成年人不同年龄的生理、心理特点,加强青春期教育、心理矫治和预防犯罪对策的研究。进行预防未成年人犯罪工作,必须在各级人民政府组织领导下,实行综合治理。政府有关部门、司法机关、人民团体、有关社会团体、学校、家庭、城市居民委员会、农村村民委员会等各方面共同参与,各负其责,做好预防未成年人犯罪工作,为未成年人身心健康发展创造良好的社会环境。

《预防未成年人犯罪法》是我国第一部预防犯罪的专项立法,打破了刑事立法中只强调事后对犯罪的处罚而忽视事先对犯罪的预防的状况,是我国刑事立法思想的重大突破。同时,本法又是基于保护未成年人的健康成长,防范未成年人违法犯罪而做出的重大立法举措,它的内容非常全面,各条的规定讲究可行性,它具有指导思想的科学性、预防对象的特定性、预防主体的广泛性、预防内容的具体性、预防措施的多样性、预防责任的明确性等特点。

制定《预防未成年人犯罪法》对培养未成年人法制观念和遵守法律的良好习惯,实现国家对未成年人培养目标有着重要意义,对促进未成年人身心健康,在法律上有了进一步保障,有利于创造和维护未成年人健康成长的社会环境,促进社会主义精神文明建设。有利于预防和减少犯罪,维护社会稳定,不仅在立法上是一项重大突破,而且庄严宣告犯罪是可以预防的,推动了我国青少年立法工作的发展,不仅使我们开展预防未成年人犯罪工作有了法律依据和保障,而且促进了我国少年司法制度的进一步完善。

《预防未成年人犯罪法》的立法目的(即宗旨),在其总则第一条中做了明确的规定。依照该条规定,《预防未成年人犯罪法》的立法目的包括保障未成年人的身心健康、培养未成年人良好的品行、有效地预防未成年人犯罪,三方面内容相辅相成、紧密联系、互为影响。有效地预防未成年人犯罪,有利于保障未成年人身心健康,培养其良好品行。保障好未成年人身心健康,培养未成年人具有良好品行,反过来又能起到有效地预防未成年人犯罪的良好作用。这三方面既是我国《预防未成年人犯罪法》的立法目的,也是贯穿于整个预防未成年人犯罪立法的指导思想。对与未成年人犯罪的教育、对未成年人不良行为的预防、对严重不良行为的矫治、未成年人对犯罪的自我防范、法律责任承担的规定都是根据这一目标而制定的,也是为了实现这一目标而服务的。

二、教育是预防未成年人犯罪的有效手段

预防为成年人犯罪应当遵循的基本原则是：教育和保护的原则；从小抓起的原则；及时预防和矫治不良行为的原则。教育和保护的原则，实际上是"教育原则"和"保护原则"的合称，二者相辅相成，教育中见保护，保护中有教育，共同作用于预防未成年人犯罪这一目标。未成年人的生理、心理特征决定了对未成年人犯罪的预防，不应提高严厉打击，遏制其犯罪来达到预防的目的，而是应通过科学把握未成年人的身心发展特点，立足于教育和保护来达到预防的目的。这一原则也是《未成年人保护法》确定的保护未成年人工作应当遵循的一条基本原则。通过教育，提高未成年人的素质，使未成年人学会明辨是非，知道利害关系。因此，可以说教育是预防未成年人犯罪的有效手段。

三、预防未成年人犯罪的教育

1. 预防未成年人犯罪的教育的目的

对于达到义务教育年龄的未成年人，在进行理想、道德、法制和爱国主义、集体主义、社会主义教育的同时，应当进行预防犯罪的教育，其目的是增强未成年人的法制观念，使未成年人懂得违法和犯罪行为对个人、家庭、社会造成的危害，违法和犯罪行为应当承担的法律责任，树立遵纪守法和防范违法犯罪的意识。

2. 学校开展预防未成年人犯罪的教育

教育行政部门、学校应当将预防犯罪的教育作为法制教育的内容纳入学校教育教学计划，结合常见多发的未成年人犯罪实案，对不同年龄的未成年人进行有针对性的预防犯罪教育。学校应当聘任从事法制教育的专职或者兼职教师、校外法律辅导员，结合实际举办以预防未成年人犯罪的教育为主要内容的活动。教育行政部门应当将预防未成年人犯罪教育的工作效果作为考核学校工作的一项重要内容。

3. 社会开展预防未成年人犯罪的教育

司法行政部门、教育行政部门、共产主义青年团、少年先锋队应当结合实际，组织、举办展览会、报告会、演讲会等多种形式的预防未成年人犯罪的法制宣传活动。少年宫、青少年活动中心等校外活动场所应当把预防未成年人犯罪的教育作为一项重要的工作内容，开展多种形式的宣传教育活动。对于已满十六周岁不满十八周岁准备就业的未成年人，职业教育培训机构、用人单位应当将法律知识和预防犯罪教育纳入职业培训的内容。城市居民委员会、农村村民委员会应当积极开展有针对性的预防未成年人犯罪的法制宣传活动。

4. 家庭开展预防未成年人犯罪的教育

未成年人的父母或者其他监护人对未成年人的法制教育负有直接责任。学校在对学生进行预防犯罪教育时,应当将教育计划告知未成年人的父母或者其他监护人,未成年人的父母或者其他监护人应当结合学校的计划,针对具体情况进行配合教育。

四、预防未成年人不良行为的教育

1. 不良行为及其危害

未成年人的不良行为,是指轻微违法或者违背社会公德的行为。未成年人不良行为主要有旷课、夜不归宿;携带管制刀具;打架斗殴、辱骂他人;强行向他人索要财物;偷窃、故意毁坏公共财物;参与赌博或者变相赌博;观看、收听色情、淫秽的音像制品、读物等;进入法律、法规规定未成年人不适宜进入的营业性歌舞厅等场所;其他严重违背社会公德的不良行为。不良行为很可能会发展成为犯罪行为,预防未成年人犯罪不能忽视对未成年人不良行为的监管。

2. 学校预防未成年人不良行为的教育

学校对有不良行为的未成年人应当加强教育、管理,不得歧视。教育行政部门、学校应当举办各种形式的讲座、座谈、培训等活动,针对未成年人不同时期的生理、心理特点,介绍良好有效的教育方法,指导教师、未成年人的父母和其他监护人有效地防止、矫治未成年人的不良行为。对于教唆、胁迫、引诱未成年人实施不良行为或者品行不良,影响恶劣,不适宜在学校工作的教职员工,教育行政部门、学校应当予以解聘或者辞退;构成犯罪的,依法追究刑事责任。

【议一议】

未成年学生夜不归宿,学校和家长怎么办?

➤ 扫描本章首二维码,查看解析。

3. 社会预防未成年人不良行为的教育

以未成年人为对象的出版物,不得含有诱发未成年人违法犯罪的内容,不得含有渲染暴力、色情、赌博、恐怖活动等危害未成年人身心健康的内容。任何单位和个人不得向未成年人出售、出租含有诱发未成年人违法犯罪倾向以及渲染暴力、色情、赌博、恐怖活动等危害未成年人身心健康内容的读物、音像制品或者电子出版物。任何单位和个人不得利用通讯、计算机网络等方式提供前款规定的危害未成年人身心健康的内容及其信息。广播、电影、电视、戏剧节目,不得有渲染暴力、色情、赌博、恐怖活动等危害未成年人身心健康的内容。任何经营性场所不得向未成年人出售烟酒。禁止在中小学校附近开办营业性歌舞厅、营业性电子游戏场所以及其他未成年人不适宜进入的场所。营业性歌舞厅以及其他未成年人不适宜进入的场所，应当设置明显的未成年人禁止进入标志，不得允许未成年人进入。营业性电子游戏场所在国家法定节假日外，不得允许未成年人进入，并应当设置明显的未成年人禁止进入标志。公安机关应当加强中小学校周围环境的治安管理，及时制止、处理中小学校周围发生的违法犯罪行为。城市居民委员会、农村村民委员会应当协助公安机关做好维护中小学校周围治安的工作。公安派出所、城市居民委员会、农村村民委员会应当掌握本辖区内暂住人口中未成年人的就学、就业情况。对于暂住人口中未成年人实施不良行为的，应当督促其父母或者其他监护人进行有效的教育、制止。

【读一读】

　　根据国家法律法规的规定，营业性歌舞厅是不适宜未成年人进入的场所。营业性电子游戏厅在国家法定假日外，也是不适宜未成年人进入的场所。一些地方法规还将台球厅、录像厅、酒吧、夜总会等场所列为不适宜未成年人进入的场所。不适宜未成年人进入的场所应当设置明显的未成年人禁止进入标志，以警示未成年人和他们的监护人，便于有关行政部门的监督管理。

　　4. 家庭预防未成年人不良行为的教育

　　父母或者其他监护人对未成年人有直接教育责任，他们与未成年人一起居住，也为教育提供了便利。父母或者其他监护人应当以健康的思想、品性和适当的方式教育未成年人，引导未成年人进行有益身心健康的活动，预防和制止未成年人的不良行为。未成年人的父母离异的，离异双方对子女都有教育的义务，继父母、养父母对受其抚养教育的未成年继子女、养子女，任何一方都不得因离异而不履行教育子女的义务。未成年人的父母或者其他监护人，不得让不满十六周岁的未成年人脱离监护单独居住。未成年人的父母或者其他监护人对未成年人不得放任不管，不得迫使其离家出走，放弃监护职责。未成年人擅自外出夜不归宿的，其父母或者其他监护人、其所在的寄宿制学校应当及时查找，或者向公安机关请求帮助。收留夜不归宿的未成年人的，应当征得其父母或者其他监护人的同意，或者在二十四小时内及时通知其父母或者其他监护人、所在学校或者及时向公安机关报告。未成年人离家出走的，其父母或者其他监护人应当及时查找，或者向公安机关请求帮助。

五、矫治未成年人严重不良行为的教育

1. 未成年人严重不良行为

严重不良行为指严重危害社会,尚不够刑事处罚的违法行为,如纠集他人结伙滋事,扰乱治安;携带管制刀具,屡教不改;多次拦截殴打他人或者强行索要他人财物;传播淫秽的读物或者音像制品等;进行淫乱或者色情、卖淫活动;多次偷窃;参与赌博,屡教不改;吸食、注射毒品;其他严重危害社会的行为;等等。

2. 工读学校矫治未成年人严重不良行为的教育

对有严重不良行为的未成年人,其父母或者其他监护人和学校应当相互配合,采取措施严加管教,也可以送工读学校进行矫治和接受教育。对未成年人送工读学校进行矫治和接受教育,应当由其父母或者其他监护人,或者原所在学校提出申请,经教育行政部门批准。

工读学校对就读的未成年人应当严格管理和教育。工读学校除按照《义务教育法》的要求,在课程设置上与普通学校相同外,应当加强法制教育的内容,针对未成年人严重不良行为产生的原因以及有严重不良行为的未成年人的心理特点,开展矫治工作。

家庭、学校应当关心、爱护在工读学校就读的未成年人,尊重他们的人格尊严,不得体罚、虐待和歧视。工读学校毕业的未成年人在升学、就业等方面,同普通学校毕业的学生享有同等的权利,任何单位和个人不得歧视。

【读一读】

工读学校既不同于少年犯管教所,也不同于劳动教养机关,现称为专门学校。进入工读学校的未成年人不是犯人,而是学生。工读学校是普通教育中的一种特殊形式,同时也是实施九年义务教育的一种不可或缺的教育形式。工读学校是对有违法和轻微犯罪行为学生进行特殊教育的半工半读学校,学制一般为两年。工读学校的入学程序是:凡是在校未成年人,均需由学校提名,征得所在地公安派出所同意后,报有关教育部门审批。目前,全国已经建立起一百多所工读学校。工读学校的任务是坚持"立足教育,挽救孩子,科学育人,造就人才"的指导思想,全面贯彻国家的教育方针,把有违法或轻微犯罪行为的未成年学生教育、挽救成为有理想、有道德、有文化、有纪律,并掌握一定生产劳动技术和职业技能的社会主义公民。工读学校的招生对象是12周岁到17周岁,有违法或轻微犯罪行为,尚不够劳动教养、收容教养或刑事处罚条件,但又不适宜在原学校学习的未成年学生。工读学校学生在校期间的生活、学习费用由其家长

负担,如果家长支付确有困难的,可以申请助学金来交纳。如果工读学校招收的未成年人是孤儿,并且其原来是由民政部门供养和发给社会救济费的,则仍由民政部门负责发放。

3. 公安机关矫治未成年人严重不良行为的教育

未成年人有严重不良行为,构成违反治安管理行为的,由公安机关依法予以治安处罚。因不满 14 周岁或者情节特别轻微免予处罚的,可以予以训诫。未成年人在被收容教养期间,执行机关应当保证其继续接受文化知识、法律知识或者职业技术教育;对没有完成义务教育的未成年人,执行机关应当保证其继续接受义务教育。解除收容教养、劳动教养的未成年人,在复学、升学、就业等方面与其他未成年人享有同等权利,任何单位和个人不得歧视。

🎤【读一读】

《少年教养工作管理办法(试行)》第 2 条规定:"少年教养人员包括少年劳动教养人员和少年收容教养人员"。少年劳动教养人员是指决定劳动教养时不满十八周岁的劳动教养人员;少年收容教养人员是指《中华人民共和国刑法》第 17 条第 4 款规定的"因不满 16 周岁不予刑事处罚,由政府收容教养的少年。"劳动教养是针对有严重违法行为但不构成犯罪的人实行强制性的教育改造的措施,是比收容教养更具有强制性的惩罚措施。劳动教养的期限一般为 1 年至 3 年,必要时可以延长 1 年。劳动教养一般适用于成年人,未成年人经劳动教养管理委员会审查批准,可以实行劳动教养。但对于不满 16 周岁的未成年人不能进行劳动教养,应当将其送工读学校或少年犯管教所。收容教养制度是为了对因未满 16 周岁而免予刑事处罚的未成年人罪犯进行教育和矫治而设立的制度。收容教养的期限一般为 1 年至 3 年。收容教养的对象包括:已满 14 周岁不满 16 周岁的未成年人犯罪,应负刑事责任,但不予刑事处罚,在必要时可以收容教养;未满 14 周岁的未成年人犯有杀人、重伤、抢劫、放火或者其他严重破坏社会秩序的,在必要时可以收容教养。

4. 家庭矫治未成年人严重不良行为的教育

未成年人因不满 16 周岁不予刑事处罚的,责令他的父母或者其他监护人严加管教。父母或者其他监护人应教育未成年人遵守法律、法规及社会公共道德规范,树立自尊、自律、自强意识,增强辨别是非和自我保护的能力,自觉抵制各种严重不良行为的引诱和侵害。

六、预防未成年人重新犯罪的教育

1. 坚持教育为主

对犯罪的未成年人追究刑事责任，实行教育、感化、挽救方针，坚持教育为主、惩罚为辅的原则。司法机关办理未成年人犯罪案件，应当保障未成年人行使其诉讼权利，保障未成年人得到法律帮助，并根据未成年人的生理、心理特点和犯罪的情况，有针对性地进行法制教育。对被拘留、逮捕和执行刑罚的未成年人与成年人应当分别关押、分别管理、分别教育。

【读一读】

未成年犯管教所是监狱的一种类型，是国家的刑法执行机关。未成年犯应当在未成年犯管教所执行刑罚。对被关押在未成年犯管教所里的未成年犯的改造，应当充分考虑到他们的生理、心理等特点，采取以教育为主、惩罚为辅的原则，坚持因人施教、以理服人、形式多样的教育改造方式；实行依法、科学、文明、直接管理。未成年犯的劳动，应当以学习、掌握技能为主。对未成年犯进行思想教育，主要包括法律常识、形势政策、道德修养、人生观、爱国主义、劳动常识等。对未成年犯进行文化教育，列入当地教育发展总体规划，争取得到当地教育行政部门的支持。

2. 保证教育权利

对于被采取刑事强制措施的未成年学生，在人民法院的判决生效以前，不得取消其学籍。未成年犯在被执行刑罚期间，执行机关应当加强对未成年犯的法制教育，对未成年犯进行职业技术教育。对没有完成义务教育的未成年犯，执行机关应当保证其继续接受义务教育。依法免予刑事处罚、判处非监禁刑罚、判处刑罚宣告缓刑、假释或者刑罚执行完毕的未成年人，在复学、升学、就业等方面与其他未成年人享有同等权利，任何单位和个人不得歧视。

【议一议】

学校可以拒收服刑期满释放的未成年学生吗？

➤ 扫描本章首二维码，查看解析。

3. 丰富教育路径

未成年人的父母或者其他监护人和学校、城市居民委员会、农村村民委员会，对因不满16周岁而不予刑事处罚、免予刑事处罚的未成年人，或者被判处非监禁刑罚、被判处刑罚宣告缓刑、被假释的未成年人，应当采取有效的帮教措施，协助司法机关做好对未成年人的教育、挽救工作。城市居民委员会、农村村民委

员会可以聘请思想品德优秀、作风正派、热心未成年人教育工作的离退休人员或
者其他人员协助做好对前款规定的未成年人的教育、挽救工作。

本章小结

　　本章介绍了《中华人民共和国未成年人保护法》《中华人民共和国预防未成
年人犯罪法》中关于教育的条款。教育是保护未成年人、预防未成年人犯罪的重
要手段和路径。保护受教育权是保护未成年人的核心，家庭教育、学校教育、社
会教育在保护未成年人过程中只有形成合力才能充分发挥作用。学校、社会、家
庭在预防未成年人不良行为、矫治未成年人严重不良行为、预防未成年人重新犯
罪等方面有规律可循，也大有可为。

课后练习

　　1. 保护未成人工作应遵循哪些原则？
　　2. 如何理解未成年人的受教育权？
　　3. 学校教育在保护未成年人方面应注意哪些问题？
　　4. 家庭如何发挥在预防未成年人不良行为方面的教育作用？
　　5. 矫治未成年人严重不良行为的教育途径有哪些？

第七章 教育行政法规

法规条文阅读
配套答案解析

章首语

改革开放以来,我国各项事业包括教育事业都取得了辉煌的成就,教育法治建设更是为教育事业的发展和教育改革的深化发挥了重要的引领、规范、促进和保障作用。在全面推进依法治国和依法治教的背景下,党和国家立足时代,高瞻远瞩,充分认识到完善教育行政法规,加强教育法制建设的重要性和紧迫性。为此,我国先后出台了《教师资格条例》、《幼儿园管理条例》、《学校体育工作条例》、《学校卫生工作条例》、《义务教育法实施细则》、《学生伤害事故处理办法》、《中小学勤工俭学暂行工作条例》等一系列教育行政法规,已逐步建成系统科学的教育行政法规体系,规范了教育教学活动的开展和教育事业的发展,为依法治校、依法治教提供了法律依据,推动了各级教育事业的可持续发展。

知识点思维导图

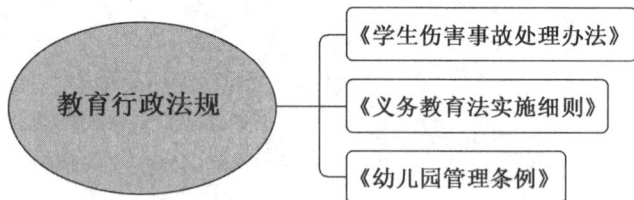

```
                        ┌─ 《学生伤害事故处理办法》
          教育行政法规 ──┼─ 《义务教育法实施细则》
                        └─ 《幼儿园管理条例》
```

情境导入

高校为何要学生签"生死协议"、"自杀协议"?

2003年11月1日,南京师范大学一年级新生代表与校方签订了一份《学生自律与教育管理协议书》。协议第10条规定:"学生自杀、自伤的;在对抗性或具有风险性的体育竞赛活动中发生意外伤害的;住校外学生在上学、放学、返校、离校途中发生伤害的;学生自行外出或擅自离校期间发生人身伤害的……校方将

无法律责任,学生就此必须承担相关责任。"(2003 年 11 月 4 日《南方都市报》)

2007 年 4 月,一份被学生称作"生死协议"的协议书近日引起了人们的关注。这份名为《新疆教育分院学生安全责任协议书》规定,学生如果出现自杀、自伤,在假期离校、返校过程中发生伤亡,自行外出或者擅自离校发生伤亡等九类伤亡事件,由学生承担相应责任,学校概不负责。拟订这份协议时,学校并没有提前告知学生,而老师让学生签协议,是在课间 10 分钟内,还没等大家拿定主意,就草草签字了事,此后学校也未给学生任何说明和解释。(2007 年 4 月 16 日《中国青年报》)

2010 年 11 月 7 日,记者在山东建筑大学调查时发现,该校学生确实在学校的要求下,签订了《山东建筑大学教育管理与学生自律协议书》。引起热议的是"协议书"第 10 条和第 11 条的规定。第 10 条规定,因下列情形之一造成的学生伤害事故,学校已履行了相应责任,行为并无不当的,不承担法律责任。其中包括地震、雷击、台风、洪水等不可抗拒的自然因素造成的,以及学生自杀、自伤的等 6 项内容。第 11 条规定,下列情形下发生的造成学生人身损害后果的事故,学校行为并无不当的,不承担事故责任;事故责任应当按有关法律法规或者其他有关文件认定。其中包括在学生自行上学、放学、返校、离校途中发生的等 4 项内容。"附则"中写道:"本协议适用于所有全日制本、专科学生。本协议如与有关法律法规相违背,以国家法律法规为准。"

思考:

1. 学校与学生签订"生死协议"、"安全责任协议"是否合乎法律规定?

2.《学生伤害事故处理办法》的性质是什么?你了解的我国教育行政法规还有哪些?

第一节　教育行政法规概论

一、教育行政法规定义

教育行政法规指国家最高行政机关即国务院,为领导和管理教育事业、根据《宪法》和教育法律制定的规范性文件。教育行政法规在内容上是针对某一类教育事务发布的行为规则,而不是针对某个具体的事件和具体问题做出决定,在形式和结构上必须比较规范,在时效上必须有相对的稳定性,其制定、审定和发布必须经过法定的程序。

教育行政法规这种形式在各国普遍存在。如日本,在学校教育方面,有国会通过的《学校教育法》,又有由内阁通过的《学校教育法施行令》。在我国,根据现行《宪法》第 89 条规定,行政法规专指由国务院根据宪法和法律制定的规范性文件。在名称上一般有三种:① 对某一方面的行政工作做比较全面、系统规定的,称"条例";② 对某一方面的行政工作做部分规定的,称"规定";③ 对某一项行政工作做比较具体规定的,称"办法"。行政法规一般有两种批准方式:① 由国务院常务会议审批;② 由国务院总理审批。经审议通过或审定的行政法规,可有两种发布方式:① 由国务院发布;② 由国务院批准、国务院主管部门发布。行政法规不论采取哪种批准方式或发布形式,都具有相等的效力。

【做一做】
单项选择:根据我国宪法,国务院有权制定和发布( )。
A. 教育法律　　　B. 教育行政法规　　　C. 法律　　　D. 地方规则
答案:B。

二、我国教育行政法规一览

20 世纪 80 年代以来,我国加快了教育立法步伐。自 1980 年新中国第一部教育法律《中华人民共和国学位条例》正式施行至今,我国已初步形成以教育基本法为主,各级地方性教育行政法规为辅的教育法律体系。一系列教育行政法规的出台,使得我国教育立法呈现加速趋势,也为我国依法治教、依法办学奠定了法律基础。我国目前生效的教育行政法规,按 1987 年 4 月 21 日国务院批准的《行政法规制定程序暂行条例》标准,形式和内容都比较规范的主要有:

《中华人民共和国学位条例暂行实施办法》(1981 年 5 月 20 日国务院批准);

《征收教育费附加的暂行规定》(1986 年 4 月 28 日国务院发布,1990 年 6 月 7 日国务院令第 60 号修改);

《普通高等学校设置暂行条例》(1986 年 12 月 15 日国务院发布);

《扫除文盲工作条例》(1988 年 2 月 5 日国务院发布);

《高等教育自学考试暂行条例》(1988 年 3 月 3 日国务院发布);

《幼儿园管理条例》(1989 年 8 月 20 日经国务院批准,国家教育委员会令第 4 号发布);

《学校体育工作条例》(1990 年 2 月 20 日经国务院批准,国家教育委员会令第 8 号发布);

《学校卫生工作条例》(1990 年 6 月 6 日经国务院批准,国家教育委员会令第 10 号发布);

《中华人民共和国义务教育法实施细则》(1992 年 2 月 29 日经国务院批准,国家教育委员会令第 19 号发布);

《残疾人教育条例》(1994 年 8 月 23 日国务院发布);

《中外合作办学暂行规定》(1995 年 1 月 26 日经国务院批准,国家教育委员会发布);

《教师资格条例》(1995 年 12 月 12 日国务院发布);

《社会力量办学条例》(1997 年 7 月 31 日由国务院发布);

本章将主要介绍《学生伤害事故处理办法》《义务教育法实施细则》和《幼儿园管理条例》三个教育行政法规,了解政府、学校、社会等方面贯彻落实教育法制的具体规定和运行方式,保障教育目标和教育方针的正确性,更好地促进教育事业持续健康发展,实现科教兴国。

第二节 学生伤害事故处理办法

2002 年 6 月 28 日,教育部颁布了《学生伤害事故处理办法》(以下简称《办法》),自 2002 年 9 月 1 日起施行。《办法》对学生在学校期间发生的人身伤害事故的预防和处理做出了具体的规范。《办法》的颁布为广大学生、各级各类学校及家长处理学生伤害事故和承担责任提供了法律依据,具有积极的实践意义。

一、《办法》概述

(一) 立法背景

学生伤害事故是当前困扰中小学、幼儿园教学和管理的一个重要问题。我国的中小学在校学生,是一个相当庞大的社会群体,保障在校学生的人身安全是维护学生的合法权益,保障学校教育教学正常秩序的重要方面,长期以来一直受到学校、教育部门和社会各界的关注。自 20 世纪 90 年代以来,学生安全事故呈上升趋势,其中一部分属于学生在校伤害事故。近年来,教育部已经相继颁布了10 多项有关学校安全工作的政策、规定,《学生伤害事故处理办法》是构建有关学校安全的法律、制度框架的重要组成部分。

1. 学校对学生安全保护意识不强,保障防范措施存在隐患

学生伤害事故大多是混合责任事故,其中学校对学生安全保护意识不强,保障防范措施中存在隐患是造成事故的重要原因之一。比如,午餐热汤放置不当

导致学生烫伤,学校废弃的体育设施未及时处置导致学生受伤等。

2. 现行法律规定原则过大,事故处理存在较大争议

学生伤害事故属于民事纠纷,法律责任主要是侵权行为的损害赔偿责任。主要的处理依据是《中华人民共和国民法通则》及相关的司法解释。但由于这些规定都属于原则类,操作性不强,在学生伤害事故处理实践中,关于如何认定学校的侵权行为、学校如何承担法律责任、如何确定损害赔偿金额等问题,各方认识不一致,影响了学生伤害事故的处理进程,加大伤害事故处理的难度。

3. 学校与学生关系法律性质定位不清,社会各界对学校责任认识有分歧

学校与学生关系的法律性质及学校在学生安全方面所承担职责的性质,是妥善处理学生伤害事故、确定学校事故责任的法律基础。但社会各方对此问题的认识不统一,法学界对此问题也有争议,对学校和学生之间的关系主要有四种观点。一是监护关系论。此观点认为教育教学活动期间,家长的监护权已移交给学校,学校与学生之间存在着事实上的监护关系,学校应为未尽监护义务所造成的后果承担法律责任。二是准行政关系论。学校对学生承担着教育、管理和保护的职责,这种职责是一种社会责任,在由国家提供经费的义务教育阶段,这种社会性尤为明显,类似于行政管理。三是特殊民事关系论。学生、家长、学校都是平等的民事主体,它们之间的关系是属于民事法律关系。义务教育的强制性、公益性等特征,说明学校与学生之间的关系不是一般的民事法律关系,而是特殊的民事法律关系。四是教育管理和保护关系论。教育教学活动期间,学校对学生负有安全教育、通过约束指导进行管理、保障其安全健康成长的职责。

4. 公民依法维权意识增强,适用法律依据缺乏

伴随社会主义法制的发展,公民法律意识不断强化,运用法律武器维护自身权益的行为越来越多。但对如何运用法律解决此类纠纷存在认识上的分歧,主要是对学校与学生的关系缺乏明确的法律界定,解决伤害事故应该适用的程序等问题没有法律依据,学校、学生及第三方责任没有明确的法律区分等,这使得想通过法律途径解决纠纷的家长无法实现,也使假借法律手段行使不法之实的家长有了借口。因此,制定一个具有普遍指导意义的学生伤害事故处理办法是十分必要和迫切的。

为了妥善处理学生伤害事故,保障学生合法权益,维护正常的教育教学秩序,推进素质教育,通过法律法规规范调整学校在保障学生安全方面的责任已刻不容缓。教育部有关部门借鉴国外相关立法经验,多次调研,广泛征求各界意见,最终于 2002 年 6 月 25 日以规章的形式颁布了《学生伤害事故处理办法》。

（二）立法目的和意义

《办法》第一章总则第 1 条明确了立法的目的："为积极预防、妥善处理在校学生伤害事故，保护学生、学校的合法权益，根据《教育法》《未成年人保护法》和其他相关法律、行政法规及有关规定，制定本办法。"可见，《办法》有明确的立法依据，立法主要目的在于指导和帮助教育行政部门、各级各类学校积极预防、妥善处理学生伤害事故。

《办法》的颁布具有积极意义。首先，将有力地促进学校提高自身的责任观念和预防意识，促进学校、教育行政部门加强对学生人身安全的保护，有效预防伤害事故的发生；其次，为正确处理学生伤害事故提供了法律依据，将有利于在校学生人身伤害事故的妥善、正确处理，维护学生和学校的合法权益；最后，《办法》进一步完善了教育法律体系，将建立起良好的法制环境和制度框架，为学校适应实施素质教育的要求，开展多种形式的活动，促进学生身心的全面发展，创造必要的外部条件和有力的保障机制。

《办法》的主要精神是保护学生人身安全。主要体现在以下几个方面：一是预防为主。《办法》第 4 条至第 7 条都明确规定了预防措施，要求学校在设施、制度、管理、组织、教育等方面，事先采取防范措施，防患于未然。二是明确责任。既要考虑学校教育教学工作的特殊性，保护学校教师工作积极性，又要考虑学生年龄、生理、心理特殊性，保证学生健康成长。《办法》明确了学校与学生在监护问题上的基本法律关系，学校对未成年学生不承担监护职责；明确了学生伤害事故侵权民事责任的归责原则——过错责任原则；明确了学校、学生、监护人、教师及其他相关人员应当和不应当承担法律责任的主要行为。三是完善程序。在处理学生伤害事故过程中可以采取调解和诉讼方式，设定了以调解为核心内容的学校和教育行政主管部门处理事故的程序。四是合理赔偿。赔偿是《办法》的核心内容。根据事故的责任确定赔偿主体，提出了以建立社会保险机制为特征的筹措赔偿经费的途径。这些措施有利于在学生受到伤害时得到快速有效的处理。五是追究责任。《办法》规定了对事故责任者的处理办法，处于不同法律关系中的法律关系主体适用不同的处罚办法。处理包括纪律处分、行政处分、行政处罚、刑事责任、民事赔偿等五个方面。

《办法》是我国第一部用于处理在校学生伤害事故的全国性教育法规。该法规的出台弥补了我国教育立法在处理学生伤害事故专项法规上的空白，为积极预防、妥善处理在校学生伤害事故，保护学生、学校的合法权益提供了重要的法律依据。

（三）《办法》的特征

一是针对性。《办法》的颁布是依法治教深入推进的标志，使依法治教更加具体明确,具有针对性,有利于解决教育领域中关于学生伤害事故责任的热点、难点问题。

二是法治性。《办法》明确了学生伤害事故责任的过错原则,具体划分了学校、教师、学生、监护人、教育行政部门及其他相关人员的法律责任,有利于教育教学活动的正常有序开展,保证了学生、教师、学校的积极性。

三是规范性。《办法》规定了学生伤害事故处理程序和赔偿办法,确保事故处理的公正、公平,并能保证受害者的权益得到及时有效的维护和赔偿。

二、《办法》主要内容

(一) 学校伤害事故的界定

学校伤害事故是指在学校实施的教育教学活动或者学校组织的校外活动中,以及在学校负有管理责任的校舍、场地、其他教育教学设施、生活设施内发生的,造成在校学生人身损害后果的事故。

【做一做】
单项选择:确定事故是否为学生伤害事故的关键,是看事故是否发生在学校组织的教育活动或者学校负有(　　)的范围之内。
A. 预防责任　　　　B. 监管责任　　　　C. 管理责任　　　　D. 教育责任
答案:C。

(二)《办法》适用范围

《办法》第一章第2条明确规定:"在学校实施的教育教学活动或者学校组织的校外活动中,以及在学校负有管理责任的校舍、场地、其他教育教学设施、生活设施内发生的,造成在校学生人身损害后果的事故的处理,适用本办法。"适用范围是《办法》的重要问题之一,可从以下几个方面理解《办法》的适用范围。

其一,从学校角度,明确《办法》适用于国家或者社会力量举办的全日制中小学(含特殊教育学校)、各类中等职业学校、高等学校(《办法》第37条)。非全日制学校、业余学校、幼儿园及其他教育机构发生的学生伤害事故参照处理。

其二,从学生角度,明确《办法》适用于在国家或者社会力量举办的全日制中小学(含特殊教育学校)、各类中等职业学校、高等学校中全日制就读的受教育者(《办法》第37条),在学校注册的其他受教育者在学校管理范围内发生的伤害事故,参照处理(《办法》第37条、第39条)。

其三,从范围上,明确只有在学校实施的教育教学活动或者学校组织的校外活动中,以及在学校负有管理责任的校舍、场地、其他教育教学设施、生活设施内发生的学生伤害事故,才适用本《办法》(《办法》第2条)。

其四,从损害后果的形态上,明确《办法》适用于人身伤害和死亡,单纯的财产损失和精神损害不包括在内。

(三)学校与学生关系的法律性质及职责

在学校教育教学期间,学校与学生关系的法律性质及其在学生安全方面所承担职责的性质,是妥善处理学生伤害事故、确定学校事故责任的基本问题和法理基础。如前所述,对于学校与学生关系的法律性质,法学界有四种观点。鉴于教育、管理和保护关系论,有《中华人民共和国教育法》、《中华人民共和国义务教育法》、《中华人民共和国未成年人保护法》等法律法规为依据,并已为最高人民法院所确认,易于为社会各方接受。《办法》第 4 条、第 5 条明确规定了学校在教育教学活动期间,对学生负有提供安全的教育教学条件,落实安全措施,进行安全教育、管理和保护的职责。同时排除学校负有当然的监护职责(《办法》第 7 条第 2 款)。

1. 学校与学生关系的法律性质

根据《民法通则》第 16 条规定,学校不在学生法定监护人之列。所以《办法》明确了学校不是未成年学生的监护人,学校不承担未成年学生的监护职责,明确了学校与学生在监护问题关系上的基本法律关系。

《办法》第一章第 7 条明确规定:"学校对未成年学生不承担监护责任,但法律有规定的或者学校依法接受委托承担相应监护职责的除外。"

一方面,从一般的意义上,学校与未成年学生之间不是一种监护与被监护的关系。保护在校的未成年学生是学校应当承担的法律义务。但是保护和监护有着本质的区别,保护是指学校对未成年学生尽力照顾,使之不受伤害,而监护则是对未成年人的人身、财产以及其他合法权益的监督和保护。学校有义务对未成年学生实施保护,尽可能保证其人身安全,减少事故的发生。未成年学生有权要求学校对其实施保护。但学校实施的这种保护一定是与教育教学活动有关的保护,而不是其职责范围之外的保护。由此可见,学校对学生只负有教育、管理和保护的责任,不承担监护职责,因此在自己的职责范围内有过错才承担相应的责任。

另一方面,在一些特殊情况下,学校应依法承担相应的监护职责:一是法律有明确规定的,学校应承担监护的职责。二是学校依法接受委托,承担相应监护职责,如未成年学生的家长把孩子送到寄宿制学校或全托幼儿园,在其子女入学时与校方签订委托合同,针对学生寄宿学校这种特殊的情况,要求学校代替学生家长履行部分监护权;又如有的未成年学生身体上有特殊缺陷,其父母在其入学时就委托学校根据孩子的特殊身体状况予以特殊的护理或者照顾等。学校在接受委托的情况下,如果没有尽到相应的监护职责而导致未成年学生发生伤害事故,学校就应当依法承担相应的法律责任。

目前,《办法》以正式法律条文的形式明确了学校与未成年学生在监护问题上的基本法律关系,为确定事故的归责原则、赔偿原则等重要问题提供了重要的法律依据。

2.《办法》中明确了学校要负责的范围

《办法》第六章第37至第39条明确了学校和学生的含义。学校,指国家或社会力量举办的全日制中小学(含特殊教育学校)、各类中等职业学校和高等学校。学生,指上述学校中全日制就读的受教育者。至于其他教育机构,如幼儿园、少年宫、培训机构等,可以参照本办法执行。在学校注册的其他受教育者(非全日制受教育者),可以参照本办法执行。

《办法》第2条具体明确了事故的范围:① 地理范围:在学校负有管理责任的校舍、场地、其他教育设施、生活设施内。② 时间范围:在学校实施的教育教学活动或学校组织的校外活动中。如:在礼堂演出失火,造成的重大人员伤亡,因是学校组织的活动,所以学校需要承担责任。

3.《办法》中还特别明确了学校不用负责的范围

《办法》第一章第13条明确规定下列情形下发生的造成学生人身损害后果的事故,学校行为并无不当的,不承担事故责任;事故责任应当按有关法律法规或者其他有关规定认定:

(1)在学生自行上学、放学、返校、离校途中发生的;

(2)在学生自行外出或者擅自离校期间发生的;

(3)在放学后、节假日或者假期等学校工作时间以外,学生自行滞留学校或者自行到校发生的;

(4)其他在学校管理职责范围外发生的。

因此,学校必须在每学期开始时将学校作息时间及时通知家长。临时有时间变动的,要及时通知家长,最好书面通知。

(四)学校伤害事故处理的基本原则

学生伤害事故的法律责任大多属于民事侵权责任。在侵权民事责任的认定中,归责原则是决定侵权责任的构成要件、举证责任的负担、免责条件、损害赔偿的原则的基本依据。根据《民法通则》的规定,民事侵权责任的归责原则有过错责任原则、无过错责任原则、公平责任原则。其中,过错责任原则为基本原则,具有普遍的实用性。无过错责任原则、公平责任原则为必要和有益的补充,仅在法律有特别规定的情况下适用。三项原则相辅相成,共同构成我国侵权行为法的归责原则体系。

《办法》的第 8 条规定:"学生伤害事故的责任,应当根据相关当事人的行为与损害结果之间的因果关系依法确定。因学校、学生或者其他相关当事人的过错造成的学生伤害事故,相关当事人应当根据其行为过错程度的比例及其与损害结果之间的因果关系承担相应的责任。当事人的行为是损害后果发生的主要原因,应当承担主要责任;当事人的行为是损害后果发生的非主要原因,承担相应的责任。"这一规定实际上将过错责任原则确定为学生伤害事故民事责任的主要归责原则。首先,过错是归责最根本性的要件,无过错即无责任,所以在学生伤害事故中,当事人的过失行为及其与损害后果之间的因果关系是判断当事人是否承担责任的依据,当事人只有在其有过错的情况下才需要承担事故责任;其次,过错责任是依照过错程度确定责任范围的,在混合过错的情况下,考虑双方的过错程度,并加以比较,根据过错相抵规则确定各方应承担的责任,因此,该条款中提到了"过错程度的比例"的问题,当事人承担主要责任还是次要责任,关键要看当事人的行为是损害后果发生的主要原因还是次要原因。

《办法》在明确事故归责原则的基础上,还分别列举了四类具体情形:学校应当依法承担相应责任的具体情形;学生或未成年学生的监护人应当承担责任的具体情形;由意外因素导致的,学校不承担责任的情形;在学校管理职责范围以外发生的,学校不承担事故责任的情形。对这些具体情形的详细列举,进一步明确了各方在各类原因造成的学生伤害事故中应承担的责任,给事故责任的认定提供了更加具体准确的法律依据,大大提高了事故责任认定的效率和准确性,为司法部门和教育行政部门处理学生伤害事故提供了极大的方便。

(五) 学生伤害事故种类

造成学生伤害事故的原因是复杂的,《办法》根据学校发生伤害事故的不同情形,将伤害事故总体分为过错事故和意外事故两大类。在立法技术上采取"逐一列举＋概括规定"的模式,明确规定学校承担责任或不承担责任的各种情形。

1. 过错事故

过错包括故意和过失两种。故意指明知自己的行为会发生危害社会的结果,并希望或放任这种结果发生。过失指应当预见自己的行为可能发生危害社会的结果,因为疏忽大意而没有预见,或已经预见但轻信能够避免,以致发生这种结果。故意和过失是两种不同的主观状态,在刑事案件量刑时才考虑。民法中只考虑伤害结果,不考虑主观状态,即如果故意和过失造成的损害一样,则民事责任是相同的。所以,本办法将故意和过失统称为过错。

学生伤害事故中过错造成的事故主要包括四种类型。一是学校责任事故。

《办法》将学校责任事故概括为学校校舍及设施设备安全事故、学校安全管理事故、饮食安全事故、教学或课外活动安全事故、教师管理疏忽安全事故、学校活动组织失职事故、对学生身体状况关照不力事故、学校救护不力的事故、教师错误行为伤害事故、教师的不作为事故、学校未及时履行告知义务的事故、学校未依法履行职责的其他事故(见下文学生伤害事故责任认定部分阐述的《办法》第 9 条)。二是学生责任事故,即学生本人或未成年学生的监护人过失造成的事故。《办法》具体概括为学生违法违纪实施危险行为的情形、学生执意进行的情形、学生或未成人家长不及时告知必要信息的情形、监护人不履行对学生人身安全与健康的监护职责的情形、学生或未成年学生监护人或其他有过错的情形(见下文学生伤害事故责任认定部分阐述的《办法》第 10 条)。三是其他相关人员的责任事故,即与学校或者学生个人活动有关的,因其他个人或组织的过错造成的事故(见下文学生伤害事故责任认定部分阐述的《办法》第 11 条)。四是混合型责任事故,即由多方当事人共同过错造成的事故。责任者根据自身过错程度的比例,承担与过错相应的责任。

2. 意外事故

意外事故是指无过错方、无法预见的事故。《办法》第 12 条规定,如果学校行为无不当,且学校已履行了相应职责,学校不承担法律责任。意外事故包括不可抗力、来自校外的突发性因素、学校难以预见的学生特殊身体因素、学生自主意识行为造成的伤害(自杀、自伤)、学生参加风险性体育活动发生的意外及其他意外。具体包括以下几种情况:

(1) 地震、雷击、台风、洪水等不可抗力的自然因素造成的。如在学校组织的足球比赛中甲队队员起脚射门,足球没有进门,却飞向甲队另一队员乙,击中其眼镜的镜片,造成镜片粉碎,碎玻璃扎伤了乙。

(2) 来自学校外部的突发性、偶发性因素侵害造成的。如某校初中一年级的学生正在学校围墙内上体育课,突然从墙外飞进一块石子,砸在学生头上,造成学生的头部受伤。

(3) 学生有特异体质、特定疾病或异常心理状态,学校不知道或难于知道的。如某中学体育课上跑 800 米,学生甲突然倒地,不省人事,嘴唇发紫,学校紧急将其送到医院,经抢救生还,但将胳膊摔折。经医院检查,该生患有低血糖,学校事先并未知晓。

(4) 学生自杀、自伤的。如某中学一住校学生在宿舍内自杀,被同学发现后送医院抢救无效死亡。如果确是个人原因自杀,学校不负责任。

(5) 在对抗性或者具有风险性的体育竞赛活动中发生意外伤害的。

(6) 其他意外因素造成的。

三、《办法》的实施

（一）学生伤害事故的责任认定

《办法》第8条提出了学生伤害事故责任分析的总原则,即按民法的精神,"学校伤害事故的责任,应当根据相关当事人的行为与损害后果之间的因果关系依法确立"。"因学校、学生或其他相关当事人的过错造成的学生伤害,相关当事人应当根据其行为过错程度比例及其与损害后果之间的因果关系承担相应的责任。"

由此可见,《办法》主要按照过错原则进行责任分析,即有过错是承担法律责任的前提。如果当事人的行为是损害后果发生的主要原因,应当承担主要责任;当事人的行为是损害后果发生的非主要原因,只承担相应的责任。举证责任由受害方举证。

在学生伤害事故中,有可能有过错的法律关系主体主要有三个:学校、学生和第三方。《办法》分别详细地明确了这三个法律关系主体承担过错责任的几种情况。

1.《办法》第9条规定了学校有过错的12种情况

（1）学校的校舍、场地、其他公共设施,以及学校提供给学生使用的学具、教育教学和生活设施、设备不符合国家规定的标准,或有明显不安全因素的。

例如以下情况:学校操场跑道不符合国家有关标准、建筑物塌陷,楼道过窄,地砖过于光滑,楼房栏杆过低,墙面砖或玻璃脱落,秋千或大型玩具装在水泥地上,未设标志或未采取防护措施的深水坑,实验室设备不齐全(通风、排污等)、电灯不亮等。以上这些问题应及时补救,防患于未然。

（2）学校的安全保卫、消防、设施、设备管理等安全管理制度有明显疏漏,或者管理混乱,存在重大安全隐患,而未及时采取措施的。

（3）学校向学生提供的药品、食品、饮用水等不符合国家或者行业的有关标准、要求的。

（4）学校组织学生参加教育教学活动或校外活动,未对学生进行相应的安全教育,并未在可预见的范围内采取必要的安全措施的。

（5）学校知道教师或其他工作人员患有不适宜担任教育教学工作的疾病,未采取必要措施的。

在此文件中并未指出不适宜教育教学工作的疾病的种类和范围,依据《教师资格条例》的规定,传染性疾病、精神病史均属不适宜进行教育教学工作的疾病。

（6）学校违反有关规定,组织或安排未成年学生从事不适宜未成年人参加的劳动、体育活动或其他活动的。

按照《学校卫生条例》的规定，不适宜活动的范围包括：普通中小学组织学生参加劳动时，不得让学生接触有害物质和从事不安全工种的作业，不得让学生参加夜班劳动。《全日中小学勤工俭学暂行工作条例》规定，严禁组织学生参加有毒、有害和危险的生产作业，以及过重的劳动。不适宜学生参加的体育活动与学生的年龄有关。

其他不适宜活动，如救火。1994 年 4 月 28 日，国家教委、林业部联合发出紧急通知，指出严禁中小学参加扑救山林火灾。1988 年 1 月 16 日颁布的《森林防火条例》第 23 条规定："扑救森林火灾不得动员残疾人员、孕妇和儿童参加。"

（7）学生有特异体质或特定疾病，不宜参加某种教育教学活动，学校知道或应当知道，但未予以必要的注意的。

学校应及时了解学生健康状况，并及时通知任课教师，学校应建立学生健康状况档案和定期体检制度。如体育课等剧烈活动，应允许心脏病、身体不适的学生不参加。家长有告知的义务，否则向学校隐瞒学生病情，学校不负责任。

（8）学生在校期间突发疾病或受到伤害，学校发现，但未根据实际情况及时采取相应措施，导致不良后果加重的。

（9）学校教师或其他工作人员体罚或变相体罚学生，或在履行职责过程中违反工作要求、操作规程、职业道德或其他有关规定的。

（10）学校教师或其他工作人员在负有组织、管理未成年学生的职责期间，发现学生行为具有危险性，但未进行必要的管理、告诫或制止的。如：小学生在楼道内奔跑，打闹，教师发现，应予制止。

（11）对未成年学生擅自离校等与学生人身安全直接相关的信息，学校发现或者知道，但未及时告知未成年学生的监护人，导致未成年学生因脱离监护人的保护而发生伤害的。

（12）学校有未依法履行职责的其他情形的。

【说一说】
列出至少 4 种学校有过错的情况。

2.《办法》第 10 条规定了学生或监护人有过错的几种情况

（1）学生违反法律法规的规定，违反社会公共行为准则、学校的规章制度或者纪律，实施按其年龄和认知能力应当知道具有危险或者可能危及他人的行为的。

（2）学生行为具有危险性，学校、教师已告诫、纠正，但学生不听劝阻，拒不改正的。

（3）学生或监护人知道学生有特异体质，或患有特定疾病，但未告知学校的。

如：为了让自己的孩子能考上好学校，有些家长向学校隐瞒病情，怕学校不收学生入学。

（4）未成年学生的身体状况、行为、情绪等有异常情况，监护人知道或已被学校告知，但未履行相应监护职责的。

（5）学生或者未成年学生监护人有其他过错的。

3. 第三方过错的情形

《办法》第11条列举了第三者过错的情况：一是学校本身只是学生消费行为的统一组织者，如学校安排学生参加游览活动造成学生伤害的情形；二是学校是产品或服务的购买者，如因提供场地、设备、交通工具、食品及其他经费与服务造成学生伤害的情形；三是学校本身是活动的参与者，也是组织责任的部分承担者，如学校参加政府组织的文体活动过错造成的学生伤害事故，有过错的当事人应承担相应责任。

最后，教师、工作人员与职责无关的个人行为或故意实施的违法犯罪行为，造成人身伤害的，由致害人依法承担相应责任。

（二）学生伤害事故处理程序

学校在事故发生后应及时救助受伤学生和通知其监护人，如果情形严重，应及时向上级行政部门及有关部门报告。《办法》第15条、第16条具体规定了事故处理的程序：① 学校应及时救助受伤害学生，并应及时告知监护人；有条件的，应采取紧急救援等方式救助。② 发生伤害事故，情形严重的，学校应及时向主管部门及有关部门报告；属于重大伤亡事故的，教育行政部门应按有关规定及时向同级人民政府和上一级教育行政部门报告。

根据现有民事纠纷处理的法律制度，《办法》第18条规定："发生学生伤害事故，学校与受伤害学生或者学生家长可以通过协商方式解决；双方自愿，可以书面请求主管教育行政部门进行调解。成年学生或者未成年学生的监护人也可以依法直接提起诉讼。"这个规定实际上提出了三种不同层次的解决纠纷的途径：一是当事人双方自行协商解决；二是由教育行政部门进行调解；三是当事人直接提起诉讼，通过司法途径解决。

规定调解程序的原因，一是教育行政部门熟悉教育教学和学校管理方面的业务，负有对学校进行管理和管理保护学生的职责，教育行政部门应当而且也可以以公断人身份居中做好学生伤害事故的调解处理工作。二是对学生家长来说，教育行政部门调解处理事故的费用比诉讼费用低。在实际情况中，大多数学生伤害事故的赔偿纠纷最后都要经过教育行政部门的调解才得以解决。为了做好调解工作,《办法》第19、20、21条对教育行政部门受理调解申请、调解期限、调解活动、调解协议效力做出了规定,使教育行政部门的调解活动更加规范。

教育行政部门的调解属于行政调解。行政调解应由国家行政组织主持,即调解人必须是行政组织。在我国的教育体制中,学校的上级主管部门是教育行政部门。因此,如果学生伤害事故发生在学校或者学校组织的教育活动中,教育行政部门在必要的情况下理所当然承担调解的任务。

教育行政部门的调解必须以自愿为原则。行政调解与行政处理不同,不能由行政部门单方面做出决定,强制当事人通过调解解决纠纷。教育行政部门只有在学校和学生或其监护人都愿意接受调解的情况下才能进行调解,而且通过调解达成的协议必须是双方当事人都同意的,不能由教育行政部门自行决定,强加于被调解人。

教育行政部门的调解是诉讼外调解。这种调解不是诉讼必经的程序,不能因为行政调解而限制当事人行使诉讼权。当事人未经教育行政部门调解或在调解过程中都有权利依法直接提起诉讼,寻求通过司法途径来解决纠纷。教育行政部门在双方当事人之间进行的调解对妥善处理事故起积极的作用。由于调解人是国家行政组织,具有较高的权威,当事人双方更容易接受其调解,这有利于避免矛盾激化,减少诉讼,消除双方的成见,及时有效地结束对事故的处理。《办法》中规定的事故处理程序具有考虑全面、表述清晰和操作性强等优点,它将学校和教育行政部门处理事故的基本行为置于法律的规范之下,为迅速、有效地处理事故,解决当事人之间的纠纷提供了法律上的保证。

【做一做】
单项选择:学生在学校被开水烫伤,学校应该(　　)。
A. 先查明原因,后告知家长
B. 先及时救护,后查明原因
C. 先查明职责,再救护
D. 及时告知家长
答案:B。

(三)学生伤害事故的责任与赔偿

1. 学生伤害事故的责任

(1)民事责任。责任主体包括学校、学生及其他第三方。如在伤害事故中有过错,按过错程度承担相应的民事责任。责任承担方式主要是经济赔偿。

(2)行政责任。《办法》第27条做了规定。对管理混乱、存在重大安全隐患的学校,教育行政部门或其他主管部门可责令其限期改正直至给予责任人行政处罚。对在事故负有责任的学校或教育行政部门主管人员及直接责任人员,教育行政部门或其他有关部门可给予其行政处分;对违反学校纪律造成事故的学生,学校可给予其纪律处分;对无理取闹扰乱学校秩序的学生监护人及其他人员,交由公安机关处理。

(3)刑事责任。学校、教育行政部门的主管人员或直接责任人员,如触犯刑法,应承担刑事责任。

2. 学生伤害事故的赔偿

《办法》的第四章"事故损害的赔偿"主要涉及有关赔偿的三个重要问题,即"谁来赔"、"赔什么"和"怎样赔"的问题,其中"怎样赔"提出了筹措赔偿经费的途径,是根本解决赔偿问题的关键。

"谁来赔"即承担事故赔偿责任的主体是谁。《办法》第29条规定:"应当由学校负担的赔偿金,学校应当负责筹措;学校无力完全筹措的,由学校的主管部门或者举办者协助筹措。"这表明如果学校有责任,承担赔偿责任的主体一般是学校,但是考虑到绝大多数学校是国家举办的公共教育机构,属于非营利性的事业单位,没有创收能力提供额外的经费用于赔偿,因此《办法》规定学校的主管部门或举办者有责任协助学校筹措赔偿费,以保证最终有机构承担赔偿受害学生的责任。

"赔什么"即学生伤害事故赔偿的性质及其范围是什么。《办法》没有对赔偿的范围和标准做具体规定,而是要求按照行政法规、地方性法规或最高人民法院司法解释中的有关规定确定。从实践情况来看,学生伤害事故赔偿大体包括三个方面:① 常规赔偿。包括医疗费、营养费、误工补助费、护理费、住宿费、交通费等;② 残疾赔偿。包括残疾用具费、残疾生活补助费、残疾赔偿金;③ 死亡赔偿,包括丧葬费、死亡补助费、死亡赔偿金。同时,还要区分赔偿的具体范围。赔偿必须是与伤害事故本身直接相关的,而不涉及与之无直接关系的其他事项的责任。因此,第26条同时还规定"不承担解决户口、住房、就业等与救助受伤害学生、赔偿相应经济损失无直接关系的其他事项"。

"怎样赔"是指赔偿方式和筹措途径。学生伤害事故从性质上属于侵权民事责任,根据《民法》,其承担民事责任的方式主要是经济赔偿。《办法》第26条规定:"学校对学生伤害事故负有责任的,根据责任大小,适当予以经济赔偿"。"怎样赔"还涉及如何筹措赔偿经费的问题。从我国教育的现状来看,全国的教育经费相对紧缺,因此学校筹措赔偿经费比较困难。由于担心发生意外伤害事故,承担经济赔偿责任,许多学校无奈之下取消一些竞争性的、冒险性的活动。这种做法虽然在一定程度上降低了事故发生的概率,但不利于学生身心的全面发展。

改变这种局面的主要途径是:通过社会保险的方式,建立学生伤害事故充分有效的救济渠道,转移学校的赔偿责任。《办法》在第 30、31 条分别提出通过设立学生伤害赔偿准备金、鼓励中小学参加学校责任保险、提倡学生自愿参加意外伤害保险等办法筹措赔偿金。这些措施一方面保护学生,支付保险金,抚慰受伤学生及其家长,减轻监护人的经济压力,在经济上最大限度减少伤害事故对学生成长造成的不良影响;另一方面,保护学校,转移学校可能承担的主要经济赔偿责任,最大限度消除赔偿纠纷对学校正常教学的干扰,使学校能够遵循学生身心发展的规律,按照教学计划大胆地组织学生进行各类丰富多彩的有益活动。

学生伤害事故其实是一个社会问题,因为我们目前没有健全社会保障机制,所以每当出现学生伤害事故,父母首先想到的是让学校来赔偿,其最终目的是解决孩子的医疗费用和未来的生活保障问题。因此《学生伤害事故处理办法》的出台,只是从法律层面上明确了学校、学生和家长各自的责任,并不能从根本上解决学生伤害事故所带来的问题,有关部门应该尽快制定一些配套措施,比如建立针对未成年人的社会保障体系,成立相关的慈善组织、基金会。总之,在法律以外,社会应该给予在意外事故中受到伤害的学生和家长多方面的援助。

【做一做】

单项选择:因学校教师或者其他工作人员在履行职务中的故意或者(   )造成的学生伤害事故,学校予以赔偿后,可以向有关责任人员追偿。

A. 过失　　　B. 重大过失　　　C. 疏忽过失　　　D. 玩忽职守

答案:B。

第三节　义务教育法实施细则

【议一议】

另类教育惹争议　揭秘中国最大"私塾村"[①]

现代私塾,又称家庭学校,美国称之为"在家上学"(home schooling),一些欧洲国家称之为"家庭教育"(home education)。指不进入学校系统,而靠家庭与社会资源的学习方式,其教育理念、背景与教育哲学有相当大的关系。20世纪中叶,主要在宗教家庭产生,逐渐发展成为一种得到广泛认可的教育形式。

① http://life2.jschina.com.cn/system/2015/03/17/023994591.shtml

深圳梧桐山"私塾村",自2004年第一间私塾开办,得谦学堂、梧桐书院、鹿鸣学堂……十几所私塾相继在此"聚集",梧桐山成为令人瞩目的"私塾村"。梧桐山私塾已持续10年,在京、沪、浙乃至全国各地,家长趋之如鹜,影响了越来越多的家长和孩子。

讨论:"私塾村"和在家学习的教育现象,你是如何看待的?是否违反《义务教育法》的相关规定?

➤ 扫描本章首二维码,查看解析。

教育,对于国家民族来讲,关系国运兴衰,民族未来;对于家庭来讲,关系家庭幸福;对于学生个人来说,关系一生命运前途。为保障国民素质的提升,国家实行义务教育,义务教育是国家予以保障的基础教育。

一、概述

(一)义务教育立法简介

从1619年德国颁布世界上第一项义务教育法令算起,义务教育至今约有399年的历史。而义务教育在世界范围内的推行则始于18世纪中叶英国的工业革命之后。资本主义工业生产的发展,要求劳动者必须具备一定的文化知识和劳动技术,这极大地推动了欧洲各国初等教育的发展。继德国推行强迫教育制度之后,世界上许多国家相继颁布义务教育法令,开始了推行义务教育的历程。根据联合国教科文组织的统计,至20世纪80年代初实行义务教育的国家和地区已有148个,占全世界国家和地区的84%。可以说,义务教育已成为当前世界各国普遍实施的一项教育制度和法律制度。

我国早在1906年就颁布《强迫教育章程》。新中国成立之前也颁布过义务教育法令,但收效甚微。1985年中共中央颁布了《关于教育体制改革的决定》,"有步骤地实行九年义务教育"是其中重大决策之一。1986年4月12第六届全国人民代表大会第四次会议通过了《中华人民共和国义务教育法》,自1986年7月1日起施行。1986年《中华人民共和国义务教育法》的起草,是根据中共中央《关于教育体制改革的决定》提出来的。由于时间仓促,再加上立法经验不足,只有原则性的18条法律条文。为了更好地推进《中华人民共和国义务教育法》的实施和执行,1992年3月14日,国家教育委员会颁布了《中华人民共和国义务教育法实施细则》(以下简称《实施细则》),该细则对义务教育的就学、教育教学、实施保障、罚则等做了详细规定。2006年6月29日,第十届全国人民代表大会常务委员会第二十二次会议审议通过了修订的《中华人民共和国义务教育法》(以下简称《义务教育法》)。这是现行《义务教育法》自1986年颁布以来的一次重大修改。从 1986 年的 18 条到 2006 年的 63 条,新的《义务教育法》体现了我国教育立法水平、立法技术和立法质量质的飞跃。新修订的《义务教育法》于 2006 年 9 月 1 日实施。

《实施细则》是根据 1986 年《中华人民共和国义务教育法》第 17 条制定的,随着时代的发展,2006 年新的《义务教育法》又进行了修订和完善。

(二) 义务教育的概念、特征和立法意义

1. 义务教育的概念

所谓义务教育,是依照法律规定,适龄儿童和少年必须接受的,国家、社会、学校、家庭必须予以保证的国民教育。

《义务教育法》第 2 条规定:"义务教育是国家统一实施的所有适龄儿童、少年都必须接受的教育,是国家必须予以保障的公益性事业。"

在这里,"义务"一词是指用法律形式规定国家、社会、学校、家庭、适龄儿童和少年必须遵守并履行的义务。这既是国家对人民的义务,也是家长对国家和社会的义务。这里的"教育"专指学校教育。《义务教育法》首次从法律的角度给予"义务教育"概念界定。即:首先,义务教育是公益性事业;其次,义务教育是所有适龄儿童、少年必须接受的教育;最后,义务教育由国家统一实施并且必须予以保障。"义务教育"概念强调,义务教育是政府为社会提供服务的公共产品,是一种政府行为。

2. 义务教育的特征

由于各国的社会制度、经济发展水平、文化教育传统等各方面的因素不尽相同,各国在实施义务教育的理论观念、方法步骤和所采取的政策措施方面也有一定的差异。尽管如此,从义务教育的含义及其历史发展的变化中,我们还是可以概括出义务教育的一些具有普遍意义的基本特征,包括强制性(强迫性)、公共性(国民性)、免费性(福利性)、基础性等方面。因此,在一些国家和地区,也把义务教育称为强迫教育、免费教育、基础教育等,但它们之间并不能完全等同。

我国的义务教育具有强制性、免费性、均衡性、基础性的特点。

(1) 强制性。强制性又叫义务性。义务教育的国家强制性,是义务教育最本质的特征。它指义务教育依照法律的规定,由国家强制力保证推行和实施。义务教育是一种以国家公权力为强制武器的强制教育。所有适龄儿童、少年都必须接受义务教育。义务教育不仅是受教育者的权利,而且是国家应尽的义务。国家要依法保障适龄儿童接受义务教育的权利,这是国家意志的体现。为了保证义务教育的实施,必须伴之以系统、完善的立法、执法和监督体系,依靠国家法律的强制力予以保证。在我国,只有义务教育和扫盲教育能够强迫一定的教育

对象接受一定程度的教育,并为法律所规定和允许,其他任何教育制度都没有这种权力。义务教育的国家强制性还表现在任何违反义务教育法律规定,阻碍或破坏义务教育实施的行为,都应依法承担法律责任,受到强制性处罚或制裁。

《实施细则》的第 11 条、12 条、13 条和《义务教育法》第 9 条对政府、父母或其他监护人、学校的法律义务和法律责任做了具体规定。

(2)免费性。免费性也即公益性。义务教育的免费性是指国家对接受义务教育的学生免除全部或者大部分的就学费用。这是世界各国实施义务教育的一个共同特点。当然,义务教育从免除部分费用到免除全部费用,要从各个国家和地区的实际情况出发,是一个逐步发展的过程。我国 1986 年《中华人民共和国义务教育法》第 10 条规定:"国家对接受义务教育的学生免收学费",可根据有关规定适当收取杂费,而所收的杂费相对国家社会对义务教育的投入来说,只能是很少的一部分。《实施细则》第 17 条规定实施义务教育的学校可以收取学杂费;对家庭经济困难的学生,应当酌情减免杂费;也规定不得向学生乱收费用。2006 年的《义务教育法》第 2 条第二款明确规定:"实施义务教育,不收学费、杂费"。对农村而言,从 2006 年开始全部免除学费、杂费;对城市而言,从 2008 年秋季学期开始,在全国范围内全部免除城市义务教育阶段学生学杂费。该规定使我国的义务教育接轨国际通行做法,具有特殊意义。

(3)均衡性。均衡性即平等性。《实施细则》第 26 条规定:"实施义务教育学校的设置,由设区的市级或者县级人民政府统筹规划,合理布局。"均衡性是贯穿 2006 年《义务教育法》始终的一个理念。政府要促进义务教育的均衡发展,改善薄弱学校的办学条件,保障农村和少数民族地区实施义务教育,保障家庭经济困难的残疾儿童、少年接受义务教育。国家组织和鼓励经济发达地区支援经济欠发达地区实施义务教育,促进义务教育均衡发展,确保这种平等性落到实处。这一特征也是《义务教育法》的一大亮点。具体在《义务教育法》第 4 条中做了规定:"凡具有中华人民共和国国籍的适龄儿童、少年,不分性别、民族、种族、家庭财产状况、宗教信仰等,依法享有平等接受义务教育的权利,并履行接受义务教育的义务。"

(4)基础性。基础性即全民性。义务教育的基础性意味着,根据法律规定,所有适龄儿童、少年都必须完成规定年限的教育,并接受基础知识、基本技能、基本方法和基本态度等方面的教育。这不仅是社会生产力发展的客观要求,而且是现代社会对每一个公民素质的最基本要求。世界上大多数国家都以法律的形式规定适龄儿童少年接受一定年限的义务基础教育。义务教育的基础性表现在义务教育是一种全民性的教育,而不是英才教育。普及教育是人人有书读,义务教育是人人必须要读书。面向少数人的英才教育不是义务教育。人只有受到一定年限的基础教育,才有可能成为一个合格的公民。

义务教育的基础性还表现在,这种教育是素质教育,不是应试教育。1986年《中华人民共和国义务教育法》第2条规定:"义务教育必须贯彻国家的教育方针,努力提高教育质量,使儿童、少年在品德、智力、体质等方面全面发展,为提高全民族的素质,培养有理想、有道德、有文化、有纪律的社会主义建设人才奠定基础。"1992年的《实施细则》第22条规定:"实施义务教育学校的教育教学工作,应当适应全体学生身心发展的需要。"2006年《义务教育法》第3条规定:"义务教育必须贯彻国家的教育方针,实施素质教育,提高教育质量,使适龄儿童、少年在品德、智力、体质等方面全面发展,为培养有理想、有道德、有文化、有纪律的社会主义建设者和接班人奠定基础。"这些规定,体现了义务教育的根本宗旨,以升学考试为目的的应试教育显然与之背道而驰。

3. 义务教育实施的意义

基于教育法制建设历史,在1986年《中华人民共和国义务教育法》实施20多年及1992年《实施细则》推行的历史经验和教训基础上,2006年新修订的《义务教育法》的出台是中国教育法制建设的一个新的、重要的标志。基于义务教育发展,1992年《实施细则》、1986年和2006年的《义务教育法》关乎整个民族素质的提高和民族的复兴,对整个教育的发展具有奠基性意义和深远的历史作用,是义务教育发展的一个新的里程碑。

2006年《义务教育法》第1条明确规定:"为了保障适龄儿童、少年接受义务教育的权利,保证义务教育的实施,提高全民族素质,根据宪法和教育法,制定本法。"由此可以看出,实施义务教育法的目的主要包括以下三个方面:

(1) 保障了适龄儿童、少年接受义务教育的权利。改革开放以来,我国经济发展迅速,综合国力极大提高,教育事业也蓬勃发展。但是,从总体上看,我国的基础教育发展不平衡,保障适龄儿童、少年接受义务教育的目标并未实现。个别地区九年制义务教育实施困难;一些儿童尤其是女童难以接受完整的义务教育;更有一些地区因经济、家庭等原因导致适龄儿童、少年中途辍学;还有义务教育的教师缺乏常规培训……这些问题,与我国建设社会主义现代化强国、实现中国梦的伟大目标形成巨大落差。《义务教育法》通过法律手段明确各教育主体的责任,以保障适龄儿童、少年的教育权利,对促进教育事业发展、提高全民素质具有重要意义。

(2) 保障了义务教育的实行。九年制义务教育制度,是国家必须予以保障的公益性事业。即义务教育具有公益性。在义务教育的推进过程中,一些地方财力困难,使得义务教育经费无法到位;农村学校办学艰难;城乡教师之间、名校与普通学校教师之间收入差距拉大;教育资源分配不均,薄弱学校、边缘学校办学困难；留守儿童、社会弱势群体子女、农民工子女等入学困难等，这些问题需要国家建立义务教育经费保障机制，明确义务教育经费保障主体和责任，保证义务教育的推进实施。

（3）有利于提高民族素质。当今世界各国的竞争，关键是科学技术的竞争，是人才的竞争，是教育的竞争。义务教育在我国人才培养中起着奠基作用，是提高社会现代化和文明的基础和标志；是提高国民素质和培养优秀人才的基础工程。颁布《义务教育法》，以法律形式保障义务教育事业的发展，对国民素质、民族未来、国家地位的提升和发展，意义深远。

二、《实施细则》的主要内容

（一）总则

1. 立法宗旨、依据

《实施细则》第1条阐明依据1986年《中华人民共和国义务教育法》第17条制定。《义务教育法》第1条阐明了我国义务教育法制定的立法依据和立法宗旨。即："为保障适龄儿童、少年接受义务教育的权利，保证义务教育的实施，提高全民族素质，根据宪法和教育法，制定本法。"义务教育法的法律依据是宪法和教育法，落实了宪法和教育法相关规定。立法宗旨是保障义务教育权利、保障义务教育的实施及提高全民族素质。

2. 义务教育的期限

1986年《中华人民共和国义务教育法》第7条规定："义务教育可以分为初等教育和初级中等教育两个阶段。"1992年《实施细则》第4条规定："省级人民政府根据本地区经济和社会发展状况，因地制宜，分阶段、有步骤地推行九年制义务教育。"《实施细则》第7条更明确规定了义务教育阶段的划分："实施九年制义务教育，可以分为两个阶段。第一阶段，实施初等义务教育；第二阶段，在实施初等义务教育的基础上实施初级中等义务教育。"2006年的《义务教育法》第2条规定："国家实行九年义务教育制度。"1992年《实施细则》对义务教育期限尚未统一要求，经过一段过渡期，2006年《义务教育法》已经明确规定义务教育期限为九年。

实行九年制义务教育是社会主义现代化建设的客观要求，与我国的劳动教育就业制度互相衔接，也是当今世界多数国家实施义务教育的程度。这里的"九年制"主要是就实施义务教育的年限而言，强调要完成直至初中阶段的义务教育。由于多方面的原因，我国实施义务教育的学校的学制不尽相同，有六三制、五四制、作为农村过渡形式的五三制、九年一贯制等多种学制并存。不管实行哪种学制,只要初中毕业,就可以视为完成九年义务教育。

与义务教育的阶段相对应的是我国义务教育的学制。目前,我国九年制义务教育的学制年限大多实行小学六年、初中三年的"六三制",部分实行小学五年、初中四年的"五四制",以及不划分为两个阶段的"九年一贯制"。

3. 义务教育的要求

《义务教育法》第 3 条规定,义务教育必须贯彻国家的教育方针,实施素质教育。素质教育,与应试教育相对应,是指一种以提高受教育者诸方面素质为目标的教育模式,它重视人的思想道德素质、能力培养、个性发展、身体健康和心理健康教育。《中共中央国务院关于深化教育改革,全面推进素质教育的决定》中关于"素质教育"的概念和基本要求做了详细规定:"实施素质教育,就是全面贯彻党的教育方针,以提高国民素质为根本宗旨,以培养学生的创新精神和实践能力为重点,造就有理想、有道德、有文化、有纪律的德、智、体、美等方面全面发展的社会主义事业建设者和接班人。"可见,素质教育以受教育者全面发展为方向,以提高国民素质为根本宗旨,以培养学生的创新精神和实践能力为重点,以造就"有理想、有道德、有文化、有纪律"的德智体美等方面全面发展的社会主义事业建设者和接班人为培养目标。

《实施细则》第四章对教育教学做了规定,要求义务教育阶段教育教学活动必须贯彻国家教育方针,应当适应全体学生身心健康的需要。而 2006 年《义务教育法》将"实施素质教育"纳入法律条文,提升了素质教育的法律地位。

4. 义务教育的对象

义务教育的服务对象为适龄儿童和少年。《实施细则》第一章第 2 条规定:"义务教育法第四条所称适龄儿童、少年,是指依法应当入学至受完规定年限义务教育的年龄阶段的儿童、少年。"从年龄上看,"适龄儿童、少年"是指年满 6 或 7 周岁至 15 或 16 周岁的儿童、少年。《义务教育法》第 4 条规定:"凡具有中华人民共和国国籍的适龄儿童、少年,不分性别、民族、种族、家庭财产状况、宗教信仰等,依法享有平等接受义务教育的权利,并履行接受义务教育的义务。"后者规定要比前者详细和完整,体现了义务教育的平等性。

5. 义务教育法的实施

《实施细则》总则的第 3 条至第 5 条明确规定了义务教育的组织、管理和实施主体。《义务教育法》的实施需要明确各教育主体的法律责任和义务,需要对义务教育的资源均衡配置,建立经费筹措和管理机制,明确教育督导和社会监督责任。这些在《义务教育法》第 5 条至第 10 条中有具体规定。

（1）责任主体

义务教育的实施是一项系统工程，需要政府、社会、学校、家庭共同努力和配合，分别承担各自的责任和义务。

政府及其有关部门的职责主要是在实施义务教育的保障方面，包括教育教学场所保障、师资保障、教育教学保障和经费保障。国家是实施义务教育的主要承担者，在义务教育的步骤制度、规划、学校设置、入学、经费筹措、师资培养及管理、监督执法等方面，国家承担重要职责。（《义务教育法》第5条第一款规定）

适龄儿童、少年的父母及监护人，具有保证其按时入学接受并完成义务教育的责任和义务。（《义务教育法》第5条第二款规定）

学校是开展教育教学工作、具体实施义务教育的重要主体，学校的教育教学工作直接关系义务教育的水平和质量。学校依据《义务教育法》应按标准完成教育教学任务，保证教育教学质量。（《义务教育法》第5条第三款规定）

社会组织包括企业、事业单位和社会团体等。社会组织和个人应为义务教育创造良好的环境，保障义务教育的有序实施。（《义务教育法》第5条第四款规定）

（2）资源配置

促进义务教育的均衡发展是国务院和县级以上地方人民政府的职责。促进义务教育均衡发展，首先，是要大力改善薄弱学校的办学条件，县级教育行政部门应当均衡配置本行政区域内的师资力量，组织校长、教师的培训和流动，加强薄弱学校的建设。其次，是要大力保障农村地区、少数民族地区实施义务教育。再次，是要大力保障家庭经济困难的和残疾儿童、少年接受义务教育。同时，国家出台各项政策，组织和鼓励经济发达地区支援经济欠发达地区实施义务教育。通过各级政府努力，保证弱势地区、学校和适龄儿童、少年接受统一的义务教育。（《义务教育法》第6条规定）

（3）管理体制

修订的《义务教育法》规定了义务教育的管理体制，进一步明确了地方人民政府的管理职责，省级人民政府统筹经费、县级人民政府为主的管理体制能有效地缓解县级政府负责义务教育的财政困难局面，促进义务教育的稳步推进。同时，还明确了县级以上人民政府教育行政部门和其他有关部门负责义务教育实施工作的相关职责。县级以上教育行政部门包括国务院、省、市、县教育行政部门，其他部门包括计划、财政、人事、劳动等行政部门。（《义务教育法》第7条第一款、第二款规定）

（4）教育督导

《义务教育法》第8条规定了义务教育阶段的督导机构、督导内容和督导报告。该条明确了教育督导机构隶属于政府，即"人民政府教育督导机构"。督导内容涉及三个方面:一是义务教育阶段执行法律法规情况;二是教育教学质量;三是义务教育的均衡发展状况。督导报告由人民政府督导机构提出,并向社会公布,要求督导机构以公告、文告等适当方式,并且在网络、报刊等方便公众查阅的媒体上发布,加强社会对义务教育工作的监督和对教育督导工作的监督,促进义务教育的发展。

(5)社会监督

义务教育关系国家和民族的未来,关系家庭和学生的希望,为了维护义务教育的健康发展,《义务教育法》第9条规定了公民和社会组织对违反本法行为的检举和控告权,明确了责任人引咎辞职制度。

(6)表彰奖励

为了调动社会各界和义务教育工作者的积极性,《义务教育法》第10条规定了对推进义务教育有突出贡献的社会组织和个人进行表彰和奖励。

(二)关于学生的规定

在1992年《实施细则》第三章"就学"规定的基础上,2006年《义务教育法》第11条至第14条,分别对学生的入学年龄、入学方式、入学保障做了规定。

1. 入学年龄

适龄儿童、少年入学年龄应符合《义务教育法》和当地政府部门颁布的规定。延缓入学或休学需经批准。《义务教育法》第11条规定:"凡年满六周岁的儿童,其父母或其他法定监护人应当送其入学接受并完成义务教育;条件不具备的地区的儿童,可以推迟到七周岁。"

关于入学年龄。《江苏省实施〈中华人民共和国义务教育法〉办法》规定,新学年开始前,即每年8月31日前年满六周岁的儿童、少年,必须由父母或其他监护人送其接受义务教育,并保证儿童、少年完成义务教育阶段的学业。使适龄子女及时入学接受义务教育,既是父母或法定监护人对子女或被监护人应尽的责任,也是对国家和社会应尽的义务。

关于条件不具备的地区。条件不具备的地区主要是指由于地理环境、经济发展水平和历史条件的限制,较为落后的农村地区、少数民族地区,特别是一些地处高原地区、戈壁荒漠地区、深山区和边界区等。

关于延缓入学或休学。延缓入学或休学是指少数因各种原因不能按时入学接受义务教育的情况。这些原因包括:入学前身体确实患有影响正常上学的各种疾病,需要治愈后入学的;身体残疾需要延缓入学的;由于身体瘦小、体质较弱而又离家较远或需要寄宿而又无自理能力等。需要延缓入学或休学的,其父母或监护人应当提出申请,提供一定医疗机构出具的身体状况证明,由当地乡镇人民政府或县级教育行政部门批准。《实施细则》第12条规定,对于因疾病或者特殊情况不能及时就学的,经当地政府批准,可以延缓入学。"适龄儿童、少年需免学、缓学的,由其父母或者其他监护人提出申请,经县级以上教育主管部门或者乡级人民政府批准。因身体原因申请免学、缓学的,应当附具县级以上教育主管部门指定的医疗机构的证明。"缓学并未免除义务教育的义务,缓学期满需按规定入学,"缓学期满仍不能就学的,应当重新提出缓学申请"。2006年《义务教育法》第11条第二款规定:"适龄儿童、少年因身体状况需要延缓入学或者休学的,其父母或者其他法定监护人应当提出申请,由当地乡镇人民政府或者县级人民政府教育行政部门批准。"《江苏省实施〈中华人民共和国义务教育法〉办法》第8条也规定:"延缓入学或休学的期限不得超过一年,期限届满仍需要延缓入学或休学的,应当在期限届满十日前按照规定重新提出申请。"

2. 入学方式

义务教育阶段的学生入学方式是免试就近入学。在非户籍所在地的入学由县级教育行政部门统筹解决。(《义务教育法》第12条第一款、第二款规定)

关于免试就近入学。免试入学,是指所有适龄儿童、少年在入学时一律免于任何形式的考试进入公立义务学校就读。小学入学、小学升入初中就读都不得通过考试。江苏省针对"小升初"的实际情况,特别规定:"学校不得举行或者变相举行与入学相关的笔试、面试,不得将竞赛成绩、获奖情况或者考级证明作为入学条件和编班的依据。"就近入学,政府要提高条件保障,保证所有在其户籍所在地的适龄儿童、少年在公立义务教育的学校就读。政府保障就近入学,首先是规定并划分学区。其次,规定各学校不得跨学区招生。第三,规定家长只能在学区内送孩子入学。

对于学区划分,不仅有法律规范的规定,也有法律规范之外具有普遍约束力的其他规范的规定。教育部2014年年初发布的《关于进一步做好小学升入初中免试就近入学工作的实施意见》(教基一〔2014〕1号)、《教育部办公厅关于进一步做好重点大城市义务教育免试就近入学的通知》(教基一厅〔2014〕1号)是最高层级的行政规范性文件,对学区划分做了法律规范之外的最权威的规定。《江苏省义务教育阶段学籍管理规定》(苏教基〔2004〕33号)第6条和第8条分别规定了免试就近入学和学校施教范围的划定主体是教育主管部门,城市公办小学新生的监护人按照报名时间和施教范围到学校报名。《江苏省实施〈中华人民共和国义务教育法〉办法》规定:"县级教育行政部门应当根据本行政区域内学校布局及适龄儿童、少年的数量和分布情况,合理确定或者调整本行政区域内学校的施教区范围、招生规模,并向社会公布。确定或者调整施教区范围应当广泛听取意见。"该实施办法在入学原则、施教区划定主体、进行学区划分应当听取意见并且要公开施教区范围、不能跨区招生等方面都有详细的规定。此外江苏省还出台了《江苏省教育厅关于进一步规范义务教育阶段和普通高中招生工作的意见》(苏教规〔2010〕2 号)、《江苏省政府关于深入推进义务教育优质均衡发展的意见》(苏政发〔2012〕148 号)等规范性文件,这些文件都对学区划分做了规定。

关于在非户籍所在地的入学问题。由于以前义务教育的入学问题是由户籍所在地的政府解决,进城的外来务工人员子女入学出现问题,导致失学情况严重。为此,《义务教育法》第 12 条第二款具体规定了适龄儿童、少年在非户籍所在地入学的操作办法。《江苏省实施〈中华人民共和国义务教育法〉办法》又完善了对"流动人口"的界定、入学程序和手续。

关于残疾儿童的入学。残疾儿童主要指盲、聋哑和弱智儿童。《残疾人保障法》第 18 条第三款规定:"国家、社会、学校和家庭对残疾儿童、少年实施义务教育。"第 22 条第二款规定:"普通小学、初级中等学校,必须招收能适应其学习生活的残疾儿童、少年入学"。"拒绝招收的,当事人或者其亲属、监护人可以要求有关部门处理,有关部门应当责令该学校招收。"由此可见,残疾儿童也属于义务教育的对象。义务教育法规对保障适龄的残疾儿童接受义务教育的权利也做了规定,《实施细则》第 2 条第三款规定:"盲、聋哑、弱智儿童和少年接受义务教育的入学年龄和在校年龄可适当放宽。"

【读一读】

《"以房择校"需打问号》中国教育报 2014 年 5 月 20 日。

➤扫描本章首二维码阅读。

---

3. 入学保障

关于接受义务教育存在困难的适龄儿童、少年,相关政府和部门要采取措施防止辍学,帮助解决困难保障按时入学。(《义务教育法》第 13 条规定)

解决困难帮助入学。县级人民政府教育行政部门和乡镇人民政府,通过优化教育资源、均衡配置、科学合理划分施教区、举办寄宿制学校、开通接送学生专车、拨付政策性补贴等途径,帮助解决适龄儿童、少年接受义务教育的困难,组织和督促其按时入学。

采取措施防止辍学。基层政府及其教育行政部门有责任采取积极措施防止义务教育阶段学生中途流失、辍学。通过政策支持、发动企事业单位和个人慈善募捐,接受"希望工程"、"春蕾工程"帮助,组织"爱心妈妈"结对帮扶困难儿童等方式,共同做好适龄儿童、少年的入学或复学工作。基层群众性组织的居委会、村委会也有责任协助政府做好此项工作。如若发现适龄儿童、少年未依法按时接受义务教育的,村民委员会、居民委员会应及时向乡镇人民政府、街道办事处报告。

4. 其他规定

禁止使用童工。《义务教育法》第 14 条对禁止使用童工做了规定。2002 年,国务院发布了《禁止使用童工规定》,其宗旨是为保护未成年人的身心健康,促进义务教育的实施,维护未成年人的合法权益。《禁止使用童工规定》第 2 条、第 3 条规定了国家机关、社会团体、企事业单位、民办非企业单位及个体工商户不得招收未满 16 周岁的未成年人,为了有效制止使用童工的行为,该规定还制定了惩罚措施。适龄儿童、少年根据国家规定参加勤工俭学和社会实践活动并未取得一定报酬,不属于禁止情形。

进行文艺、体育等专业训练的问题。对于从小参加一些文艺、体育等专业训练的适龄儿童、少年,其招收的社会组织和单位,应当保证所招收的适龄儿童、少年接受义务教育。《义务教育法》第 14 条第二款和《禁止使用童工规定》第 13 条都有相关规定。

(三) 关于学校的规定

《实施细则》第五章第 26 条规定了学校的设置要求,第 30 条对学校的新建、改建和扩建做了规定。《义务教育法》第 15 条至第 27 条规定了学校的设置、学校的均衡发展、学校的安全管理与教育等内容。县级以上人民政府应根据规定设置学校,学校建设应符合有关标准和规定的要求。根据要求设置寄宿制学校、少数民族学校(班)、特殊教育学校、专门学校。

1. 学校的设置

(1) 学校设置原则

为满足本行政区域内适龄儿童、少年入学接受义务教育的要求,设置实施义务教育的公办学校,是地方人民政府提供公共服务的重要内容之一(《义务教育法》第 15 条规定)。本行政区域内居住的适龄儿童、少年,"居住"是指不仅包括户籍人口,而且包括长期居住此地的人口。"新建居民区需要设置学校的,应当与居民区的建设同步进行",是针对我国当前城市化加速、公共教育设置不配套的问题而做出的专门规定。

《江苏省实施〈中华人民共和国义务教育法〉办法》进一步明确了"学校拆迁"。"因城市建设需要拆迁学校的,拆迁人应当按照学校设置、调整方案予以重建,或者给予补偿,补偿款应当用于学校建设。需要异地重建学校的,应当先建后拆;需要原地重建学校,或者根据学校设置、调整方案撤销学校,县级人民政府及其教育行政部门应当做好师生员工的安置工作。"

（2）学校建设标准及要求

规定学校建设应当符合国家规定的办学标准是《义务教育法》的一个突出规定。其第 16 条对学校办学标准、选址要求和建设标准做了规定。

办学标准，是指学校开展教育教学活动相关各种教育设施、教学条件的配置基准，主要包括以下三个方面：一是学校的基本设置标准，包括学校的办学规模、班级数额、学校占地面积、校舍建筑的附属设施的建设标准；二是教学、办公及生活设备的配套标准，包括常规通用教学设备的配套标准、分科学习领域专用教学设备的配备标准、现代教育技术及图书馆的设备标准、办公及生活设备的配备标准等；三是教师和工作人员的配备标准，包括教师与学生的师生比、工作人员配备的标准、教职工的资质等。

学校建设的选址首先要考虑安全因素。根据国家的有关规定，学校的选址不应设在靠近污染源、地震断裂带、山丘滑坡段、悬崖旁、泥石流地区及水坝泄洪区、低洼地等不安全地带。学校选址应当避开娱乐场所、集贸市场、医院传染病房、太平间、气源调压站、高压变配电所、垃圾楼及公安看守所等场所。其次，学校选址还要注意高压线缆、易燃易爆市政管线和市政道路等不应穿过校园；学生上学线路不应跨越无立交设施的铁路干线、高速公路及车流量大的城市主干道等因素。

（3）几种特殊的学校设置

《义务教育法》第 17 条至第 20 条，规定了义务教育设置的几种特殊类型学校，包括寄宿制学校、少数民族学校（班）、特殊教育学校、专门学校。

寄宿制学校。一方面，因整合教育资源，推进均衡教育，使得乡村学校或撤或并，留守儿童、少年日益增多；另一方面，边远地区和少数民族地区人口居住分散，适龄儿童、少年接受义务教育诸多不便。为了保证偏远、分散居住的适龄儿童、少年接受义务教育，《义务教育法》第 17 条规定"县级人民政府根据需要设置寄宿制学校"。《江苏省实施〈中华人民共和国义务教育法〉办法》对寄宿制学校的学习和生活条件建设、人员配备及岗位管理等进一步做了补充规定。

少数民族学校（班）。为了促进民族团结和民族繁荣，培养少数民族人才，推进民族地区的进步和发展，国务院教育行政部门和省级人民政府根据需要，在经济发达地区设置接收少数民族适龄儿童、少年的学校（班）。

特殊教育学校。为了维护和保障残疾儿童、少年接受义务教育的权利，《义务教育法》第 19 条规定了特殊教育学校（班）的设置条件及任务。《江苏省实施〈中华人民共和国义务教育法〉办法》第 25 条对特殊教育学校（班）的办学条件、场所和设施等提出了具体要求。这些规定，为视力残疾、听力语言残疾和智力残疾的适龄儿童、少年的学习、康复提供了法律保障。

专门学校。专门学校即过去所称的"工读学校"。此类学校是教育、挽救有违法或轻微犯罪行为的学生而设置的学校。《义务教育法》第20条对有严重不良行为的适龄少年设置专门学校,保证其接受义务教育做出了规定。在专门学校就读的学生,必须由其监护人或其原所在学校提出申请,由主管的教育行政部门批准。其在升学、就业等方面与普通学校的学生享有平等的权利。如果经过矫治,改正了不良行为,仍可以返回普通学校就读,教育行政部门应当提供便利。另外,对未成年犯和被采取强制性教育措施的未成年人应当进行义务教育,所需经费由人民政府予以保障。

2. 学校的均衡发展

义务教育是公平性教育、均衡性教育,只有学校均衡发展,才会促进义务教育均衡发展。

(1)促进学校均衡发展

学校的均衡发展主要取决于两个因素:一是经费投入和办学条件的均衡;二是师资队伍素质的均衡。政府"不得将学校分为重点学校和非重点学校",对所有的学校都要一视同仁,保证所有学校在经费、师资、生源方面的均衡。学校"不得分设重点班和非重点班",对所有的班一视同仁,保证所有的班级在师资配备、生源素质的均衡,保障学生在学校内受教育权利的平等。(《义务教育法》第22条规定)

如果政府违反法律规定,将学校分为重点学校和非重点学校,由上级政府或教育行政部门对其依法处罚,责令限期改正、通报批评或对相关人员给予行政处分(《义务教育法》第53条规定)。如果学校违反法律规定,将班级分为重点班和非重点班,县级人民政府教育行政部门将对其依法制裁,责令限期改正或对相关人员依法给予处分。(《义务教育法》第57条规定)

(2)维护公办学校公益性质

因历史原因形成的重点学校制度,存在在师资、经费、生源等方面向城镇和重点学校倾斜的问题,广大农村地区和薄弱学校教育教学质量难以保证,更有一些地方将公办名校假办成民办学校,大幅提高收费标准,使得优秀的贫困生教育受限,加剧教育不公。为了禁止地方政府将公办学校转制或者以其他方式将公办学校出售、转让,强化地方政府推进学校均衡发展、发展义务教育的义务和责任,《义务教育法》第22条第二款对改变或者变相改变公办学校性质做出禁止规定。如果政府违反此项规定,由上级人民政府或其教育行政部门责令限期改正、通报批评,情节严重的,对相关人员依法给予行政处分(《义务教育法》第53条规定)。《江苏省实施〈中华人民共和国义务教育法〉办法》更是进一步强调了公办学校的产权登记制度、产权关系及资产管理,未经批准禁止任何单位和个人将学校的校舍、场地和教育教学设施设备转让、出租或改变用途。依法批准转让、出租或其他方式处置学校校舍、场地和教育教学设施设备所得收入，按照规定进行管理并统筹纳入义务教育。

（3）学校的安全管理与教育

义务教育阶段的学生认知水平较低、自我保护能力及救助能力较差，且校园人口密集，如果发生安全事故则危害更大、影响更广。因此，学校安全工作非常重要。义务教育学校安全责任主体主要涉及两方面，一是政府及其部门；二是学校及其教师。

政府及其部门的职责。学校安全是各级人民政府的职责。法律明确了政府对学校安全管理的重点是维护学校周边秩序及保证校舍安全（《义务教育法》第23条、第24条规定）。2006年6月30日，在《义务教育法》通过的第二日，教育部、公安部、司法部、建设部、交通部、文化部、卫生部、国家工商行政管理总局、国家质量监督检验检疫总局、新闻出版总署等十部委共同签署了《中小学幼儿园安全管理办法》（简称《安全管理办法》），该办法强调了国家各级政府和部门应当按照分工，依法负责学校安全工作，履行学校安全管理职责，还进一步强调了各个职能部门的具体要求。《江苏省实施〈中华人民共和国义务教育法〉办法》在维护学校周边秩序安全方面，对安全保卫制度、突发事件应急预案、排查和消除安全隐患、妥善化解矛盾纠纷等规定更为具体；在学校校舍规定方面，对校舍建设标准、防灾避险安全要求、维修改造等也做了详细规定。

学校及其教师的职责。《义务教育法》明确了学校的安全管理职责有三个方面：一是校内安全管理制度的建设和完善；二是日常学校和生活的安全管理；三是安全教育。从学校安全制度建设、人员聘用、安全教育和演练等方面提出了学校及教师的安全职责（《义务教育法》第24条第一款、第三款规定）。

《中小学幼儿园安全管理办法》、《江苏省实施〈中华人民共和国义务教育法〉办法》在有关法规中也做了具体规定。社会团体、企事业单位、其他社会组织和个人应当积极参与和支持学校安全工作，依法维护学校安全。

（4）其他规定

在学校的收费、学校的管理体制、学生管理等方面，《义务教育法》第25条至第27条有针对性地做了规定。

关于学校收费。义务教育是公益性事业，不得进行营利性活动。义务教育还是政府行为，其所有费用都由国家承担。所以，作为具体实施义务教育的学校，不得乱收费，不得以谋取经济利益为目的（《义务教育法》第25条规定）。如果学校违反法律规定，就要承担相应的法律责任。即由县级人民政府教育行政部门责令退还所有费用；对相关人员依法给予处分；对学校以各种商业方式谋取经济利益的行为,由县级人民政府教育行政部门给予通报批评,没收违法所得,并对相关人员依法处分(《义务教育法》第56条规定)。

关于学校管理体制。学校实行校长负责制(《义务教育法》第26条规定)。对学校校长的任职条件和资格、聘任方式、培训和考核等要求,《江苏省实施〈中华人民共和国义务教育法〉办法》做了进一步规定。

关于学生的管理。义务教育阶段的学生如果违反学校管理制度和法规,学校应当批评教育,不得开除(《义务教育法》第27条规定)。"不得开除学生"是对学校的强制性规定,即明确实施义务教育的学校在任何情况下都不能以开除、取消学籍的方式来惩罚违反学校管理制度的学生。义务教育阶段的学生,身心发展尚未成熟,没有形成正确的世界观、价值观和人生观,学校将其推向社会,极易导致学生发展走上歧路。有些学校用"劝退"代替开除的做法也是违背了义务教育阶段学生不能辍学的规定。《义务教育法》以法律条文规定学校不得开除学生,真正体现了对适龄儿童、少年接受义务教育权利的保障和救济。

(四) 关于教师的规定

教师是教育之本。实施义务教育,必须建设一支质量合格、结构合理并相对稳定的师资队伍。《实施细则》第33条规定了师资培训,《义务教育法》第28条至第33条,对教师的职业要求、管理制度做了具体规定。

1. 教师的职业要求

教师应当为人师表,忠诚于人民的教育事业(《义务教育法》第28条规定),这是对教师的职业道德要求。《中小学教师职业道德规范》(2008年修订)规定教师职业道德主要包括:爱国守法、爱岗敬业、关爱学生、教书育人、为人师表、终身学习等六个方面。广大教师辛勤耕耘,教书育人,为社会展现了良好的职业道德规范;为国家和民族培养了大量的优秀人才。全社会都应当尊师重教,这是中华民族的传统美德,是社会主义精神文明的体现,也是建设社会主义现代化国家和实现中华民族伟大复兴的必然要求。

尊重学生人格。师生关系是教育、管理和被教育、被管理的关系。义务教育阶段的学生个体差异很大,具有很强的可塑性,教师的教育教学态度和方法,对学生的成长影响很大。教师态度上应当平等对待学生;方法上应当关注学生个性差异,因材施教;行为上尊重学生人格,不得歧视学生,不得对学生实施体罚、变相体罚或其他侮辱学生人格尊严的行为,不得侵犯学生合法权益(《义务教育法》第29条规定)。师生之间地位平等,权利相同。教师对学生的批评教育权是建立在尊重学生人格尊严的基础之上的,是基于对学生的关爱和期望而实施的必需的教育手段。

2. 教师资格、职务制度

教师资格制度和教师职务制度,是管理教师的两个重要制度,在《教师法》中都有具体规定,《义务教育法》进一步强调了国家要建立统一的义务教育职务制度。

教师资格制度。教师应当取得国家规定的教师资格(《义务教育法》第30条第一款规定)。义务教育阶段学校教师的资格条件和不同阶段教师具备的教师资格种类依据《教师法》第10条、第11条规定,前文已做过相关叙述。

教师职务制度。我国中小学教师职务制度,是国家关于中小学教师专业技术岗位的分类、任职资格条件、职务评聘程序等的一系列制度。1986年开始实施的中小学教师职称制度,对调动广大中小学教师的积极性、提高师资队伍整体素质、促进基础教育事业发展发挥了积极作用。中小学教师职务制度实行三十多年来,已随着形势的变化在等级设置、评价标准、评价机制及与事业单位岗位聘用制度衔接等方面有着许多不合理之处,在职务系列、任职条件、评审程序等方面发生诸多变革。深化中小学教师职称制度改革,完善符合中小学教师特点的专业技术任职职务,是推进职称制度分类改革的重要内容。当前,国家实行统一的义务教育教师职务制度,教师职务分为初级职务、中级职务和高级职务(《义务教育法》第30条第二款规定)。《国家中长期教育改革和发展规划纲要(2010—2020年)》进一步明确:"建立统一的中小学教师职务(职称)系列,在中小学设置正高级教师职务(职称)。"2015年人力资源社会保障部、教育部联合印发了《关于深化中小学教师职称制度改革的指导意见》(人社部发〔2015〕79号),在全国范围内全面推行中小学职称制度改革,设置中小学教师正高级职称、创新评价机制,预计在2017年左右实现常态化评审,实现新制度步入正轨。义务教育阶段教师和大学教师一样,可以申报正高级的职务(职称)。根据教育的实际需要和所在学校的教师比例评聘符合规定条件的教师担任相应职务。今后,中小学教师职务评聘改革将进一步深化,以调动广大中小学教师的积极性,吸引和稳定优秀人才长期从教、终身从教,促进教师的合理流动,提高中小学师资队伍素质。

3. 教师工资福利和社会保险待遇

教师的工资福利和社会保险待遇是教师劳动的报酬,也是教师工作的价值体现。为了稳定教师队伍,促进边远及贫困地区教育事业的发展,教师享有特教津贴、地区津贴、乡村教师补贴。

关于教师的工资福利和社会保险待遇。各级人民政府保障教师的工资福利和社会保险待遇,完善相应的保障机制。教师的平均工资水平应当不低于当地公务员的平均工资水平(《义务教育法》第 31 条规定)。2009 年 1 月 1 日起,义务教育阶段的学校实施绩效工资制度(《关于义务教育学校实施绩效工资的指导意见》规定)。绩效工资标准的核定及调整都按照《关于义务教育学校实施绩效工资的指导意见》执行。实行绩效工资制度,使得教师收入逐步提高,将吸引较多优秀人才投身教育事业,提高教师队伍的整体素质和育人水平,逐步提高教师的政治地位、经济地位和社会地位,体现国家优先发展教育事业,尊师重教,尊重知识和尊重人才的方针、政策。

关于教师的津贴、补贴。为了稳定特殊教育师资队伍,我国特殊教育教师享有特殊岗位补助津贴;为了促进民族团结和民族繁荣,有利于边远地区贫困地区发展,该地区教师享有艰苦贫困地区补助津贴(《义务教育法》第 30 条第三款规定)。

【读一读】

关于乡村教师补贴

乡村教师,主要指县级人民政府驻地以外的乡镇、涉农街道和村庄学校的教师,包括幼儿园、中小学、特殊教育学校、中等职业学校的教师。我国乡村教师大约 300 万,是我国基础教育的脊梁,但因经济水平落后,信息闭塞,待遇低下等原因,乡村教师也存在基础不稳、队伍流失、人才断层等问题。2013 年 9 月 13 日,经国务院同意,教育部、财政部印发《关于落实 2013 年中央 1 号文件要求 对在连片特困地区工作的乡村教师给予生活补助的通知》(教财函〔2013〕106 号),按照"地方自主实施、中央综合奖补"的原则,对在连片特困地区乡、村学校和教学点工作的教师(以下简称"乡村教师")给予生活补助。《教育部关于加强乡村教师生活补助经费管理有关工作的通知》(教财函〔2013〕153 号)要求"以岗定补",阳光操作,并按时报告实施情况和工作计划,保障乡村教师补助资金按时到位。2015 年 6 月,国务院办公厅发布《乡村教师支持计划(2015—2020)》,在提高生活待遇、城乡教师流动、职称评聘、建立荣誉制度等方面都向乡村教师倾斜。乡村教师生活补助充分体现了党中央、国务院对乡村教师的关心和重视,是提高乡村教师职业吸引力,推动义务教育均衡发展、推进教育公平的有力措施。

4. 教师的培养和培训

教师职业道德规定,教师必须终身学习。教师的培养和培训,关系教师个人专业素质和教育水平的提高,关系学校教学质量的提升和未来教育事业的发展;更关系受教育者的知识学习和身心发展。《义务教育法》强调了要发展教师教育,加强教师流动。

发展教师教育。为了发展教育事业,各级人民政府和有关部门应加强教师培养工作,采取措施发展教师教育,办好师范教育,积极鼓励优秀青年进入各级师范学校学习(《义务教育法》第32条规定)。师范教育是培养师资的专业教育,提供专门的教育教学训练,传授专业的教育科学知识,增强未来教师的职业信念和职业认同感。国家办好师范教育是教师培养制度的一项基本任务,是实施《教师法》有关教师培养制度的关键。

组织教师培训和流动。为了均衡配置城乡师资力量,促进农村学校和薄弱学校的发展,校长和教师实行合理流动,以加强薄弱学校建设(《义务教育法第32条规定》)。《江苏省实施〈中华人民共和国义务教育法〉办法》对校长、教师的交流制度做了规定,学校实行校长负责制。校长由县级教育行政部门依法聘任,聘任校长应当符合国家规定的任职条件和资格。校长任期三年,在同一级学校进行连任不得超过两届。教师在同一级学校连续任教满一定年限的,也应当流动。

鼓励支教工作。国家鼓励和支持城市学校教师和高等学校毕业生到农村地区、民族地区从事义务教育工作(《义务教育法》第33条规定)。支教种类有长期支教、接力支教和假期支教;支教地点可以是甘肃、四川、云南、贵州、西藏、新疆、青海、广西、湖南等西部教育资源匮乏地区学校;应届毕业生,可以参加团中央教育部等四部委联合发起的"大学生志愿服务西部计划",该计划从2003年开始;在职的教师,可以参加团中央的"扶贫接力计划",一般是服务半年至两年;如果有一定的条件,教师个人直接与西部的贫困学校对接实现支教。支教人员享有一定的补贴和优惠政策。

(五)关于教育教学的规定

【议一议】

追问学生"叛逃"教育环境应该提供学生什么?

2011年珠海10岁男童冯邵一的《退学申请书》在网上热传。10岁男孩申请退学,称每天全是上课、作业、考试排名。冯邵一说,他希望申请退学,"不想把我的理想葬送在这无聊的作业和考试中"。年仅10岁的他曾跳过两次级,已在读初一,还曾在影视作品《野蛮妈妈结婚记》、《双城之间》和《云上的诱惑》中扮演过角色。《退学申请书》在微博上引发了2.4万余次的转发评论,网友的讨论更多围绕教育理念展开。

2011年11月13日,中国科学院博士生导师程代展陷入困惑,他在清华的学生博士萧杨(化名)突然放弃留校继续做科研的机会,与北京一所重点中学签约做数学老师。程代展在博客上写下3000多字的长信,表达惋惜与困惑。萧杨在一个社交网站上贴出一封长信回复老师,"我已经厌恶科研了"。

思考:对以上两位学生的"叛逃",你认为理由是什么?

学校在实施义务教育的过程中,必须贯彻国家教育方针,遵循教育教学基本原则。《实施细则》第4章第19条至第25条、2006年《义务教育法》第34条至第41条对学校的教育教学工作提出总体要求和做了具体规定。

1. 总体要求

学校开展教育教学活动的基本原则和总体要求是:学校教育教学活动要符合教育规律和学生身心发展特点。摒弃应试教育,保障学生身心健康发展;学校教育教学要面向全体学生;学校必须教书育人,将德育、智育、体育、美育有机统一在教育教学活动中;学校要培养学生的独立思考能力、创新能力和实践能力,促进学生全面发展;要以学生发展为中心,着眼于学生身心的潜能开发,使学生的人格、智力、能力和个性都能全面和谐发展(《义务教育法》第34条规定)。

2. 具体规定

重点突出教育教学质量、德育和课外活动的开展。

提高教育教学质量。一是依法开展教育教学活动。学校和教师按照确定的教育教学内容和课程设置开展教育教学活动,保证达到国家规定的基本质量要求。首先在国家确定的教育教学内容和课程设置之外,学校和教师不得增加新的教学内容、设置新的课程,以免增加学生更重的负担、影响学生身心健康;其次是学校要切实落实国家确定的教育教学内容和课程设置要求。《义务教育法》第38条至第41条特别对教科书的编写、审定和使用做了具体规定;最后是学校和教师要保证教育教学达到国家规定的基本质量要求。可见,学校应当严格执行教学计划、课程标准,按照确定的教学内容和课程设置开展教育教学活动。因此,学校不得增加考试科目的课时或者减少非考试科目的课时,不得随意停课,不得占用寒暑假、公休日、课余时间组织学生上课,不得组织学生参加任何形式的学科竞赛,不得按照考试成绩公布学生的排名,不得组织或变相组织学生参加校外培训机构举办的课外补习班。二是采用启发式教育教学方法。实施义务教育,推进素质教育,组织教育教学的方式方法很重要。学校和教师要改变传统的教育手段和方式,转变教育观念,创新人才培养方式,通过实行启发式和讨论式教学,培养学生的学科核心素养。既要让学生感受、记忆和理解知识的生成和发展过程,又要培养学生的独立思考、创新和实践能力,最终形成促进学生发展的关键能力和关键品格。(《义务教育法》第35条规定)

将德育放在首位。学校德育关系学生正确的世界观、人生观和价值观的形成,对提高学生思想政治素质和道德修养,培养社会主义核心价值观,成长为社会主义事业的建设者有着极为重要的作用。教育部《中小学德育工作规程》在对"德育"内涵界定的基础上,明确了德育对青少年学生健康成长和学校发展的导向、动力和保证作用。德育的重要性和作用决定了德育必须置于义务教育的首位(《义务教育法》第36条规定)。德育的目标是:"促进学生养成良好的思想品德和行为习惯";德育的方式方法有诸多理论研究成果和实践操作经验,一般表现为寓德育于教育教学之中,开展与学生年龄相适应的社会实践活动,学校、家庭、社会三方面相结合。

保证课外活动时间。义务教育开展课外活动,是教育教学活动的内容之一。开展形式多样的课外活动,能够活跃学生身心,培养集体意识和合作能力;能够深化和运用学生所学的知识,提高创造意识和实践能力;能够促使学生了解社会,提高政治意识和辨别是非能力;能够增强学生的艺术体验,提高审美意识和能力(《义务教育法》第37条规定)。

(六) 关于经费保障的规定

完善的经费保障制度,是确保义务教育顺利实施的必要条件。《实施细则》第五章第27条、28条、29条对义务教育的公用经费、事业费、教育费附加等做了规定。《义务教育法》第六章对义务教育经费保障问题做了专项规定,进一步明确了义务教育的经费来源,并对义务教育经费的使用和管理进行规范。

1. 义务教育经费保障的总体要求

保障主体。义务教育经费保障是各级人民政府的共同责任,国务院和地方人民政府都是义务教育经费的保障主体(《义务教育法》第42条第一款规定)。

保障要求。一是国务院和地方各级人民政府应当将义务教育经费纳入财政预算;二是国务院和地方各级人民政府应当按照教职工编制标准、工资标准和学校建设标准、学生人均公用经费标准等,及时足额拨付义务教育经费;三是国务院和地方各级人民政府应当确保学校的正常运转和校舍安全,确保教职工工资按照规定发放(《义务教育法》第42条第二款规定)。

经费增长。义务教育经费投入有"三个"增长:第一个增长是各级人民政府用于实施义务教育财政拨款的增长比例应当高于财政经常性收入的增长比例;第二个增长是各级人民政府用于义务教育的财政拨款增长应当保证按照在校学生人数平均的义务教育费用逐步增长;第三个增长是各级人民政府用于实施义务教育的财政拨款的增长应当保证义务教育阶段教职工和学生人均公用经费逐步增长(《义务教育法》第42条第三款规定)。

2. 义务教育经费保障的相关制度

《义务教育法》在明确经费保障制度时,首先强调要制定经费标准,其次是明确经费来源,再次是加强经费管理;并首次规定政府在财政预算中将义务教育经费单列。

经费标准的规定。义务教育阶段学生人均公用经费标准中,基本标准的制定和调整由国务院财政部门会同教育行政部门制定,根据经济和社会发展状况适时调整;省、自治区、直辖市人民政府可以根据本行政区域实际情况制定不低于国家标准的学校学生人均公用经费标准;特殊教育学校(班)人均公用经费标准应高于普通学校学生人均公用经费标准(《义务教育法》第43条第一至第三款规定)。

经费的投入体制。这包括两个方面的核心内容:各级政府共同负担义务教育经费,即中央政府和地方各级人民政府应当根据各自的职责和财政收入情况,本着财权与事权统一的原则,共同承担义务教育财政投入的职责;省级政府统筹落实义务教育经费,包括安排中央政府义务教育转移支付资金和本行政区域的义务教育财政经费的使用(《义务教育法》第44条规定)。

农村义务教育经费,由各级人民政府根据国务院的规定分项目、按比例分担。这样有利于调动各级人民政府的积极性,提高农村和经济落后地区的义务教育水平。同时,为保障贫困儿童、少年接受义务教育,还规定由各级人民政府免费提供教科书并补助寄宿生生活费。

经费在预算中单列。义务教育经费在地方政府财政预算中的地位明确为经费单列,还要向农村地区学校和薄弱学校倾斜,并应均衡安排义务教育经费(《义务教育法》第55条、第45条规定)。这些规定把教育经费在国家和财政预算中的级别提高一级,增强了义务教育财政拨款的透明性、直观性,既有利于教育部门统一安排义务教育预算开支,又有利于各级权力机关依法监督义务教育费用预算安排。

转移支付制度。义务教育转移支付制度能够确保义务教育转移支付资金按照规定用于义务教育(《义务教育法》第46条规定)。

专项资金。专项资金是指由各级财政拨付,专门用于解决农村地区、民族地区义务教育实施过程中特定问题的资金。县级以上地方人民政府可以设立资金,资助民办义务教育的发展。对接受人民政府委托实施义务教育并与政府签订协议的民办学校,县级人民政府应当根据接受义务教育学生的数量和当地实施义务教育公办学校的学生人均教育经费标准,拨付相应的教育经费。对社会组织或者个人依法举办的流动人员学校,县级以上地方人民政府应当帮助其培训教师,改善办学条件;有条件的,可以给予经费资助(《义务教育法》第47条规定)。这些规定,促进了义务教育民办学校的发展,体现政府举办义务教育的全面多元意识和义务意识。

捐赠资金。对于社会组织和个人向义务教育捐赠的行为,国家予以鼓励,同时,国家还鼓励设立义务教育基金(《义务教育法》第48条规定)。

3. 义务教育经费使用的相关制度

义务教育经费的使用要严格按照预算用于义务教育,对义务教育经费的使用要进行审计监督和统计公告(《义务教育法》第49条与第50条规定)。

经费使用的管理。法律规定专款专用,并以禁止性规范和义务性规范进行强调。义务教育经费纳入国务院和地方人民政府预算,并在地方人民政府财政预算中单列。所以,义务教育经费必须严格按照预算规定使用。义务性规范是指政府应依法履行职责和义务;禁止性规范是指:"任何组织和个人不得侵占、挪用义务教育经费,不得向学校非法收取或者摊派费用"。为了增强禁止性的力度,在法律责任中,《义务教育法》还对侵占、挪用义务教育经费的行为、向学校非法收取或摊派费用的行为做了处罚规定。

经费使用的监督。审计监督和统计公告制度是确保严格依法投入和使用义务教育经费的两项重要制度。建立健全审计监督和统计公告制度,能进一步规范义务教育经费的投入和使用,便于社会公众对义务教育经费的投入和使用情况进行监督,有利于促使有关方面严格依法投入和使用义务教育经费,从而保障义务教育的实施和发展。

(七) 关于法律责任的规定

《义务教育法》的实施是受法律保障的。对违反《义务教育法》的行为,《实施细则》第七章以及其他有关法律、法规根据其性质和情节的严重程度,规定了相应的法律责任。违反义务教育法的法律责任主要有以下几个方面:

1. 妨碍适龄儿童、少年接受义务教育的法律责任认定及处理办法

(1) 适龄儿童、少年的父母或者其他监护人违法行为的法律责任认定及处理办法。《义务教育法》第11条规定:"父母或者其他监护人必须使适龄的子女或者被监护人按时入学,接受规定年限的义务教育。"《教育法》第18条规定:"适龄儿童、少年的父母或者其他监护人以及有关社会组织和个人有义务使适龄儿童、少年接受并完成规定年限的义务教育。"对违反规定的行为,《实施细则》第40条明确规定:"适龄儿童、少年的父母或者其他监护人未按规定送子女或者其他被监护人就学接受义务教育的,城市由市、市辖区人民政府或者其指定机构,农村由乡级人民政府,进行批评教育;经教育,仍拒不送其子女或者其他被监护人就学的,可视具体情况处以罚款,并采取其他措施使子女或者其他被监护人就学。"

(2) 实施义务教育的学校如有下列行为,由地方人民政府或者有关部门依照管理权限对有关责任人员给予行政处分:无正当理由拒收按规定入学的适龄儿童和少年入学的(如:以学生不能交纳杂费为由拒绝学生就学);对有残疾但不

妨碍正常学习的儿童、少年拒绝接收的;学生辍学,未采取必要的措施加以解决的;将学校的校舍、场地出租、出让或者转移他用,妨碍义务教育实施的;使用未经依法审定的教科书并造成不良影响的;教师对学生实施体罚、变相体罚或者其他侮辱人格等严重行为的;擅自决定停止学生上课,迫使学生离校的;玩忽职守致使校舍倒塌并造成师生伤亡事故的。

2. 侵犯实施义务教育设施和经费的法律责任认定及处理办法

(1)侵占、克扣、挪用义务教育款项的法律责任认定及处理办法。义务教育款项,包括国家拨给的教育事业费、征收的教育附加费、学校收取的杂费、集资或捐资费等费用及物资。对这些费用和物资,任何单位、个人都不得侵占、克扣和挪用。《实施细则》第39条规定,对此类违法行为,由地方人民政府或者有关部门依照管理权限对有关责任人员给予行政处分;情节严重,构成犯罪的,依法追究刑事责任。

(2)侵占或破坏学校的校舍、场地和设备的法律责任认定。对于偷窃,掠夺、勒索学校的教学器材或其他物资,故意毁坏学校房屋和设备,占用学校的房屋、场地并扰乱学校秩序等行为,《实施细则》第42条规定,视情节和危害后果轻重,可以对直接责任人员及有关责任人员给予行政处分,并责令单位和个人退回侵占的校舍、场地和设备。造成损失的,应当依法赔偿。对触犯《中华人民共和国治安管理处罚条例》的,由公安机关给予行政处罚;构成犯罪的依法追究刑事责任。

3. 扰乱义务教育教学秩序,侵犯学生人身权利的法律责任认定及处理办法

扰乱实施义务教育学校秩序的行为处理:《义务教育法》和《实施细则》规定,任何组织和个人都不得扰乱实施义务教育学校的教学工作秩序。违反者,分别给予行政处分、行政处罚,构成犯罪的,依法追究刑事责任。

"少年强,则国强"。《义务教育法》的修订,是在我国普及九年义务教育经验基础上,形成的一系列指导和保障义务教育事业发展的制度与准则。《义务教育法》坚持"以人为本"的发展理念,维护教育的公平公正,促进义务教育的均衡发展,体现了当今教育"立德树人"根本任务的践行要旨;重点对全面实施素质教育,保障义务教育投入、提高义务教育质量、促进教育均衡发展都做了具体规定,对于进一步深化教育体制改革,促进教育事业稳定发展具有重要意义。《义务教育法》的这些亮点,必将促进国民素质的普遍提高,为国家繁荣、民族复兴奠定坚实基础。

【读一读】

新修订《中华人民共和国义务教育法》的突破

2006 年颁布的新修订的《义务教育法》相对于 1986 年实施的《义务教育法》实现了九大突破：

1. 指明了义务教育均衡发展这个根本的方向

由于各地经济、文化水平的差异，使得我国的义务教育阶段形成了地区之间、城乡之间乃至学校之间较大的发展差距。随着经济的发展，这种差距越拉越大。新《义务教育法》将义务教育的均衡发展纳入了法制的轨道，将均衡教育思想作为新《义务教育法》的根本指导思想，可以说新《义务教育法》的里程碑意义，最重要的就体现在从过去的各自发展走上均衡发展的道路。

2. 明确了义务教育承担实施素质教育的重大使命

我们过去推进义务教育时，主要是解决孩子有书可读、有学可上的问题，谈不上素质教育。新《义务教育法》站在新的历史起点上，把义务教育纳入实施素质教育的轨道上来，把实施素质教育作为义务教育的一项新的历史使命。新《义务教育法》同时把注重培养学生的独立思考能力、实践能力和创新能力作为促进学生全面发展的重点，并且提出了一系列实施素质教育的措施。

3. 新的《义务教育法》回归了义务教育免费的本质

普及教育、强制教育和免费教育是义务教育的本质特征，免费的步骤可以根据国情来分步实施，但必须坚持免费的特点。公益性是整个教育事业的特征，义务教育要更彻底一些，不仅仅是普及的、强制的，还应该是免费的。新《义务教育法》在免费教育上又迈出了一大步，在 1986 年不收学费的基础上增加了不收杂费的内容。中央财政从 2006 年开始，用两年时间免除农村地区义务教育阶段的杂费；城市地区还要深入调查研究、制定方案、加快进程。

4. 进一步完善了义务教育的管理体制，强化了省级的统筹实施

新《义务教育法》一个很大的突破，就是在"以县为主"管理体制的基础上，进一步加大了省级政府的统筹和责任，实践着从"人民教育人民办"到"义务教育政府办"的转变。乡镇一级难负其责，县级基本上是吃财政饭，也无力承担，事业的发展必须加大省级的责任。对教育的均衡发展、加大对农村教育经费保障的力度、加强对贫困地区的支持而言，省级的统筹都非常重要，这也是新《义务教育法》的一大亮点。

5. 确立了义务教育经费保障机制

新《义务教育法》明确了义务教育经费的"三个增长"；建立农村义务教育经费的分担机制，分项目、按比例分担；义务教育经费预算单列；规范义务教育的

专项转移支付;设立义务教育的专项资金。通过这样几个渠道,建立起义务教育比较完善的经费保障机制。

6. 保障接受义务教育的平等权利

新《义务教育法》强调了对非户籍所在地,特别是流动人口子女接受义务教育的问题;确定了流动人口子女居住地人民政府要为他们提供平等接受义务教育的条件,这对城市化进程的平稳推进起到关键性作用。

7. 规范了义务教育的办学行为

新《义务教育法》对规范义务教育办学行为出手是比较重的:一是不得将学校分为重点学校和非重点学校,学校不得分设重点班和非重点班。关键是要对学校在资源、政策上进行公平的分配,不得有政策、资金、资源的倾斜,这一条体现了全社会对教育公平的强烈愿望。二是不得以任何名义改变或变相改变公办学校的性质,也就是"名校不能变民校"。三是第25条的规定,"学校不得违反国家规定收取费用,不得以向学生推销或变相推销商品、服务等方式谋取利益"。

8. 建立了义务教育新的教师职务制度

新《义务教育法》将义务教育阶段的教师职务序列打通,小学和中学的差别不复存在,初级、中级、高级都与助教、讲师和副教授相对应,小学教师也可以评副教授,对小学教师是很大的鼓励。实际上,历史上设立的在小学任教的中学高级教师的职称是不规范的。这一新规定对调动广大教师的积极性,发挥聪明才智都是一个很大的激励。特别是让小学教师看到了自身发展提高的前景,对小学教师是个福音。这个全新的制度,在教师职务制度上有了新突破。当然还需要一些配套性的规定。

9. 增强了《义务教育法》执法的可操作性

新《义务教育法》全面规定了《义务教育法》的法律责任,63条中有10条规定的是法律责任,将《义务教育法》的执法性、操作性提到一个空前的高度。而且规范了22种违反《义务教育法》的违法行为及应该承担的法律责任。1986年的18条《义务教育法》虽然起到了很大的历史作用,但操作性比较差,新的《义务教育法》则完全弥补了这种缺憾,大大增强了可操作性,加大了执法力度。

第四节　幼儿园管理条例

【议一议】

案例1:冒名"叔叔"接走四岁女童家长质疑幼儿园接送制度

2013年5月24日下午5时许,晶晶的父亲唐某去幼儿园接女儿时,却接了个空。唐某找到值班老师询问,老师也一脸茫然。经老师仔细回忆和在幼儿园四处查询后,才回忆起晶晶尚未放学时,就被一名自称"叔叔"的男子接走。4岁的小女孩晶晶(化名),被陌生人从重庆市某幼儿园带走,找到时被摧残得浑身是伤。

对于这种情况,你怎么看?

案例2:"黑"幼儿园为何顽强存在着

中国教育报2016年8月9日第002版,作者:熊炳奇。

案例3:农村幼儿园监管为何"空转"

2016年6月28日至7月13日,半个月内河北雄县、遵化市、晋州市、霸州市4县(市)连续发生4起幼儿在校车内死亡事故,4名幼儿丧生。在这4起事故中,3家涉事幼儿园未经审批注册备案,属于非法幼儿园。

事发后,河北省教育厅发文,将事故原因归咎于一些民办幼儿园唯利是图、违法违规购置非标准车辆以及负有审批职权的基层教育部门审批把关不严。

思考:举办一所民办幼儿园需要具备哪些条件?

➤ 扫描本章首二维码,查看解析。

一、《幼儿园管理条例》概述

《幼儿园管理条例》于1989年9月11日由当时的国家教育委员会制定颁布,是新中国成立后第一个幼儿教育行政法规。《幼儿园管理条例》(以下简称《条例》)主要阐述了幼儿教育方针、幼儿园的举办条件和审批程序、幼儿园的保育和教育工作、幼儿园的各项行政事务及奖惩规定,明确了幼儿园的举办者、教育者和管理者多方面的法律权利和责任,制约和惩治了社会上诸多幼儿教育及管理的不良行为和现象,极大地促进了学前教育规范有序地发展。

(一)《条例》颁布的意义

《条例》第1条明确了立法目的,即"为了加强幼儿园的管理,促进幼儿教育事业的发展,制定本条例"。

1. 为了加强幼儿园管理的需要

幼儿园是一种学前教育机构,是对幼儿集中进行保育和教育的场所。为了规范幼儿园的办学条件和保育、教育工作,加强对幼儿园的管理,国家教育行政部门制定出台了《幼儿园管理条例》,使我国幼儿教育逐步走上依法治教轨道,推动了幼儿教育管理工作的规范化、科学化进程。

2. 为了促进幼儿教育事业发展的需要

幼儿教育即学前教育,是我国学校教育体制的起始教育,对幼儿身心健康、习惯养成和智力发展具有重要意义。当前,幼儿教育教学质量参差不齐,幼儿园保育、教育和管理工作还存在一些忽视幼儿身心发展特点和违背教育规律的现象。进一步推动和深化幼儿教育改革,促进幼教事业的健康发展,迫切需要《条例》的规范和制约。《条例》的颁布施行,有助于使广大幼教工作者、幼儿家长以及社会人士明确幼儿园保育和教育的指导思想、培养目标和应该遵循的基本原则,建立正确的儿童观和教育观,促进幼儿在体、智、德、美诸方面和谐发展。

(二)《条例》的适用范围

《条例》第 2 条明确其适用的范围:"本条例适用于招收三周岁以上学龄前幼儿,对其进行保育和教育的幼儿园。"本条内容,一是强调了幼儿教育的范围,即三周岁以上至学龄前,从而划清了其与托儿所教育和学校教育的界限;二是强调了幼儿教育的主要工作是保育与教育工作,前者是学校教育不具有的内容,后者也与学校教育有所不同。

(三) 幼儿教育方针

《条例》第 3 条明确规定:"幼儿园的保育和教育工作应当促进幼儿在体、智、德、美诸方面和谐发展。"这是幼儿教育方针。对比国家教育方针"教育必须为社会主义现代化建设服务,必须与生产劳动相结合,培养德、智、体等方面全面发展的社会主义事业的建设者和接班人",及义务教育方针"义务教育必须贯彻国家教育方针,实施素质教育,提高教育质量,使适龄儿童、少年在品德、智力、体质等方面全面发展,为培养有理想、有道德、有文化、有纪律的社会主义建设者和接班人奠定基础",可见幼儿教育方针的独特性在于,其将"体育"置于第一位,这是幼儿教育与义务教育及其他教育的不同之处。同时,也体现了以儿童可持续发展为本的教育追求,其中体、智、德、美也是检验和评估幼儿园工作的根本标准,是评判幼儿园管理水平的重要标准。

（四）幼儿园的管理体制

《条例》第4条至第6条，对幼儿园的规划、举办主体和管理体制做了具体规定。"地方各级人民政府应当根据本地区社会经济发展状况，制定幼儿园发展规划"；"地方各级人民政府可以依据本条例举办幼儿园，并鼓励和支持企业事业单位、社会团体、居民委员会、村民委员会和公民举办幼儿园或捐资助园"；"幼儿园的管理实行地方负责、分级管理和各有关部门分工负责的原则"。

二、《条例》的主要内容

（一）幼儿园举办的基本条件和审批程序

1. 举办幼儿园的基本条件

（1）区域条件

《条例》第7条规定了幼儿园举办的区域条件："举办幼儿园必须将幼儿园设置在安全区域内。严禁在污染区和危险区内设置幼儿园。"该条内容从场所、设施等角度进一步强调了举办幼儿园的安全性要求。安全性是幼儿园举办的最基本保障，也是保证幼儿健康发展的必要条件。幼儿园受教育对象身心发展的独特性，对场所和设施安全性提出的要求更高。

（2）园舍和设施条件

《条例》第8条规定："举办幼儿园必须具有与保育、教育的要求相适应的园舍和设施。幼儿园的园舍和设施必须符合国家的卫生标准和安全标准。"日托幼儿园应设活动室、儿童厕所、盥洗室、保健室、办公用房和厨房；有条件的幼儿园可单独设音乐室、游戏室、体育活动室和家长接待室。寄宿制幼儿园应设寝室、隔离室、浴室、洗衣间和教职工值班室，还应配备儿童单人床等。幼儿园应有与其规模相适应的户外活动场地，配备必要的游戏和体育活动设施，根据幼儿的特点，绿化、美化园地，并创造条件开辟沙地、动物饲养角和种植园地。幼儿园应配备适合幼儿特点的桌椅、玩具架、盥洗卫生用具以及必要的教具玩具、图书和乐器等。幼儿园的教具和玩具应有教育意义并符合安全、卫生要求。

（3）工作人员条件

《条例》第9条规定保育、幼儿教育、医务及其他工作人员的条件。此条规定了从事幼儿园工作的各类人员的基本要求和条件。这些人员都应该接受过专业训练或考核，取得相应资格才能上岗，实行严格的准入制度。

幼儿园园长、教师应当具有幼儿师范学校（包括职业学校幼儿教育专业）毕业程度，或者经教育行政部门考核合格。

医师应当具有医学院校毕业程度，医士和护士应当具有中等卫生学校毕业程度,或者取得卫生行政部门的资格认可。

保健员应当具有高中毕业程度,并受过幼儿保健培训。

保育员应当具有初中毕业程度,并受过幼儿保育职业培训。

慢性传染病、精神病患者,不得在幼儿园工作。

此外,《教师法》还规定:取得幼儿园教师资格,应当具备幼儿师范学校毕业或者专科毕业及其以上学历或者学位。

（4）经费来源条件

《条例》第10条规定:"举办幼儿园的单位或者个人必须具有进行保育、教育以及维修或扩建、改建幼儿园的园舍与设施的经费来源。"为防止公办园的经费被地方政府挪作他用,民办园举办者卷款潜逃,才有此项规定。这说明举办幼儿园必须有经费来源,虽然不同的举办者经费来源不同,但都必须保证学前教育经费不得挪作他用。

2. 举办幼儿园的审批程序

幼儿园实行登记注册制度,举办幼儿园有严格的审批程序。

《条例》第11条规定:"国家实行幼儿园登记注册制度,未经登记注册,任何单位和个人不得举办幼儿园。"《条例》第12条规定:"城市幼儿园的举办、停办,由所在区、不设区的市的人民政府教育行政部门登记注册。农村幼儿园的举办、停办,由所在乡、镇人民政府登记注册,并报县人民政府教育行政部门备案。"

（二）幼儿园的保育和教育工作

1996年3月9日国家教育委员会发布《幼儿园工作规程》,细化了《幼儿园管理条例》对幼儿园的保育和教育工作的要求。

1. 幼儿园的工作原则

幼儿园的工作分为保育工作和教育工作。保教结合既是幼儿健康、全面发展的必要前提,也是促进幼儿教育工作者之间互相交流学习的基本途径。《条例》第13条规定了幼儿园的原则、要求和任务。即"幼儿园应当贯彻保育与教育相结合的原则,创设与幼儿的教育和发展相适应的和谐环境,引导幼儿个性的健康发展。幼儿园应当保障幼儿的身体健康,培养幼儿的良好生活、卫生习惯;促进幼儿的智力发展;培养幼儿热爱祖国的情感以及良好的品德行为。"幼儿园的保育和教育工作的最终目标是促进幼儿在体、智、德、美诸方面和谐发展。

2. 幼儿园的招生及编班规定

《条例》第14条规定:"幼儿园的招生、编班应当符合教育行政部门的规定。"

招生。幼儿园每年秋季招生,如平时有缺额,可随时补招。幼儿入园前的要求,需按卫生部门规定的卫生保健制度进行体格检查,并符合一定的年龄和身体条件,合格者方可入园。除进行体格检查以外,幼儿园严禁任何形式的考试和测查。

编班。幼儿园的班级规模以有利于幼儿身心健康、便于管理为原则,班级不宜过大。每班幼儿人数一般为:小班(三至四周岁)25 人,中班(四至五周岁)30人,大班(五至六周岁或七周岁)35 人。混合班 30 人,学前班不超过 40 人。

寄宿制幼儿园每班人数酌减。幼儿园可按年龄分班,也可混合编班。

3. 幼儿园的保育工作

在《幼儿园工作规程》中,对幼儿园的保育工作做了具体规定。例如,幼儿园必须做好幼儿生理和心理卫生保健工作。幼儿园应严格执行卫生部颁发的《托儿所、幼儿园卫生保健管理办法》以及其他有关卫生保健法规、规章和制度。

4. 幼儿园的教育工作

教育工作者要尊重幼儿的语言和文化,使幼儿园成为多元化交融场所。《条例》第 15 条规定了教师的规范用语。即:“幼儿园应当使用全国通用的普通话。招收少数民族为主的幼儿园,可以使用本民族通用的语言。”《条例》第 16 条强调了幼儿园应当以游戏为基本活动形式。即:“幼儿园可以根据本园的实际,安排和选择教育内容与方法,但不得进行违背幼儿教育规律,有损于幼儿身心健康的活动。”第 17 条规定:“严禁体罚和变相体罚幼儿。”

5. 幼儿园的安全管理

《条例》的第 18 条至第 21 条,分别对幼儿园的卫生保健制度、安全防护制度、应急救护制度做了详细规定。

第 18 条规定:“幼儿园应当建立卫生保健制度,防止发生食物中毒和传染病的流行”;第 19 条规定:“幼儿园应当建立安全防护制度,严禁在幼儿园内设置威胁幼儿安全的危险建筑物和设施,严禁使用有毒、有害物质制作教具、玩具。”第 20 条规定:“幼儿园发生食物中毒、传染病流行时,举办幼儿园的单位或者个人应当立即采取紧急救护措施,并及时报告当地教育行政部门或卫生行政部门。”第 21 条规定:“幼儿园的园舍和设施有可能发生危险时,举办幼儿园的单位或个人应当采取措施,排除险情,防止事故发生。”

为预防各类安全事故的发生,教育部等十部委制定了《中小学幼儿园安全管理办法》,确定了“积极预防、依法管理、社会参与、各负其责”的安全管理方针。

【读一读】
很实用的幼儿安全事故应急处理,扫扫本章首二维码阅读。

（三）幼儿园的行政事务

1. 教育行政部门的职责

《条例》第 22 条规定："各级教育行政部门应当负责监督、评估和指导幼儿园的保育、教育工作，组织培训幼儿园的师资，审定、考核幼儿园教师的资格，并协助卫生行政部门检查和指导幼儿园的卫生保健工作，会同建设行政部门制定幼儿园园舍、设施的标准。"这是对教育行政部门职责的规定。即教育行政部门的职能是综合管理、社会协调和业务指导。

2. 幼儿园园长的聘任与职责

《条例》第 23 条规定："幼儿园园长负责幼儿园的工作。幼儿园园长由举办幼儿园的单位或个人聘任，并向幼儿园的登记注册机关备案。幼儿园的教师、医师、保健员、保育员和其他工作人员，由幼儿园园长聘任，也可由举办幼儿园的单位或个人聘任。"该条规定幼儿园实行园长负责制，并指出幼儿园园长和教职员工的聘任方式。园长负责制并不意味着园长可以独断专行，为所欲为，而应有相应的民主管理和监督机制加以制约，如教代会和园务委员会等。

3. 幼儿园的经费设施管理

依法收费。《条例》第 24 条第一款规定："幼儿园可以依据本省、自治区、直辖市人民政府制定的收费标准，向幼儿家长收取保育费、教育费。"

财务管理。《条例》第 24 条第二款规定："幼儿园应当加强财务管理，合理使用各项经费，任何单位和个人不得克扣、挪用幼儿园经费。"

对相关部门和人员的规定。《条例》第 25 条规定："任何单位和个人，不得侵占和破坏幼儿园园舍和设施，不得在幼儿园周围设置有危险、有污染或影响幼儿园采光的建筑和设施，不得干扰幼儿园正常的工作秩序。"

（四）奖励和处罚

1. 奖励

《条例》第 26 条规定："具备下列条件之一的单位或者个人，由教育行政部门和有关部门予以奖励：改善幼儿园的办园条件成绩显著的；保育、教育工作成绩显著的；幼儿园管理工作成绩显著的。"

2. 处罚

《条例》第 27 条规定："违反本条例，具有下列情形之一的幼儿园，由教育行政部门视情节轻重，给予限期整顿、停止招生、停止办园的行政处罚：未经登记注册，擅自招收幼儿的；园舍、设施不符合国家卫生标准、安全标准，妨害幼儿身体健康或者威胁幼儿生命安全的；教育内容和方法违背幼儿教育规律，损害幼儿身心健康的。"

《条例》第 28 条规定："违反本条例，具有下列情形之一的单位或者个人，由教育行政部门对直接责任人员给予警告、罚款的行政处罚，或者由教育行政部门建议有关部门对责任人员给予行政处分：体罚或变相体罚幼儿的；使用有毒、有害物质制作教具、玩具的；克扣、挪用幼儿园经费的；侵占、破坏幼儿园园舍、设备的；干扰幼儿园正常工作秩序的；在幼儿园周围设置有危险、有污染或者影响幼儿园采光的建设和设施的。前款所列情形，情节严重，构成犯罪的，由司法机关依法追究刑事责任。"以上是处罚性规定，主要是对违反前述内容中的禁止性规定进行行政处罚，构成犯罪的还要追究刑事责任，体现了《条例》的强制约束力。

《条例》第 29 条规定："当事人对行政处罚不服的，可以在接到处罚通知之日起十五日内，向做出处罚决定的机关的上一级机关申请复议，对复议决定不服的，可在接到复议决定之日起十五日内，向人民法院提起诉讼。当事人逾期不申请复议或者不向人民法院提起诉讼又不履行处罚决定的，由做出处罚决定的机关申请人民法院强制执行。"这是对行政处罚的救济性规定，也是对行政当事人权利的保护。

幼儿园是一个特殊的教育机构，幼儿园的管理是一项复杂而又烦琐的工作。伴随社会对学前教育的重视和国家生育政策的变化，幼儿教育事业发展如火如荼。为了更好地促进幼教事业科学有序地发展，我国 2016 年又出台了新版《幼儿园工作规程》，进一步对幼儿园的教育、卫生保健、教育管理和发展方针做了相应要求。《幼儿园工作规程》《幼儿园教育指导纲要（试行）》《中小学幼儿园安全管理办法》等这些法律法规的颁布，必然对规模越来越大的幼教事业发挥科学管理和规范办园的作用，进一步强化幼儿园的管理和提高幼儿园教育教学质量。

【读一读】

1.《幼儿园管理条例》全文

2.《幼儿园教育指导纲要（试行）》中华人民共和国教育部制定，北京师范大学出版社

3.《幼儿园工作规程》

4.《中小学幼儿园安全管理办法》

➤ 扫描本章首二维码阅读。

本章小结

科学完善的教育行政法规体系是教育事业可持续发展的前提和保证。伴随

社会主义法制化进程的不断加快,我国教育行政法规也在不断完善。"十二五"期间,我国完成了包括《教育法》《高等教育法》和《民办教育促进法》在内的一系列教育法律修订工作,但与《国家中长期教育改革和发展规划纲要2010—2020年》提出的"6修5立"目标还有很大差距。《国家教育事业发展"十三五"规划》提出要推动修订《职业教育法》《残疾人教育条例》,加快修订《教师法》《学位条例》,制定《学前教育法》《学校安全条例》《国家教育考试条例》及一些规章的研究、起草和修订工作。

在完善教育行政法规体系建设的同时,还要进一步提高立法质量。确保教育立法符合宪法精神,反映人民意志。坚持立、改、废、释并举,增强教育行政法规的及时性、针对性、系统性和有效性。

各级教育主管部门和学校要树立正确的教育法治理念,加强教育行政法规体系建设,完善教育法治运行机制,坚持依法治教,依法办学,处理好教育政策和教育行政法规之间的关系,依法有据地进行教育改革,实现教育法制现代化,实现教育公平,促进教育均衡发展,促进我国教育事业的现代化。

课后练习

一、简答题

1. 学生伤害事故的责任应当怎样确定?
2. 根据《义务教育法实施细则》,承担实施义务教育任务的机构有哪些?
3. 幼儿园管理的基本原则有哪些?

二、主题实践活动

《学生伤害事故处理办法》主题实践活动

活动主题:预防校园意外伤害的安全教育日主题班会

活动目的:进一步学习《学生伤害事故处理办法》,了解如何预防校园意外事故的发生,形成意外伤害事故处理预案,明确伤害事故中各自责任,增强自我保护意识。

活动步骤:

1. 事前分组完成案例、资料搜集与整理。
2. 主题班会开始时,由小组代表介绍不同类型的典型校园伤害案例。
3. 小组讨论交流,借助互联网,列举身边发生的校园伤害事故。
4. 在教师引导下,对校园伤害事故发生进行归因并分析。
5. 教师挑选一则典型案例,具体分析学校、教师、学生三方责任。
6. 正确排除校园安全隐患,我们要自身做起。师生共同提出具体要求。

（1）处理学校伤害事故的基本原则：坚持"四不放过"原则。依法、客观公正、合理适当；及时、妥善地处理。

（2）处理学校伤害事故的措施：紧急救援，医疗到位；及时报告，争取支持与指导；全面安抚，关心到位；查找原因，分清责任；依法承担经济责任；报告事故及处理结果，吸取教训。

7. 教师小结发言，升华班会主题。

活动总结：教师展示事先准备的校园伤害预防应急预案。

校园，是我们成长的摇篮，是我们学习的乐土。可危险的陷阱也可能就隐伏在其中某一角落。请同学们从自身做起，遵守纪律，规范行为，提高警惕，让安全隐患从我们身边消失，让我们的校园生活只有快乐！

《幼儿园管理条例》主题实践活动

活动主题："今天我是小班老师"（幼儿园小班见习活动之一）

活动目的：通过一天的小班老师工作体验，了解幼儿园小班教师的工作内容和工作职责，感悟幼儿园教育和管理的重要性，强化对幼儿教育的责任意识。

活动要求：遵守幼儿园教育教学纪律；遵从带队教师指导和安排；认真观摩小班教育教学活动。

活动内容：参与幼儿园小班一天的教育教学活动。包括早操、上课、游戏、午睡、活动课、管理等。

活动反思：总结小班教育教学及班级管理经验，取长补短，促进自身专业成长。

参考文献

[1] 阎水金,张燕.学前教育行政与管理[M].东北师范大学出版社,2003.

[2] 阎玉珍.中小学教育法学[M].中国财政经济出版社,2002.

[3] 李德龙.简明教育法学教程[M].辽宁大学出版社,2010.

[4] 张乐天.教育政策法规的理论与实践(第2版)[M].华东师范大学出版社,2009.

[5] 周琴.教师职业道德与教育法律法规[M].安徽大学出版社,2015.

[6] 袁兆春,宋超群.教育法学(修订版)[M].山东人民出版社,2014.

[7] 劳凯声.变革社会中的教育权与受教育权:教育法学基本问题研究[M].教育科学出版社,2003.

[8] 司晓宏.教育管理学论纲[M].高等教育出版社,2009.

[9] 袁兆春.高等教育法学[M].山东人民出版社,2004.

[10] 周佳.教育学基础[M].黑龙江大学出版社,2014.

[11] 侯占军.校长小百科(2)[M].远方出版社,2007.

[12] 陈晋胜.新编高等教育法规概论[M].山西人民出版社,2014.

[13] 黄崴.教育法学[M].高等教育出版社,2007.

[14] 黄崴,胡劲松.教育法学概论[M].广东高等教育出版社,1999.

[15] 教育部师范教育司组织编写.教育法学基础[M].吉林教育出版社,2000.

[16] 成晓霞.教育行政学[M].吉林大学出版社,2014.

[17] 李晋裕,等.学校体育史[M].海南出版社,2000.

[18] 国务院法制办公室.中华人民共和国未成年人保护法注解与配套(第四版)[M].中国法制出版社,2017.

[19] 法律出版社大众出版编委会.中华人民共和国未成年人保护法:实用问题版[M].法律出版社,2016.

[20] 辛辉.未成年人保护必知法律常识[M].中国法制出版社,2015.

[21] 刘光辉.关于做好中学勤工俭学工作的几点思考[J].学周刊,2013(11).

[22] 刘晓华.浅述"十二五"勤工俭学事业发展的主要任务及保障措施[J].学周刊,2012(23).

[23] 李静波. 21 世纪初我国普通高校执行《学校体育工作条例》的研究[J]. 北京体育大学学报,2006(4).

[24] 马军."十三·五"中国学校卫生工作任务与展望[J]. 中国学校卫生,2016(4).

[25] 马军. 紧扣当前政策要点促进学校卫生工作发展[J]. 中国学校卫生,2017(2).

[26] 刘海燕,孙杰. 我国教师资格制度的历史变迁[J]. 现代教育科学,2017(7).

[27] 张项明. 我国中小学教师资格制度改革的问题及策略研究[D]. 西北师范大学,2015.

[28] 张厉,王晶,李赛乔. 基于教师专业标准的教师资格认证制度变革构想[J]. 教育探索,2015(7).

[29] 曹杨. 论学校在学生伤害事故中的责任[J]. 法制博览,2017(6).

[30] 陈娟. 幼儿园教师管理的现状研究——以郑州市五所幼儿园为例[D]. 华中师范大学,2015.

[31] 秦惠民,谷昆鹏. 对完善我国教育法律体系的思考[J]. 北京师范大学学报(社会科学版),2016(2).

[32] 陈尚志,谢天长.《学生伤害事故处理办法》的立法背景及述评[J]. 福建金融管理干部学院学报,2003(3).

[33] 王先民,王杏初. 学校体育要为青少年成长打好根基——学习习近平同志关于加强学校体育工作的重要论述[J]. 安庆师范学院学报(社会科学版),2016(12).